甘肃省高水平专业群（智慧财经专业群）建设计划项目系列教材

校企合作新形态教材

21世纪经济管理新形态教材·工商管理系列

U0659313

财经大数据基础

主　编◎雒庆华

副主编◎刘钰丹　赵　敏　李　超　段　睿

清华大学出版社

北京

内 容 简 介

本书针对大数据技术和Python语言在财经领域中的应用需求，聚焦大数据技术在财经领域中的应用场景，通过系统学习大数据基础知识、Python程序设计基础、Python数据采集、数据预处理、数据分析和数据可视化等内容，帮助学习者掌握大数据应用基础知识和基本技能，有利于学习者理解大数据技术在财经领域中的实际应用，提升大数据思维素养，强化数据采集、分析和呈现能力，为今后进一步运用大数据技术和人工智能等打好基础。

本书适合财经类专业本科、高职学生学习使用，也适合从事财经类工作的在职人员提高大数据分析基础能力使用。

图书在版编目（CIP）数据

财经大数据基础／雒庆华主编． -- 北京：清华大学出版社，2025.6.
（21世纪经济管理新形态教材）． -- ISBN 978 - 7 - 302 - 69570 - 7

Ⅰ. F275

中国国家版本馆 CIP 数据核字第 20257LQ485 号

责任编辑：徐永杰
封面设计：汉风唐韵
责任校对：宋玉莲
责任印制：沈　露

出版发行：清华大学出版社
　　　　网　　址：https://www.tup.com.cn，https://www.wqxuetang.com
　　　　地　　址：北京清华大学学研大厦 A 座　　　邮　编：100084
　　　　社 总 机：010-83470000　　　　　　　　邮　购：010-62786544
　　　　投稿与读者服务：010-62776969，c-service@tup.tsinghua.edu.cn
　　　　质量反馈：010-62772015，zhiliang@tup.tsinghua.edu.cn
印 装 者：三河市天利华印刷装订有限公司
经　　销：全国新华书店
开　　本：185mm×260mm　　　印　张：16　　　字　数：294 千字
版　　次：2025 年 6 月第 1 版　　　印　次：2025 年 6 月第 1 次印刷
定　　价：52.00 元

产品编号：102078-01

前言

互联网运行产生了海量的信息数据，并且创造了大数据应用的规模化环境，而大数据计算技术完美地解决了海量数据的收集、存储、计算、分析问题。大数据应用能促进建立"用数据说话、用数据管理、用数据决策、用数据创新"的管理机制。大数据时代，各行各业都发生了巨大变化，利用信息技术创新成果，实现专业服务转型是必然趋势。大数据及其关键技术形成的财经大数据，赋能企业管理网络化、数据化和智能化，促使财经类工作从"后端"走向"前端"，利用大数据核算业绩、监察内控、管理预算、管理投资等，数据更加广泛、及时。多方面来源的信息，相互验证，实现了财经数据的实时统计与分析，为企业管理决策带来更加高效的数据支持。大数据时代的信息来源不再局限于企业内部经营记录，企业可以完全掌握经营管理的各个环节资料及外部相关信息，为企业决策和管理提供更加全面的信息保障。

在数字技术高速发展的背景下，各行各业实现了对海量、杂乱的数据的处理和高效利用，创造了更多价值。随着大数据时代的到来，企业更加注重内部和外部数据的挖掘与深入分析，通过使用大数据技术对数据进行筛选、切割、排序、汇总等，自主灵活地达成期望的数据处理结果。大数据在财务、商务和金融等财经领域中的应用，可以建立起专属于财经领域的大数据，突破海量数据难以储存、全量数据难以运算的瓶颈，在分析和预测时可以全量数据代替样本数据，以数据挖掘、机器学习、深度学习等技术代替人脑分析，以客观分析结果代替主观经验判断，以可视化动态图表代替静态报表展示；将大量的内部和外部数据变成有价值的信息，让隐藏的数据价值体现出来，让企业经营和决策者看得懂、用得着，使数据真正成为有价值的数字资产。

I

本书对标职业教育新专业目录，聚焦财经商贸类相关专业新技能和素养，遵循学习者的基本认知规律，与中联集团教育科技有限公司深度合作，借助课程平台资源，搭建财经大数据应用场景，融大数据基础知识学习于财经领域业务分析中，涵盖财经大数据认知、Python 基础程序设计和 Python 在财务中的应用等内容，共分为六大项目、23 个具体任务，由浅入深，以财会工作结合实际案例为导向，构建实际应用场景，引出教学知识点，让学生在做中学、在学中做。

本书由甘肃财贸职业学院雒庆华教授担任主编，制定编写大纲、设计教材体例、提出编写方案、配视频和图并统稿、总纂，甘肃财贸职业学院刘钰丹副教授任第一副主编，赵敏、李超、段睿老师分别负责相关内容编写工作。其具体分工如下：项目 1 由甘肃财贸职业学院段睿编写，项目 2 由雒庆华编写，项目 3 由刘钰丹编写，项目 4、5 由李超编写，项目 6 由赵敏编写。全书由雒庆华主审。

最后，竭诚希望广大读者对本书提出宝贵意见，以促使我们不断改进。由于时间和编者水平有限，书中的疏漏之处在所难免，敬请广大读者批评指正。

编者

2025 年 2 月

目录

项目1　认知财经大数据

信息技术（IT）与经济社会的深度融合带动了数据的飞速膨胀，数据已晋升为国家的核心战略资源之一。大数据正逐渐对全世界的生产、流通、分配、消费行为，以及经济运行体系、社会生活模式和国家治理效能产生深远的影响。

在当今信息爆炸的时代，财经大数据已经成为企业决策、市场分析、投资评估的重要依据。财经大数据是指与财经领域相关的海量数据，包括但不限于股票、债券、商品、外汇、宏观经济指标等。这些数据不仅数量庞大，而且种类繁多，涵盖了金融市场的各个方面。通过财经大数据，我们可以深入挖掘市场动态、预测未来趋势，为决策提供有力的支持。

此外，财经大数据的应用范围非常广。除了传统的金融行业，还包括电商、物流、制造业等领域。例如，电商平台可以通过用户购买行为和偏好分析，进行精准营销和个性化推荐；物流企业可以利用大数据优化运输路线和配送方案，提高运输效率。

项目提要

本项目主要介绍大数据的含义、基本特征、发展历程与趋势；财务大数据的含义、作用、价值和对财务工作的挑战；大数据工具 Python 编程语言运行环境搭建等。

项目思维导图

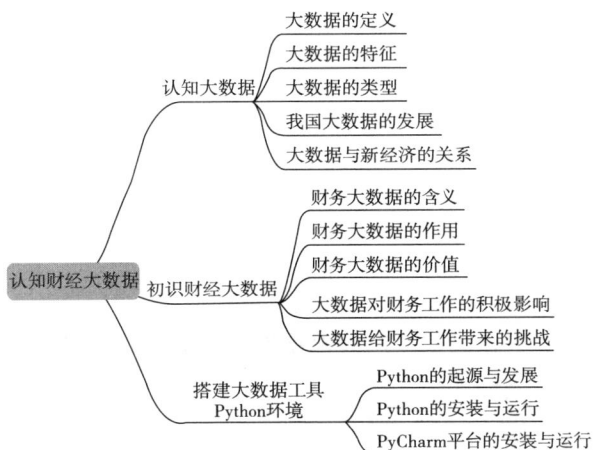

1

4 学时。

任务 1-1　认知大数据

情境导入

张明很喜欢听音乐，他发现软件会自动推荐一些歌曲，而这些歌曲的风格大多与他平时常听的类似，非常贴近他喜欢的类型；购物软件也是如此，张明喜欢的电子产品、运动品牌及书籍的相关链接，也都出现在页面最显眼的地方。

那么，这些软件的精准推荐和大数据是不是有联系呢？

任务目标

知识目标：

1. 了解大数据相关基础知识：定义、特征、类型、思维。

2. 了解大数据的应用场景。

技能目标：

掌握大数据的基本用途。

素养目标：

通过介绍我国大数据的发展，了解我国先进的大数据技术，增强民族自豪感和对祖国的热爱之情。

建议学时

2 学时。

相关知识

一、大数据的定义

大数据是指无法在一定时间内用常规软件工具对其内容进行抓取、管理和处理的数据集合。当今社会高速发展，信息技术愈加发达。随着"云时代"的来临，大数据越来越受到人们的关注。大数据已成为各国政府和企业的重要战略资源，就像计算机和互联网一样，其即将成为新一轮的技术革命的标志之一。大数据不仅仅是信息时代的产物，更是信息产业持续高速增长的新引擎。各行各业的决策正在由传统的"业务驱动"转变为"数据驱动"。

二、大数据的特征

虽然处理超过单个计算机的计算能力或存储数据的问题已经比较普遍，但近年来这种类型计算的普遍性、规模和价值已经大大扩展。大数据的确切定义很难界定，因为项目、供应商、从业者和商业专业人士使用它的方式完全不同。考虑到这一点，一般来说，大数据具备如下特征（简称4V特性）。

（一）数据量大

大数据的特征首先就体现为"大"，存储单位从过去的GB到TB，乃至现在的PB、EB级别。1 PB等于1 024 TB，1 TB等于1 024 GB，那么1 PB等于1 024 × 1 024个GB的数据。随着信息技术的高速发展，数据开始爆发性增长。社交网络（微博、推特、脸书）、移动网络、各种智能工具/服务工具等，都成为数据的来源。

淘宝网近4亿的会员每天产生的商品交易数据约20 TB，脸书约10亿的用户每天产生的日志数据超过300 TB。如此大规模的数据，迫切需要智能的算法、强大的数据处理平台和新的数据处理技术来统计、分析、预测和实时处理。

（二）数据类型繁多

如果只有单一的数据，那么这些数据几乎没有价值，如只有单一的个人数据或者单一的用户提交数据，这些数据还不能称为大数据。广泛的数据来源，决定了大数据形式的多样性。比如当前的上网用户中，每个人的年龄、学历、爱好、性格等特征都不一样。如果扩展到全世界，大数据的多样性会更强，每个地区以及每个时间段都会存在各种各样的数据。任何形式的数据都可以产生作用，目前应用最广泛的就是推荐系统，如淘宝、网易云音乐、今日头条等，这些平台都会通过对用户的日志数据进行分析，从而进一步推荐用户喜欢的东西。日志数据是结构化明显的数据，还有一些数据结构化不明显，如图片、音频、视频等，这些数据因果关系弱，就需要人工对其进行标注。

（三）处理速度快

大数据通过算法对数据逻辑处理的速度非常快，可从各种类型的数据中快速获得高价值的信息，这一点也和传统的数据挖掘技术有着本质的不同。

大数据的产生非常迅速，主要通过互联网传输。生活中每个人都离不开互联网，也就是说每个人每天都在向大数据提供大量的资料，并且这些数据是需要及时处理的，因为花费大量资本去存储作用较小的历史数据是非常不划算的。对于一个平台而言，可能只有短期的数据存储，如过去几天或一个月，而远程数据则需要及时清理，以免造成巨大的损失。

基于这种情况，大数据对处理速度有非常严格的要求，服务器中大量的资源都用于处理和计算数据，很多平台都需要做到实时分析。数据无时无刻不在产生，谁的速度更快，谁就有优势。

（四）价值密度低

相比于传统的数据，大数据最大的价值在于通过从大量不相关的各种类型的数据中，挖掘出对未来趋势与模式预测分析有价值的数据，并通过机器学习方法、人工智能方法或数据挖掘方法深度分析，发现新规律和新知识。

如果有 1 PB 以上的全国所有 20 ~ 35 岁年轻人的上网数据，通过分析这些数据，就可以知道这些人的行为习惯、爱好等，进而指导产品的发展方向，那么这些数据就有了商业价值。如果有全国几百万病人的数据，根据这些数据进行疾病的预测与分析，这些数据同样具有价值。大数据在诸如农业、金融、医疗、物流、教育等各个领域中得以广泛应用，最终达到改善社会治理、提高生产效率、推进科学研究的效果。

三、大数据的类型

（一）结构化数据

结构化数据是遵循某种严格架构的数据，因此所有数据都具有相同的字段或属性。共享架构允许使用 SQL（结构化查询语言）等查询语言轻松搜索此类数据。通俗来讲就是其能够用数据或统一的结构加以表示，如数字、符号。学生信息表如表 1-1 所示。

表 1-1　学生信息表

学号	姓名	性别	年龄	考试成绩
95001	张三	男	21	88
95002	李四	男	22	95
95003	王梅	女	22	73
95004	林莉	女	21	96

（二）半结构化数据

所谓半结构化数据，就是介于结构化数据和非结构化数据之间的数据，如 XML

（可扩展标记语言）、HTML（超文本标记语言）文档等。它一般是自描述的，数据的结构和内容混在一起，没有明显的区分。

（三）非结构化数据

非结构化数据指的是其字段长度可变，每个字段的记录可以由可重复或不可重复的子字段组成的数据。通俗来讲就是其无法用数字或统一的结构表示，如文本、图像、声音、网页等。

四、我国大数据的发展

大数据对全球生产、流通、分配、消费活动及经济运行机制、社会生活方式和国家治理能力等方面产生越来越深远的影响。早在2015年10月26日至29日，中国共产党第十八届中央委员会第五次全体会议上，"十三五"规划建议就提出实施国家大数据战略，旨在全面推进我国大数据发展和应用，加快建设数据强国，推动数据资源开放共享，释放技术红利、制度红利和创新红利，促进经济转型升级。至此，大数据战略上升为国家战略。

视频1-2

习近平总书记在中共中央政治局第二次集体学习时强调，大数据发展日新月异，我们应该审时度势、精心谋划、超前布局、力争主动，深入了解大数据发展现状和趋势及其对经济社会发展的影响，分析我国大数据发展取得的成绩和存在的问题，推动实施国家大数据战略，加快完善数字基础设施，推进数据资源整合和开放共享，保障数据安全，加快建设数字中国，更好服务我国经济社会发展和人民生活改善。作为人口大国和制造大国，我国数据产生能力巨大，大数据资源极为丰富。随着数字中国建设的推进，各行业的数据资源采集、应用能力不断提升，将会导致更快、更多的数据积累。我国的数据总量在过去的几年里一直保持迅猛的增长势头。据统计，截至2023年底，我国数据总量已经以年均超过50%的速度持续增长。这一增速不仅彰显了我国数字经济的蓬勃发展，也反映了社会各界对大数据、云计算等新一代信息技术的广泛应用与高度依赖。

与此同时，全球超大规模数据中心的数量也在持续增长。相关报告显示，截至2023年年底，全球主要云和互联网服务公司运营的超大规模数据中心总数已经增至1 200多个，相比2020年底的597个有了显著增长，几乎是2015年的4倍。这一增长趋势反映了全球云计算和互联网行业的蓬勃发展与不断扩张，也带动了相关产业链的发展和创新。

在中国，随着数字经济的不断深入发展，超大规模数据中心的建设和运营也日益成为行业关注的焦点。众多云和互联网服务公司纷纷加大投入，扩大数据中心规模，以满足不断增长的数据存储和处理需求。同时，政府也出台了一系列政策措施，推动数字经济和云计算产业的健康发展，为超大规模数据中心的建设和运营提供了有力支持。

展望未来，随着数字技术的不断创新和应用场景的不断拓展，我国数据总量和全球超大规模数据中心的数量还将保持快速增长的态势。这将为我国数字经济的持续繁荣和全球云计算产业的进一步发展注入新的动力。

五、大数据与新经济的关系

（一）新经济概述

新经济是指新的经济形态。社会主导产业形态的差异决定了社会经济形态的差异。在不同的历史时期，新经济有不同的内涵。目前，新经济是指创新性知识在知识中占主导、创新型产业成为产业领导者的智能经济形式。

大数据、云计算、无人机、3D 打印、虚拟现实、人工智能……日新月异、层出不穷的新技术、新业态、新产品，引领着未来经济发展的方向。现在越来越多的行业发生了翻天覆地的变化，大数据对于经济社会与人们日常生活的影响深入各个层面，社会对于数据处理能力的需求急剧增长。"新经济"也由此诞生。

（二）新经济的标志

新经济的基本特征与整个人类社会环境发生的深刻变化相对应，呈现给人们的是一个全新的经济时代。新经济时代的主要标志有以下几个。

1. 信息化和网络的快速发展

自 20 世纪以来，计算机、互联网和光纤的出现将整个世界带入信息时代。人们可以在世界任何地方了解世界任何时刻发生的事件，实现"不出家门的交流"和参与，这种交流的手段和方法也越来越简洁、透明。

2. 传统交通运输业大进步

现代化的交通运输业深度融合了数字化与智能化技术，不仅重塑了传统运输模式，更构建起高效、韧性、可持续的现代流通网络，有力地支撑了新经济的高效运转与全球互联。

3. 经济呈现全球一体化趋势

企业和自然人可以在全球范围内寻求自己的市场，集中表现为：市场全球化，即需求市场向世界上任何企业和自然人开放；资源配置全球化，即人们在选择配置资源时，可以利用自己的实力和嗅觉，在全球范围内选择各种自己认可的资源，而不再局限于自己的国家和地区，从而提高自己的配置效率。竞争规则国际化最明显的是，大多数国家和地区已经加入世界贸易组织（WTO），并承认和适用其竞争规则。

（三）新经济的影响

新经济时代的出现不仅给各国的经济发展带来新的机遇，也给经济不发达国家的企业带来新的挑战。事实上，历次经济技术革命都在资源配置的手段、方式和效率上出现了巨大的变化，对人们的生活方式产生了深远的影响。

新经济的内涵包含两个方面：一方面，需要创新的技术，这是经济发展的核心动力；另一方面，创新的技术一定要与实体经济相结合，进而产生新的业态和新的生产方式。创新的技术带动行业和产业发展，新经济必然是围绕创新并引领时代发展的。

当今，在全球科学技术迅猛发展、国际政治经济格局剧烈变化、我国改革开放不断深化的新时代背景下，传统商科教育面临新的挑战。传统的商科课程设计是按照工具型人才培养标准的教育理念来进行，基于亚当·斯密（Adam Smith）的劳动分工理论，强调各个科目由单一、独特的内容组成，各学科都相对独立、封闭、自成体系，这样的设计倾向于割裂知识，割裂了整体的事物，使学生的理解力有了断层。

（四）新经济背景下的商科教育

2018年，全国教育大会的召开，为新工科、新医科、新农科、新文科以及国际认证工作的推进提供了重要支持，对我国高等教育领域产生了深远的影响。作为高等教育中与社会发展、市场需求结合最紧密的领域，新商科也正在全国高校相关学院的努力下，呼之欲出。新商科，是在现有商科发展的基础上，回应科技、社会、经济所带来的挑战。

新商科是与传统商科对应的一个概念，是顺应经济社会发展的需要产生的商科教育模式。传统商科是培养"商业技术人才"的。学习财务管理专业的学生通常将自身定位为财务技术人员，而学习人力资源管理专业的学生则将自身局限于人力资源技术方面的人才。但是，随着时代的进步，仅仅关注财务知识或人力资源管理知识本身已经解决不了问题，还需要进一步了解行业发展现状甚至是国际、国内市场的竞争态势。

2020年年末，教育部职业教育与成人教育司要求各省级教育行政部门根据现行专业目录，同时参考新版职业教育专业目录（征求意见稿），指导学校主动适应科技革命和产业变革要求，密切关注各行业"十四五"期间发展趋势，充分对接新经济、新技术、新职业，分析产业新业态、新模式、新职业场景，以"信息技术＋"升级传统专业，及时发展数字经济催生的新兴专业、"一老一小"等民生领域紧缺急需专业，适应各地、各行业对技术技能人才培养的需要，适应学生全面可持续发展的需要，统筹考虑专业设置与人才培养方案制订，提高人才培养质量、实现更好就业。例如原财务管理专业将更名为大数据与财务管理。

2022 年，习近平总书记在党的二十大报告中强调，要实施科教兴国战略，强化现代化建设人才支撑。教育、科技、人才是全面建设社会主义现代化国家的基础性、战略性的支撑。这是党中央首次将教育、科技、人才三大战略一体规划、系统部署，充分体现了党中央对教育、科技、人才三者内在逻辑和发展规律的深刻把握，充分体现了党和国家对高等教育和人才培养的高度重视。

随着消费升级、互联网通信、大数据、云计算、人工智能、共享经济和商业的3.0 时代的到来，我国的商贸服务业已经实现了从传统商业实体店到互联网电商再到互联网线上加线下的转型升级。新时代创新已然成为创业服务的创新发展的主旋律。新商科要根据实体经济供给侧的需求，走市场化、企业化的合作之路。

新一轮的科技革命和产业革命正在进行，互联网、云计算、大数据等新兴技术与模式正深刻改变人们的思维、生产、学习方式。共同探讨、支持新商科人才培养事业的发展，共建现代学习体系，培养大批创新人才，已经成为应对诸多复杂挑战、实现可持续发展的关键。

技能训练

举例说明大数据国家战略对相关领域产生的影响。

任务 1-2 初识财经大数据

情境导入

大数据的发展离不开 IT 产业和互联网技术的蓬勃发展。大数据正在以不可阻挡的磅礴气势，与现在最新的科技进步技术，如虚拟现实技术、增强现实技术、纳米技术、生物工程、移动平台应用等一起，揭开人类新世纪的序幕。同样，大数据技术已经渗透到我们每个人的日常生活之中，也渗透到了财经大数据分析中，谁都无法回避。了解大数据发展及其在财经领域的应用，为理解大数据技术形成基础。大数据时代已经悄然来到我们身边，它提供了无法抵御的全媒体、云计算、虚拟仿真环境和不可或缺的网络服务。大数据让人类对一切事物的认识回归本源，影响了人们生活的各个领域，也影响了经济生活、政治博弈、社会管理、文化教育科研、医疗、保险、休闲等行业。那么，大数据技术在财经领域有哪些应用呢？

任务目标

知识目标：

1. 了解财务大数据的含义与作用。

2. 了解大数据给财务工作带来的机遇和挑战。

技能目标：

能够阐释财务大数据的典型应用场景。

素养目标：

培养学生具备基本的数据素养，为企业数字化运营提供数据阅读、操作、分析和讨论的基本素质支撑。

建议学时

1 学时。

相关知识

一、财务大数据的含义

财务大数据是"财务"和"大数据"的有效结合，是依托海量结构化和非结构化的数据，利用大数据技术对数据进行分析，提炼出能辅助企业进行战略决策的有用信息，使数据成为真正有价值的企业数字资产的统称。

二、财务大数据的作用

传统财务数据以财务报告数据为主，包括资产负债表、利润表、现金流量表、股东权益变动表以及报表附注等相关的财务数据。

大数据给企业带来了更大的风险与挑战，大数据不仅扩大了企业财务数据的范畴，而且也对企业财务数据的处理、分析及反馈提出了更高的要求。财务大数据除了涵盖传统的财务报告数据之外，还包含宏观数据、行业数据以及企业供应链等相关数据。

随着数字技术的迅猛进步，各行各业已经能够处理庞大且复杂的数据资源，并逐步实现了高效的数据利用。对于企业而言，借助大数据及其关键技术形成财务大数据，可以赋能企业财务管理网络化、数据化和智能化。对于企业会计而言，利用大数据、人工智能等技术的支持，能够使预算、核算及决算工作更加快捷地完成，同时也有助于财务登记、审核以及财务档案等工作实现信息化，提升财务会计的工作效率。

三、财务大数据的价值

（一）助推税务服务精细化

数据分析在优化政策宣传和辅导上有广阔的应用场景。税务局通过大数据分析对关键时间点和相应企业进行匹配，在业务需求发生前主动、针对性地开展辅导和服务，帮助企业解决涉税难题，主动为纳税人提供政策辅导、申报指导、加速退税审批等服务，大数据助推税务服务精细化。

政策机器人实现了"政策红利账本、个性政策匹配、税费综合计算"三个维度的精准服务，能够自动抓取纳税人基础信息，通过系统智能计算，对纳税人和缴费人进行画像，通过"数据＋规则＋人工智能"的处理，建立一体化的"识别—分析—处理—结果"的"政策找人"流程，分类、分时、分层向法人、财务人员、办税人员推送，改变了需要纳税人自行逐项匹配政策适用的情况，通过立体式、精细化辅导确保减税降费利好政策准确直达企业。

不断提升办税效率，提供更好、更优、更快的纳税服务，是税务部门近年来努力的目标之一。除了利用数据分析对纳税人进行"画像"，税务部门还积极探索利用数据分析助力优化办税服务厅设置，进而提升纳税人办税体验。

税务部门利用现有大数据分析工具和平台，对后台和第三方数据内容进行采集、抽象、分析和包装整合，精准定位纳税人办税行为和办税需求，建立"数据—行为—需求—服务"链条，为前台开展税收服务和征管提供决策依据，实现后台数据资源到前台业务能力的转化。以申报业务为例，"智数小屋"通过申报征收指标模型分析形成高频进厅纳税人名单，安排纳税服务专员重点关注和辅导此类纳税人。数字化应用 RPA（机器人流程自动化）机器人和"智税精灵"通过大数据智能画像，有效提高了无纸化办理的效率。

（二）防控金融风险

2022—2023 年，大数据技术在防控金融风险方面的应用迎来了前所未有的关注和热潮。随着金融市场的不断发展和复杂化，传统的风险管理方法已经难以满足现代金融机构的需求。而大数据技术的出现，为金融机构提供了一种全新的视角和工具，帮助它们更好地识别、评估和控制风险，从而提高业务效率和客户满意度。下面，将以汇丰银行、蚂蚁集团和京东金融为例，详细探讨大数据在防控金融风险方面的应用及其价值。

汇丰银行作为全球领先的金融机构之一，其在大数据防控金融风险方面的实践值得借鉴。面对日益严峻的金融欺诈风险，汇丰银行投入大量资源，利用大数据技术构建了一套全球业务网络的防欺诈管理系统。该系统通过收集和分析全球范围内的大量交易数据，运用先进的算法和模型，能够迅速识别和发现潜在的欺诈行为。一旦系统检测到可疑交易，就会立即触发警报，并采取紧急措施进行防范，从而有效地降低了欺诈风险。

这一防欺诈管理系统的建立，不仅提升了汇丰银行的风险防控能力，还极大地提升了客户满意度和业务效率。客户在进行交易时，能够感受到银行对于交易安全的高度重视和严密保障，这无疑增强了客户对汇丰银行的信任感和忠诚度。同时，由于系统能够实时监测和预警潜在风险，汇丰银行的业务效率也得到了显著提升。银行能够更快地处理交易，减少因风险事件而导致的业务延误和损失。此外，该系统还能够为银行提供有关客户行为和市场趋势的宝贵洞察，帮助银行制定更为精准的市场战略和产品创新。

与汇丰银行相似，蚂蚁集团作为中国领先的金融科技公司，也积极利用大数据技术进行风险防控。蚂蚁集团深知大数据技术对于金融风险管理的重要性，因此投入大量资源进行技术研发和创新。其利用大数据技术对用户行为、交易数据等进行分析和挖掘，构建了一套完善的风险管理体系。通过实时监测和预警，蚂蚁集团能够及时发现潜在风险，并采取相应措施进行防范和控制。这为企业提供了更加安全、高效的金融服务。

蚂蚁集团的风险管理体系不仅关注传统的信贷风险，还广泛涉及市场风险、操作风险等多个领域。通过大数据技术对用户数据的深度挖掘和分析，蚂蚁集团能够更准确地评估用户的信用状况和还款能力，从而为用户提供更加个性化的金融产品和服务。同时，该体系还能够预测潜在的风险点，提前进行风险控制和防范。这大大降低了蚂蚁集团的风险敞口，也为其赢得了广泛的市场认可和良好的口碑。

除了汇丰银行和蚂蚁集团外，京东金融作为中国领先的电商金融平台，也在大数据防控金融风险方面取得了显著成果。京东金融通过收集和分析用户购物、支付等数据，能够全面评估用户的信用状况和还款能力。这使京东金融能够为用户提供更加精准的金融服务，如个性化的贷款额度、优惠的利率等。同时，京东金融还利用大数据技术对潜在风险进行预测和防范，确保金融业务的稳健发展。

这些企业的实例表明，大数据在防控金融风险方面具有巨大的潜力和价值。通过利用大数据技术，企业能够更好地识别、评估和控制风险，提高业务效率和客户满意度。大数据技术的广泛应用不仅有助于提升金融机构的风险管理水平，还有助于推动整个金融行业的创新和发展。

未来，随着大数据技术的不断发展和完善，相信会有更多企业加入大数据防控金融风险的行列中来。随着技术的不断进步和应用场景的不断拓展，大数据在防控金融风险方面的应用将会更加深入和广泛。同时，我们也应该看到，大数据技术的应用也面临着一些挑战和问题，如数据隐私保护、算法公正性等。因此，在推动大数据应用的同时，我们也需要关注这些挑战和问题，确保大数据技术的健康发展和应用效果的最大化。

（三）助力宏观经济分析

传统宏观经济分析依赖于抽样调查和汇总数据，存在时效性差、颗粒度粗、维度单一等局限。大数据涵盖领域广、体量庞大、类型多样，为宏观经济分析提供了前所未有的海量数据支持，给宏观经济分析带来了革命性的变革。

1. 区域经济状态分析

通过分析区域内所有企业多方面的数据，建立区域经济状态评价指标体系，实时动态地监测区域经济发展状况，对不良状况及时预警，从而确保经济健康平稳地发展。

2. 区域经济发展趋势分析

在实时监测区域经济状态的基础之上，建立各个评估指标的短、中、长期预测模型，对经济状况的发展趋势进行预测，从而做到提前发现机会或问题，提前布局或采取措施。

3. 辅助决策

通过构建相应的经济指标体系和大数据分析模型，对区域经济按区域、行业、个体等进行多维度分析，用时间轴的方式呈现不同角度的经济趋势图，为相关事务负责人制定重大决策提供翔实、可靠的数据支撑。

4. 构建社会征信体系

通过对市场监督管理、法院、海关等多个政府机构提供的关于法人或法人代表的数据进行分析挖掘，建立一套完善的法人和自然人等社会主体信用评估体系，提供有效的征信评估服务，为金融服务决策提供有力支持，为政府执政提供科学的依据。

5. 促进创新创业

打造适合区域自身的大数据创新创业公共服务平台，将有效地整合和集成一系列包括人、财、物的相关互联、相关作用、相互影响的资源。同时将整合的互联网数据和允许开放的政务数据向大众公开，充分利用社会资源，发挥大众智慧，鼓励创新创业，让大众来分析数据，挖掘数据价值，促进区域经济发展。

大数据正在重塑宏观经济分析的方式，基于已汇集及拟汇集的数据，利用大数据技术分析区域经济的现状及发展趋势，为政府、企业和个人提供更加全面、及时、精准的决策支持。

四、大数据对财务工作的积极影响

（一）提高传统财务工作效率，重复性工作将被系统取代

很多企业都有制作财务日报、周报、月报的重复性报表需求，通过计算机系统可实时展现自动更新的财务分析报表，并做到定时、定点推送。在大数据背景下，计算机系统会把海量信息集合，按照程序给企业提供全面的分析报告，大量的重复工作将由程序自动处理，数据的收集、处理、分析速度不断加快，工作效率大大提升。

（二）促进传统财务流程重组，发展财务共享中心

大数据背景下，企业可以共享强大的数据，发现、剖析、预警数据中所隐藏的问题，及时应对业务中的风险，使用大数据技术对数据进行筛选、切割、排序、汇总等，自主灵活地达成期望的数据处理结果。企业也可以对数据进行分析，直观地发现增长点。

（三）预算管理更精准，财务会计走向决策高度

大数据能够使财务人员更精准地制定预算管理，通过大数据事前预测、事中把控、事后分析，全程参与业务，挖掘财会数据价值，为领导层提供决策依据。

（四）提升财务数据质量，降低财务风险

在大数据时代，财务人员与审计人员可以获得市场上多方面来源的信息，相互验证，公允价值等数据变得更加准确、透明和公开，实现财务报表的编制在遵循谨慎性原则的同时更加公允。

在传统模式下，企业无法有效收集和处理经营情况、宏观环境、外部市场和竞争对手动向等财务工作需要的内外部信息，存在信息不对称带来的经营风险和财务风险；在大数据时代，大数据技术可以为财务工作提供及时、准确、全面的信息支

持，有助于企业应对内外部可能发生的变化，确保将财务风险降到最低。

综上所述，在智能财务时代，通过大数据、人工智能等相关技术的应用，财务人员可以将更加细致的原始数据交由机器自动逐笔处理，而不用人工合并录入系统；财务人员可以利用智能机器从经济业务中提取到更加多维的数据，而不只包括简单辅助核算项的数据；财务人员可以利用大数据技术整合更加多元的公司内部和外部数据，而不仅仅是常规的部分内部数据。

五、大数据给财务工作带来的挑战

（一）对财务人员能力提出更高要求

（1）数据采集能力。大数据时代，各类业务信息都能及时地在网上展示并更新，财务人员必须通过互联网、智能系统或云端等提取信息，对专业知识与信息技术提出更高要求。

（2）数据分析能力。技术进步和大数据的普遍使用增加了财务分析的难度，对财务人员处理半结构化、非结构化信息的能力提出了更高要求。

（3）数据呈现能力。财务转型要求财务人员利用财务信息优势更多地参与决策，需要财务人员选择合适的可视化呈现技术，有效传递财务信息。

（二）增加信息保密难度

（1）数据集成。非结构化数据处理常用的蚁群算法存在固有缺陷，导致大数据技术在数据集成的拓扑领域面临保密性的挑战。

（2）数据控制。数据控制依赖各类交易密码，而密码本质也是数据的组合，只是阻挡盗窃的暂时性行为，未超出技术本身存在的惰性。

（三）给财务安全带来考验

（1）外部黑客攻击。现阶段财务软件侧重功能开发，较少顾及安全问题，面临黑客攻击后出现系统瘫痪、数据丢失等财务风险。

（2）内部能力不足。财务人员获取与处理信息的能力参差不齐，任何一个环节的失误都会对财务安全造成威胁；财务转型过程中，很可能存在内部控制的漏洞，企业内控存在失效的可能性。

技能训练

---

1. 在互联网中对财务大数据应用现状进行调研。

2. 会计信息系统中的科目余额表是非结构化的数据吗？

任务 1-3　搭建大数据工具 Python 环境

情境导入

宏达集团遇到了企业发展不适应时代变化、信息成本高、数据利用率低、向管理会计转型缺少信息支撑手段等问题，准备构建企业财务与经营大数据分析平台，破解所面临的问题。

构建财务大数据分析环境，在计算机上安装与运行 Python、PyCharm 大数据平台。

任务目标

知识目标：

1. 了解大数据工具 Python 的起源与发展。

2. 了解大数据工具的安装流程。

技能目标：

掌握大数据工具 Python、PyCharm、Anaconda 的安装与运行。

素养目标：

开阔财会青年视野、更新知识储备，培育财会青年树立直面财务大数据、用好财务大数据的目标和信心。

建议学时

1 学时。

相关知识

一、Python 的起源与发展

Python 是一种面向对象的解释型计算机程序设计语言，由荷兰人吉多·范·罗苏姆（Guido van Rossum）于 1989 年发明。1989 年圣诞节期间，在阿姆斯特丹，罗苏姆为了打发圣诞节的无趣，决心开发一个新的脚本解释程序，作为 ABC 语言的一种继承。

视频1-3

ABC 是由罗苏姆参加设计的一种教学语言。就罗苏姆本人看来，ABC 这种语言

非常优美和强大，是专门为非专业程序员设计的。但是 ABC 语言并没有成功，究其原因，罗苏姆认为是其非开放造成的。罗苏姆决心在 Python 中避免这一错误。同时，他还想实现在 ABC 中闪现过但未曾实现的东西。

1991 年，第一个 Python 编译器（同时也是解释器）诞生。它是用 C 语言实现的，并能够调用 C 库（. so 文件）。从一出生，Python 已经具有了类（class）、函数（function）、异常处理（exception）及包括表（list）和词典（dictionary）在内的核心数据类型，以及以模块

视频1-4

（module）为基础的拓展系统。最初的 Python 完全由罗苏姆本人开发。Python 得到罗苏姆同事的欢迎。他们迅速地反馈使用意见，并参与到 Python 的改进。Python 和 C＋＋、Java 一样是一门高级编程语言，也被认为是一门解释型语言，将高级语言的一条语句翻译为机器语言，然后运行，并且解释器一旦发现错误，程序会抛出异常或立即终止。罗苏姆和一些同事构成 Python 的核心团队。

Python 是初学者学习编程的最好语言，是一种不受局限、跨平台的开源编程语言，功能强大、易写易读，能在 Windows、Mac 和 Linux 等平台上运行。Python 在不断发展和完善，也变得越来越普及。

二、Python 的安装与运行

Python 的开发环境比较简单，用户可以直接登录官网下载 Python 的程序包进行安装。Python 自带的 IDE（集成开发环境）功能十分有限，不适合开发 Python 工程项目，目前比较流行的开发环境是 PyCharm 和 Anaconda，这两种开发环境下载和安装都比较方便，不需要进

视频1-5

行复杂的环境配置。由于本书教学内容是基于中联集团教育科技有限公司的云教学平台，在配置 Python 开发环境时主要以 Anaconda 中自带的 Jupyter Notebook 为主，因此本书主要介绍 Jupyter Notebook 环境搭建。

具体操作步骤如下。

（1）登录 https：//www. anaconda. com/products/distribution 网站，单击 Download 按钮下载 Anaconda 安装包，如图 1－1 所示。也可以从清华大学开源软件镜像站（https：//mirrors. tuna. tsinghua. edu. cn/anaco － nda/archive/）下载 Anaconda 安装包。

（2）双击安装程序进行安装，打开 Anaconda 安装导向，在安装导向界面单击"Next"按钮，进入协议选择界面，单击 I Agree 按钮。

（3）选择安装类型，在选择安装类型界面中，"Install for：All Users（requires

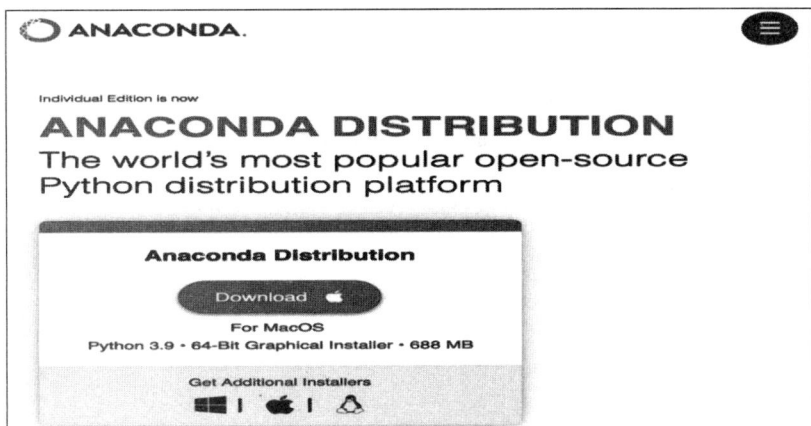

图 1-1　Anaconda 安装包

admin privileges)"表示安装的 Anaconda 软件可以为当前计算机上的所有用户使用，"Install for：Just me（recommended）"表示安装的 Anaconda 软件仅供当前计算机上的当前用户使用。本书选择"All Users（requires admin privileges）"，单击 Next 按钮。

（4）选择合适的安装路径，单击 Next 按钮，进入"Advanced Installation Options"界面，选择"Register Anaconda3 as the system Python3.9"，然后单击 Install 按钮安装 Anaconda。

（5）在 Anaconda 安装成功界面单击 Next 按钮，在弹出的界面中继续单击 Next 按钮，弹出安装导向的最后一个界面，然后单击 Finish 按钮结束安装程序。

（6）安装完成后，在开始菜单中找到 Jupyter Notebook（Anaconda3）的运行文件，启动 Jupyter Notebook 环境，在启动 Jupyter Notebook 环境的过程中，会弹出一个黑色的启动窗口，按照启动窗口中的提示在浏览器中打开 Jupyter Notebook 的主界面。

（7）单击主界面右上角的下拉按钮 New，选择 Python，Jupyter 将打开一个可编辑 Python 程序代码的新 Notebook 页面。

可以通过菜单栏中的功能操作 Jupyter Notebook，从而实现对程序代码的编辑和运行等，工具栏中的工具按钮均来自菜单栏，工具栏是菜单栏中使用非常频繁的菜单项的列示区域。在实际运用中，可以使用工具栏中的工具按钮，也可以使用菜单栏中的菜单项进行操作。

以上就是完整的 Python 的安装与运行过程，希望通过其安装与配置过程，能够体会到每一步操作体现的严谨性，养成认真严谨对待数据的思维方式。

三、PyCharm 平台的安装与运行

PyCharm 是一个适合用于开发的多功能 IDE，可下载免费社区版。PyCharm 常用功能包括：代码分析与辅助功能，拥有补全代码、高亮语法和错误提示；项目和代码导航，专门的项目视图、文件结构视图和文件、类、方法等的快速跳转；支持网络框架 Django，web2py 和 Flask；集成 Python 调试器；集成单元测试，按行覆盖代码；集成版本控制系统，为 Git、Subversion 和 CVS 提供统一的用户界面，拥有修改以及合并功能。

具体操作步骤如下。

（1）下载 PyCharm，可以从官网（http：//www. jetbrains. com/pycharm/down-load/）下载，如图 1-2 所示。

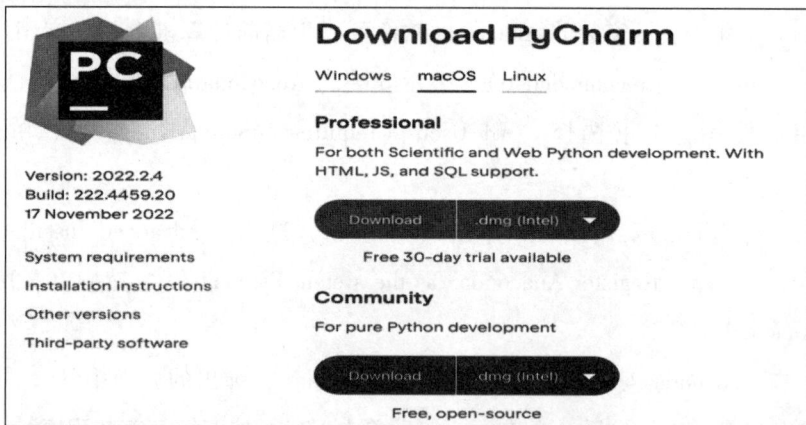

图 1-2　PyCharm 官网下载

（2）双击 PyCharm 执行程序，进入欢迎安装 PyCharm 界面。

（3）选择安装路径，建议选择默认，可根据需要修改安装路径，单击 Next 按钮。

（4）安装完成，单击 Finish 按钮，完成安装。

技能训练

1. 尝试自主完成 Anaconda 平台的安装与运行。

2. 请以小组为单位完成主题为"大数据技术对我们生活的影响"的调查分析报告。

即测即练

课后拓展阅读

拓展阅读1-1

思政小课堂

视频1-6

项目 2　Python 程序设计基础

Python 语言是一种解释型、面向对象、动态数据类型的高级程序设计语言,具有 30 多年的发展历史,成熟且稳定。Python 的语法简洁清晰,入门容易,包含一组丰富而强大的标准库和大量的第三方库,能够轻松完成很多常见的任务,被应用在很多领域,如科学计算、图形处理、云计算、Web 开发、网络爬虫、数据分析等。

项目提要

本项目主要介绍 Python 变量与赋值、Python 基本数据类型、Python 程序控制结构、Python 组合数据类型、Python 函数与模块调用、Python 类与对象调用等。

项目思维导图

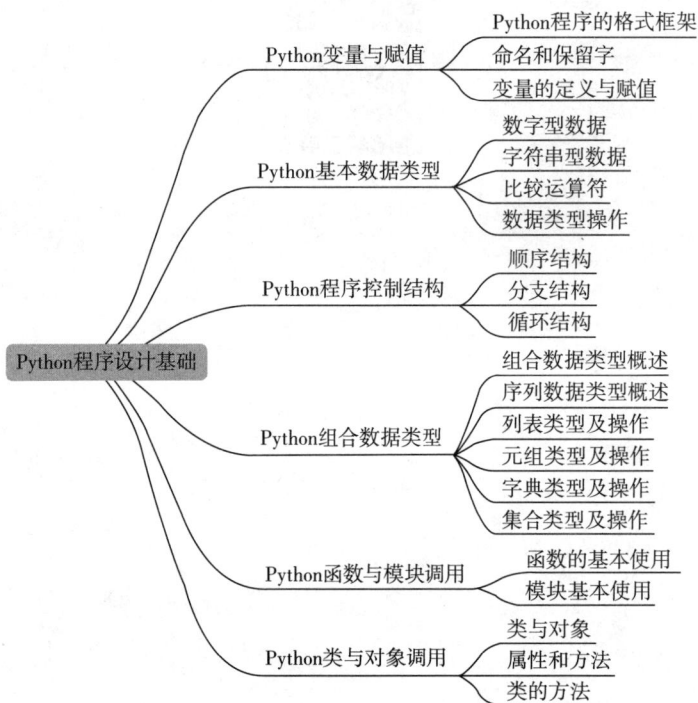

16 学时。

任务 2–1　Python 变量与赋值

情境导入

某公司要进行财务大数据分析，需要利用 Python 工具完成。进行数据分析之前，需要确定数据分析的工具，Python 的语法简单，容易学习和掌握。学习 Python 需要先了解 Python 语言的基本语法，如掌握 Python 变量的使用。

任务目标

知识目标：

1. 了解 Python 的基本语法元素规则。

2. 熟悉变量的命名规则。

技能目标：

掌握赋值语句的规范用法。

素养目标：

培养严谨认真、实事求是的科学精神。

建议学时

2 学时。

相关知识

一、Python 程序的格式框架

Python 基本语法元素包括缩进、注释、语句续行符号、语句分隔符号等。

（一）缩进

Python 程序是依靠语句块的缩进来体现代码与代码之间的逻辑关系的，缩进结束就表示一个代码块的结束。每行代码开头的空白（空格或制表符）表示缩进级别，而缩进级别又用于确定语句块的组成。缩进是 Python 语法的一部分，用于表示

代码间的包含和层级关系，如果缩进错误，将导致程序运行错误。缩进在程序内保持一致即可，每个层级一般用 4 个空格或按 1 次 <Tab> 键实现。

Python 默认从程序的第一条语句开始，按顺序依次执行各条语句。在 Java、C/C++ 等语言中，用大括号 {} 表示代码块。在 Python 中则使用缩进（空格）表示代码块，连续的多条具有相同缩进量的语句为一个代码块。通常，语句末尾的冒号表示代码块的开始。示例代码如下：

if a > 0：
　　b = 1
else：
　　b = -1

Python 语言采用严格的"缩进"表明程序的格式框架。在代码编写中，缩进用 Tab 键实现，也可以用多个空格实现，但二者一般不混用。建议采用 4 个空格方式予以缩进。严格的缩进格式有利于约束程序结构，也有利于提高代码结构的可读性。

必须注意，同一个代码块中的语句，其缩进量应保持相同，否则会发生 IndentationError（缩进错误）异常。示例代码如图 2-1 所示。

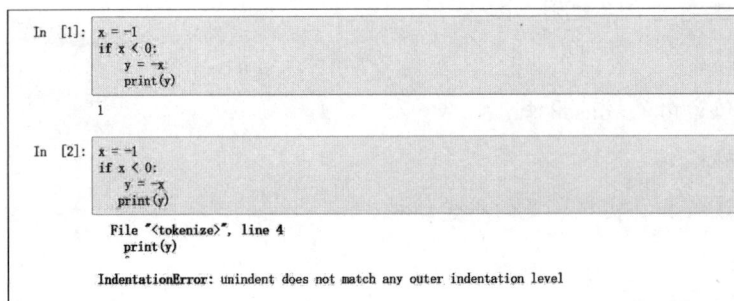

图 2-1　示例代码

（二）注释

注释用于为程序添加说明性的文字，能让程序员读懂每一行代码的意义，也为后期代码维护提供便利。注释是代码中不被计算机执行的辅助性说明文字，因其会被编译器或解释器略去，所以一般用于在代码中标明编写者及版权信息、解释代码原理和用途或辅助程序调试等。

任何编程语言都少不了注释，Python 也不例外，根据内容的量级差异，注释可分为单行注释和多行注释。以下是 Python 注释的具体用法。

1. 单行注释

Python 编程语言的单行注释常以"#"开头，单行注释可以单独占一行，也可以放在语句末尾。示例代码如下：

```
# 这是一个 Python 程序
```

2. 多行注释

Python 中多行注释有两种方式：一种是需要在每行注释内容的开头使用"#"；另一种是三引号注释，在特殊的程序位置上，该方式也称为文档字符串。文档字符串是一个解释程序的重要工具，有助于读者理解程序。简而言之，它可以实现"帮助文档"的功能，可以提供函数的基本信息、函数的功能简介以及形式参数的类型和使用方式等信息。当然，这些信息都是由编写者填写、创建的，函数不会自动提供。

文档字符串是一个多行字符串，通过在函数体的第一行使用一对三个单引号（'''）或者一对三个双引号（"""）来定义。首先用于介绍模块的大致功能，第二行为空行，从第三行开始是此模块的详细介绍。可以使用"_ doc_ "（注意是双下划线）方法查看文档字符串。

注释和文档字符串都可以起到注释说明的作用，并且不影响 Python 程序的运行。但注释不能被程序调用，文档字符串可以被程序调用。

多行注释使用三个单引号（'''）或者三个双引号（"""）来标记，作为注释的开始和结束符号。示例代码如下：

```
'''
这是多行注释，使用单引号。
多行注释结束。
'''
"""
这是多行注释，使用双引号。
多行注释结束。
"""
```

（三）语句续行符号

通常，Python 中的一条语句占一行，没有语句结束符号。可以使用语句续行符号将一条语句写在多行之中。Python 语句续行符号为"\"。示例代码如下：

```
If x < 50    \
```

and x > 10：

  y = x * 2

else：

  y = 0

注意：在符号"\"之后不能有任何其他符号，包括空格和注释。

（四）语句分隔符号

Python 使用分号"；"作为语句分隔符号，从而将多条语句写在一行。示例代码如下：

print("资产负债表")；print(2 + 3)

使用语句分隔符号分隔的多条语句可以视为一条复合语句，Python 允许将单独的语句或复合语句写在冒号之后。

二、命名和保留字

Python 程序采用"变量"来保存和表示具体的数据值。为了更好地使用变量等其他程序元素，给它们赋予一个标识符（名字），这个赋予标识符的过程称为命名。命名用于保证程序元素的唯一性。

Python 语言允许采用大写字母、小写字母、数字、下划线和汉字等字符及其组合给变量命名。但名字的首字符不能是数字，中间不能出现空格。

注意：标识符对大小写敏感，Ab 和 ab 是两个不同的名字。

每种程序设计语言都有一套保留字，一般来说，命名时不能与 Python 的保留字相同。保留字也称为关键字，是由设计者或维护者预先创建并保留使用的标识符。保留字一般用于构成程序的整体框架、表达关键值和具有结构性的复杂语义等。程序员编写程序时不能定义与保留字相同的标识符。Python 的保留字对大小写也敏感。Python 3. 12 版本共有 35 个保留字，具体保留字如表 2 - 1 所示。

表 2 - 1　Python 3. 12 的保留字

and	as	assert	break	class	continue
def	del	elif	else	except	finally
for	from	False	global	if	import
in	is	lambda	nonlocal	not	None
or	pass	raise	return	try	True
while	with	yield	async	await	

三、变量的定义与赋值

（一）变量的定义

程序中用来保存和表示数据的语法元素称为变量，它是一种常见的占位符号。变量采用标识符表示，由数字、汉字、下划线、大小写字母等字符组合而成，如 TempStr、Python3 学习方法等。

视频2-1

（二）变量的命名规则

（1）变量名由数字、字母、下划线等组成，但不能以数字开头，如 12python 是不合法的。

（2）变量名不能使用 Python 关键字，如 if、while、true 等。

（3）变量名对英文字母的大小写敏感，如 a = 2 和 A = 2 是不同的变量。

（4）变量名中除了下划线 "_" 以外，不能有其他任何特殊字符。

（5）使用可理解、行业通用的变量名，而非无意义的简写，便于理解变量含义。

（三）赋值语句

赋值语句用于将数据赋值给变量，将数据放入变量的过程叫作赋值。在 Python 语言中，使用 " = " 作为赋值运算符。

具体格式如下：

name = value

name 表示变量名；value 表示变量值，也就是要存储的数据。

注意，变量是标识符的一种，它的名字不能随便起，要遵守 Python 标识符命名规范，还要避免和 Python 内置函数以及 Python 保留字重名。

变量赋值常见的情况有单变量赋值、多变量赋值及同步赋值。

1. 单变量赋值

单变量赋值，即一次为一个变量进行赋值。例如，下面的语句将整数 10 赋值给变量 n，即 $n = 10$，从此以后，n 就代表整数 10，使用 n 也就是使用 10。变量的值不是一成不变的，它可以随时被修改，只要重新赋值即可；另外，也不用关心数据的类型，可以将不同类型的数据赋值给同一个变量。注意，变量的值一旦被修改，之前的值就被覆盖了，不复存在了，再也找不回了。换句话说，变量只能容纳一个值。

除了赋值单个数据，也可以将表达式的运行结果赋值给变量，如图 2 - 2 所示。

代码录入　　编译语言：python

```python
成本 = 100 + 20          #将加法的结果赋值给变量;
余数 = 25 * 30 % 7       #将余数赋值给变量;
str1 = "中联教育网址是" + "https://sx.cailian.net/"  #将字符串拼接的结果赋值给变量。
print(成本)
print(余数)
print(str1)
```

运行结果

```
120
1
中联教育网址是https://sx.cailian.net/
```

图 2－2　表达式结果赋值变量

此处，成本、余数、str1 都是变量名，但建议使用 str1 这样有提示作用的英文加数字的命名法。

2. 多变量赋值

元组赋值语句可以同时给多个变量赋值，即同时计算等号右侧所有表达式值，并一次性给等号左侧对应变量赋值。Python 按先后顺序依次将数据赋值给变量，示例如图 2－3 所示。

代码录入　　编译语言：python

```python
x,y = "负债","所有者权益"         # 直接为多个变量赋值
print(x,y)
one,two,three = ["资产","负债","所有者权益"]   # 列表赋值运算
print(one, two, three)
one,two,three = ("资产","负债","所有者权益")   # 元组赋值运算
print(one, two, three)
[a, b, c]= ('A','B','C')          # 将元组中的值赋给列表
print([a, b, c])
```

运行结果

```
负债 所有者权益
资产 负债 所有者权益
资产 负债 所有者权益
['A', 'B', 'C']
```

图 2－3　多变量赋值

3. 同步赋值

Python 还有一种同步赋值语句，可以同时给多个变量赋值，基本格式如下：

<变量 1>，…，<变量 N> = <表达式 1>，…，<表达式 N>

例：将变量 x 和 y 的值交换时，采用单个赋值，需要 3 行语句：

```
t = x
x = y
y = t
```

即通过一个临时变量 t 缓存 x 的原始值，然后将 y 值赋给 x，再将 x 的原始值通过 t 赋给 y。

采用同步赋值语句，则仅需要一行代码：

x,y = y,x

示例如图 2 - 4 所示。

```
代码录入                                   编译语言: python     ⚙
1  x,y=2021,2022
2  t = x
3  x = y
4  y = t
5  print(x,y)
6  x,y="7月","8月"
7  x,y = y,x
8  print(x,y)
运行结果                                                ▶运行
1  2022 2021
2  8月 7月
```

图 2 - 4　同步赋值

同步赋值语句可以使赋值过程变得更简洁，通过减少变量使用，简化语句表达，提高程序的可读性。但是，应尽量避免将多个无关的单一赋值语句组合成同步赋值语句，否则会降低程序可读性。

技能训练

A 公司截至 2023 年 11 月累计营业收入为 890 000 元，12 月营业收入发生额为 88 000 元。请使用赋值语句计算 2023 年全年的营业收入，并将计算结果输出显示。

提示：设置变量 income 和 accumulated income，将营业收入发生额赋值给变量 income，将累计营业收入赋值给变量 accumulated income。

任务2 - 2　Python 基本数据类型

情境导入

某公司利用 Python 进行财务大数据分析，在数据处理过程中，数据类型决定 Python 如何存储和处理数据。Python 有 4 个基本数据类型，分别是整数型 int、浮点型 float、字符串型 str 和布尔型 bool。

任务目标

知识目标：

1. 熟悉 Python 的整数型 int、浮点型 float 等数据类型。

2. 能区分 Python 基本数据类型的不同。

技能目标：

掌握基本数据类型的正确操作方法。

素养目标：

增强信息素养，培养严谨细致的工作态度。

建议学时

3 学时。

相关知识

在利用 Python 对数据进行运算和操作时，需要明确数据的类型，不同的类型具有不同的操作，并且每一种数据类型都有自己独特的形式。Python 语言支持多种数据类型，常见的主要有数字型、字符串型等。

视频2-2

一、数字型数据

数字类型用于存储数值，是不可改变的数据类型。这意味着，若要改变变量的数据类型，就要为其赋值一个新的变量。Python 常用的数字型数据可细分为整数型、浮点型、布尔型、复数型。

（一）整数型

整数型与数学中的整数相对应，整数就是没有小数部分的数字，Python 中的整数包括正整数、0 和负整数。

1. 整数的表示形式

二进制形式：由 0 和 1 两个数字组成，书写时以 0b 或 0B 开头。例如，101 对应十进制数是 5。

八进制形式：八进制整数由 0 ~ 7 共八个数字组成，以 0o 或 0O 开头。注意，第一个符号是数字 0，第二个符号是大写或小写的字母 O。

十进制形式：我们平时常见的整数就是十进制形式，它由 0 ~ 9 共十个数字排列组合而成。

十六进制形式：由 0~9 十个数字以及 A~F 或 a~f（字母 a~f 表示 10~15）六个字母组成，书写时以 0x 或 0X 开头。

进制形式是整数数值的不同显示方式，同一个整数的不同进制形式在数学意义上是没有区别的，程序可以直接对不同进制形式的整数进行运算或比较。无论采用何种进制形式表示数据，运算结果均以默认的十进制形式显示，示例如下：

1010, 99, -217

0x9a, -0X89（0x, 0X 开头表示十六进制数）

0b010, -0B101（0b, 0B 开头表示二进制数）

0o123, -0O456（0o, 0O 开头表示八进制数）

2. int 数据类型

整数是 Python 的 int 数据类型的值，Python 整数与数学中的整数概念一致，没有取值范围限制，可以用 Python 的内置函数 type() 查看其数据类型，如图 2-5 所示。

图2-5　查看数据类型

Python 的 int 数据类型如表 2-2 所示。

表2-2　Python 的 int 数据类型

类别	说明					
int 对象的值	一系列 0 到 9 的阿拉伯数字组合					
典型字面量	1287、96、0、1000000					
运算	加	减	乘	除	整除	取余	乘幂
运算符	+	-	*	/	//	%	* *

（二）浮点型

在编程语言中，小数通常以浮点数的形式存储。浮点数类型的名称为 float。

1. Python 中小数的表示形式

（1）十进制形式。这种就是我们平时看到的小数形式，如 34.6、346.0、0.346。书写小数时必须包含一个小数点，否则会被 Python 当作整数处理。

（2）指数形式。Python 小数的指数形式的写法为：

aEn 或 aen

其中，a 为尾数部分，是一个十进制数；n 为指数部分，是一个十进制整数；E 或 e 是固定的字符，用于分割尾数部分和指数部分。整个表达式等价于 $a \times 10^n$。例如：$2.1E5 = 2.1 \times 10^5$，其中，2.1 是尾数，5 是指数。小数的指数形式示例如图 2-6 所示。

```
代码录入                                编译语言：  python  ▼  ⚙

1  f1 = 0.34557808421257003
2  print("f1Value: ", f1)
3  print("f1Type: ", type(f1))
4  f2 = 0.00000000000000000000000000847
5  print("f2Value: ", f2)
6  print("f2Type: ", type(f2))
                                    ⬍

运行结果                                                ▶运行

1  f1Value:  0.34557808421257
2  f1Type:  <class 'float'>
3  f2Value:  8.47e-26
4  f2Type:  <class 'float'>
```

图 2-6　小数的指数形式

2. float 数据类型

Python 的 float 数据类型如表 2-3 所示。

表 2-3　**Python 的 float 数据类型**

类别	说明			
float 对象的值	一系列 0 到 9 的阿拉伯数字加上小数点			
典型字面量	3.14159、1.287e23、96.0、1.4142135			
运算	加	减	乘	除	乘幂
运算符	+	-	*	/	**

（三）布尔型

bool 数据类型用于表示逻辑值：真或者假。bool 数据类型包含两个值，其对应的字面量为：True 和 False。布尔运算的操作数为 True 或 False，结果依旧为 True 或 False。布尔数据类型表面看起来简单，却是计算机科学的基础之一。

Python 的 bool 数据类型如表 2-4 所示。

表 2-4 Python 的 bool 数据类型

类别	说明
bool 对象的值	真或者假
典型字面量	True
运算	逻辑与 逻辑或 逻辑非
逻辑运算符	and，or，not

bool 对象的运算符称为逻辑运算符，共 3 个，分别是：and、or 和 not，各种布尔运算的真值表如表 2-5 所示。从表 2-5 中可以看出，and 和 or 是二元运算符，带有两个操作数，not 是一元运算符，只有一个操作数。

表 2-5 bool 运算的真值表

a	b	a and b	a or b	not a
False	False	False	False	True
False	True	False	True	True
True	False	False	True	False
True	True	True	True	False

以表 2-5 中第三行的运算为例，执行结果如图 2-7 所示。

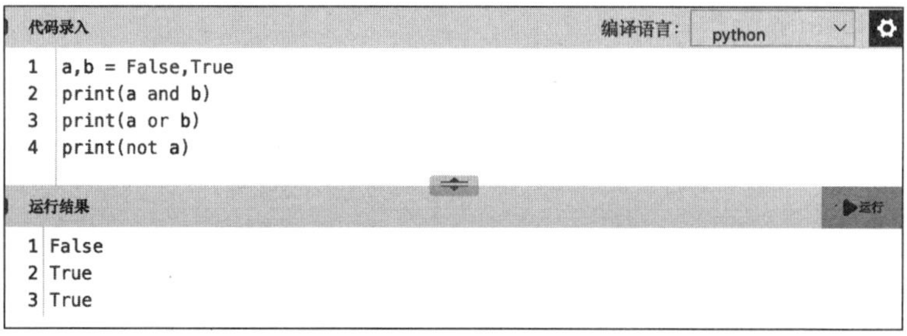

图 2-7 bool 运算示例

（四）复数型

复数类型与数学中的复数相对应，其值由实数部分和虚数部分组成，虚数部分的基本单位为 j。复数类型的一般形式为 $x + yj$，其中，x 是复数的实数部分，yj 是复数的虚数部分，这里的 x 和 y 都是实数。（当 $y = 1$ 时，1 是不能省略的，因为 j 在 Python 程序中是一个变量，此时如果将 1 省略，程序会出现报错。）

复数型数值的实数部分和虚数部分都是浮点数。对于一个复数，可以用". real"和". imag"得到它的实数部分和虚数部分。虚数部分不能单独存在，Python 会为其自动添加一个值为 0.0 的实数部分以与其一起构成复数。虚数部分必须有 j 或 J。

二、字符串型数据

(一) Python 字符串类型

字符串是一种有序的字符集合，用于表示文本数据。若干个字符的集合就是一个字符串 (String)。Python 中的字符串必须由双引号" "，或者单引号"，或者三个单引号或双引号包围。

Python 字符串中的双引号和单引号没有任何区别。字符串的内容可以包含字母、标点、特殊符号、中文、日文等全世界的所有文字。Python 的 str 数据类型如表 2 - 6 所示。

表 2 - 6 str 数据类型

类 别	说 明
str 对象的值	字符系列
典型字面量	'Hello，world'、'Python \ s'
运算	字符串拼接
运算符	+ *

(二) Python 字符串的拼接

字符串可以使用加号 (+) 连接，使用加号连接的各个变量或者元素必须是字符串类型。字符串拼接的示例代码如图 2 - 8 所示。

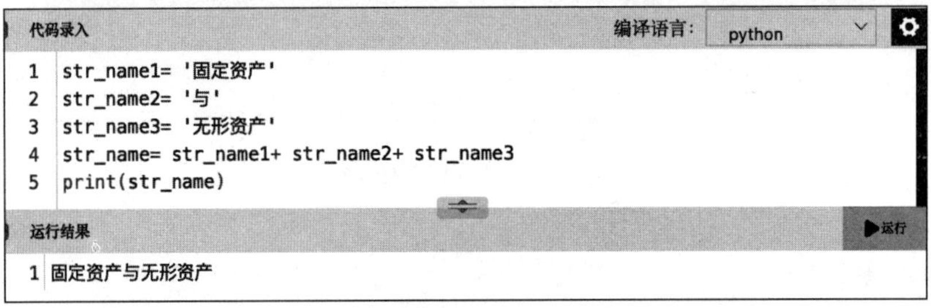

```python
1  str_name1= '固定资产'
2  str_name2= '与'
3  str_name3= '无形资产'
4  str_name= str_name1+ str_name2+ str_name3
5  print(str_name)
```

运行结果
```
1  固定资产与无形资产
```

图 2 - 8 字符串拼接

多个相邻的字符串 (以空白符分隔)，所用的引号可以彼此不同，其含义等同于全部拼接为一体。因此，'固定资产'与'无形资产'等同于"固定资产与无形资产"，如图 2 - 9 所示。此特性可以减少反斜杠的使用，以方便将很长的字符串分成多个物理行，甚至每部分字符串还可分别加注释。

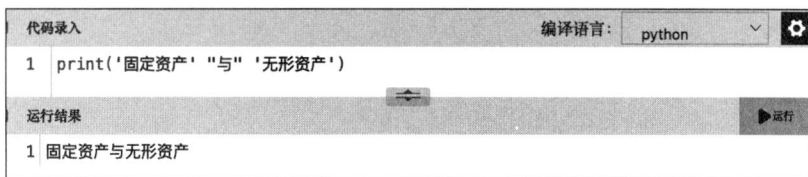

图2-9 相邻字符串拼接

也可以使用运算符 ∗ 重复拼接同一个字符串，尤其是产生固定数量的空格，下面将含有"空格"二字的字符串重复8次，示例如图2-10所示。同样，执行代码 print(" " ∗8)，恰好可以得到8个位置的空格。

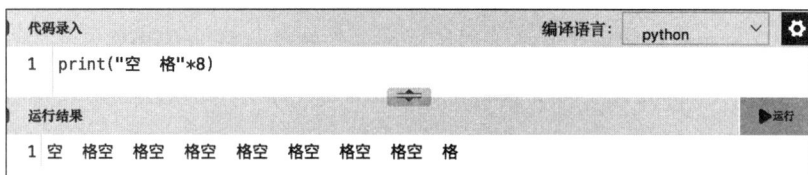

图2-10 字符串重复

（三）Python 字符串格式化

1. 转换说明符的应用

print()语句可以格式化输出，print()函数使用%开头的转换说明符对各种类型的数据进行格式化输出，各类转换说明符的具体含义如表2-7所示。

表2-7 各类转换说明符的具体含义

转换说明符	解释
%d、%i	转换为带符号的十进制整数
%o	转换为带符号的八进制整数
%x、%X	转换为带符号的十六进制整数
%e	转化为科学记数法表示的浮点数（e 小写）
%E	转化为科学记数法表示的浮点数（E 大写）
%f、%F	转化为十进制浮点数
%g	智能选择使用 %f 或 %e 格式
%G	智能选择使用 %F 或 %E 格式
%c	格式化字符及其 ASCII 码
%r	使用 repr()函数将表达式转换为字符串
%s	使用 str()函数将表达式转换为字符串

在 print()函数中，由引号包围的是格式化字符串，它相当于一个字符串模板，

可以放置一些转换说明符（占位符）。其中格式化字符串中包含一个%d说明符，它最终会被后面的cash变量的值所替代。中间的%是一个分隔符，它前面是格式化字符串，后面是要输出的表达，如图2-11所示。

```python
代码录入                                    编译语言：python

1  cash = 20000
2  print("经营活动产生的现金流量是%d万元。" %  cash)

运行结果                                                    ▶运行

1  经营活动产生的现金流量是20000万元。
```

图2-11　格式化输出

格式化字符串中也可以包含多个转换说明符，这个时候也得提供多个表达式，用以替换对应的转换说明符；多个表达式必须使用小括号（）包围起来，如图2-12所示。

```python
代码录入                                    编译语言：python

1  name = "中联教育"
2  cash = 20000
3  url="https://sx.cailian.net/"
4  print("%s的网址是%s,经营活动产生的现金流量是%d万元。" % (name, url,cash))

运行结果                                                    ▶运行

1  中联教育的网址是https://sx.cailian.net/,经营活动产生的现金流量是20000万元。
```

图2-12　多个转换说明符的应用

2. format()方法

格式化字符串，也可以使用format()方法，该方法灵活方便，不仅可以使用位置进行格式化，还支持使用关键参数进行格式化。

（1）使用位置进行格式化，示例如图2-13所示。

```python
代码录入                                    编译语言：python

1  print("公司今年社会保险支出为{}万元, 公积金为{}万元。".format(56,43))

运行结果                                                    ▶运行

1  公司今年社会保险支出为56万元, 公积金为43万元。
```

图2-13　使用位置进行格式化

（2）使用关键参数进行格式化，示例如图2-14所示。

图 2 - 14 　使用关键参数进行格式化

三、比较运算符

Python 中的某些混合型运算符作用于一种数据类型,而结果却返回另外一种数据类型。最常用的混合型运算符是比较运算符(= =、! =、 <、 < =、 >和 > =),可作用于整数和浮点数,返回布尔结果值。以 int 数据类型为例说明比较运算符的运算结果,如表 2 - 8 所示。

表 2 - 8 　比较运算符示例

运算符	含义	True	False
= =	等于	2 = = 2	2 = = 3
! =	不等于	3 ! = 2	2 ! = 2
<	小于	2 < 22	2 < 2
< =	小于或等于	2 < = 5	4 < = 2
>	大于	22 > 2	2 > 22
> =	大于或等于	3 > = 2	2 > = 3

四、数据类型操作

Python 可以使用 type() 函数查看数据类型,不同数据类型之间可以进行转换。Python 提供了多种可实现数据类型转换的函数,常见类型转换函数如表 2 - 9 所示。

表 2 - 9 　常见类型转换函数

函数	作用	举例
int(x)	将 x 转换为整数	int("123")结果为整数 123
float(x)	将 x 转换为浮点数	float("1.2")结果为 1.2
str(x)	将对象 x 转换为字符串	str(12)结果为'12'
chr(x)	将整数 x 转换为字符	chr(65)结果为 A
ord(x)	将字符 x 转换为它对应的整数值	ord(A)结果为 65
eval(str)	用来计算字符串中的有效的 Python 表达式,并返回一个对象	eval("10 + 20 + 30")结果为 60
hex(x)	将一个整数转化为一个十六进制字符串	hex(4286)结果为'0x10be'

续表

函数	作用	举例
oct(x)	将一个整数转换为一个八进制字符串	oct(4286)结果为'0o10276'
repr(x)	将对象 x 转化为表达式字符串	repr(3 * 8)结果为'24'

需要注意的是，在使用类型转换函数时，提供给它的数据必须是有意义的。例如，int()函数无法将一个非数字字符串转换成整数，示例如图 2 - 15 所示。

```
代码录入                                          编译语言:  python ▽   ⚙

1  print(int("123"))#转换成功
2  print(int("123个"))#转换失败

                              ⬍

运行结果                                                      ▶运行

1  123
2  Traceback (most recent call last):
3    File "/copy_files_tmp/20240420/202404202212370ac21162-ff20-11ee-89d5-
    8632e532201c/0ac20c76-ff20-11ee-89d5-8632e532201c", line 19, in <module>
4      print(int("123个"))#转换失败
5  ValueError: invalid literal for int() with base 10: '123个'
```

图 2 - 15 类型转换函数应用

技能训练

结合中联信合资产有限责任公司 2023 年现金流量表（部分），根据 Python 代码编辑器"1023692. ipynb"中预置的部分代码，将相关代码补全，并依次输出以下项目及对应的金额：

1. 经营活动现金流量。

2. 销售商品、提供劳务收到的现金。

3. 收到的税费返还。

4. 收到其他与经营活动有关的现金。

5. 经营活动现金流入小计。

其资料如表 2 - 10 所示。

表 2 - 10 中联信合资产有限责任公司 2023 年现金流量表（部分） 万元

项目	本年金额
一、经营活动产生的现金流量金额	
销售商品、提供劳务收到的现金	37 825 542. 86
收到的税费返还	0
收到其他与经营活动有关的现金	1 561 208. 89
经营活动现金流入小计	

任务2-3 Python 程序控制结构

情境导入

某公司利用 Python 进行财务大数据分析，在数据处理过程中，需要程序控制的三种结构：顺序结构、分支结构和循环结构。顺序结构是程序中的语句按照先后顺序执行，分支结构是根据条件执行不同的代码，循环结构则重复执行相同的代码。Python 用 if 语句实现分支结构，用 for 和 while 语句实现循环结构。

任务目标

知识目标：

1. 熟悉程序控制中的顺序结构、分支结构和循环结构。

2. 能够区分顺序结构、分支结构和循环结构的不同。

技能目标：

1. 掌握 if 语句、for 语句和 while 语句的正确使用方法。

2. 熟练应用单分支、二分支、多分支结构。

素养目标：

增强数据逻辑的判断能力，培养代码规范意识。

建议学时

2 学时。

相关知识

一、顺序结构

视频2-3

程序由顺序结构、分支结构和循环结构三种基本结构组成。

顺序结构是程序按照线性顺序依次执行的一种运行方式，如图 2-16 所示。

二、分支结构

分支结构是程序根据条件判断结果而选择不同向前执行路径的一种运行方式，其中，向前执行表示向代码前进方向直行。

根据程序中分支路径上的完备性，保证程序判断条件充分的情况下，分支结构主要可以分为单分支结构、二分支结构、多分支结构三种。

图 2 – 16　顺序结构

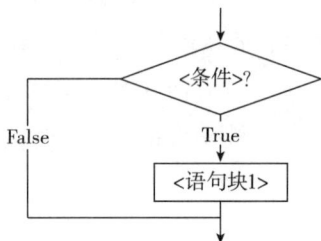

（一）单分支结构：if

使用 if 对条件进行判断，控制流程图如图 2 – 17 所示。

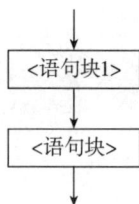

图 2 – 17　单分支结构控制流程图

语法使用方式如下：

　　if < 条件 >：

　　　　< 语句块 >

其中，if、< 条件 >、:、< 语句块 > 和 < 语句块 > 前的缩进部分都是语法的一部分。

< 语句块 > 是 if 条件满足后执行的一个或多个语句序列，缩进表达 < 语句块 > 与 if 的包含关系。< 条件 > 是一个产生 True 或 False 结果的语句，当结果为 True 时，执行 < 语句块 >，否则跳过 < 语句块 >，示例代码如图 2 – 18 所示。

```python
#判断输入的数字是否能够被4整除
num = 8
if(num%4) ==0:
    print("这个数能够被4整除")
    print("输入的数字是:{}".format(num))
```

运行结果
```
这个数能够被4整除
输入的数字是:8
```

图 2 – 18　if 条件判断应用

（二）二分支结构：if – else

使用 if – else 对条件进行判断，控制流程图如图 2 – 19 所示。

语法格式如下：

if < 条件 >:

    < 语句块 1 >

else:

    < 语句块 2 >

其中，if、< 条件 >、:、< 语句块1 >、else、:、< 语句块2 >和 < 语句块1 >、< 语句块2 >前的缩进部分都是语法的一部分。

< 语句块 1 > 在 < 条件 > 满足，即为 True 时执行；< 语句块 2 > 在 < 条件 > 不满足，即为 False 时执行。简单说，二分支结构根据条件的 True 和 False 结果产生两条路径，示例如图 2 – 20、图 2 – 21 所示。

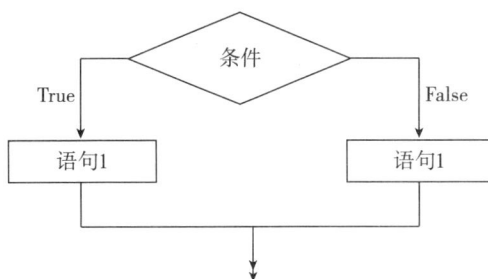

图 2 – 19　二分支结构控制流程图

图 2 – 20　二分支结果为 True 示例

图 2 – 21　二分支结果为 False 示例

（三）多分支结构：if – elif – else

使用 if – elif – else 对多个相关条件进行判断，并根据不同条件的结果按照顺序选择执行路径，控制流程图如图 2 – 22 所示。

语句格式如下：

if < 条件 1 >:

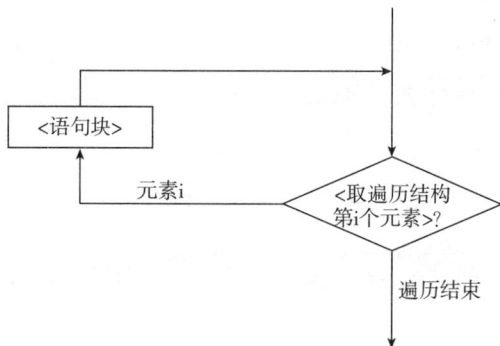

<语句块 1 >

elif < 条件 2 >：

  <语句块 2 >

 else：

  <语句块 3 >

其中，if、elif、else、：和 < 语句块 > 前的缩进部分都是语法的一部分。

图 2 - 22　多分支结构控制流程图

三、循环结构

Python 语言的循环结构包括两种：遍历循环结构和条件循环结构。遍历循环使用关键字 for 依次提取遍历结构元素进行处理；条件循环使用关键字 while 根据判断条件执行程序。

（一）遍历循环：for

通过 for 循环依次提取遍历结构元素进行处理，控制流程如图 2 - 23 所示。

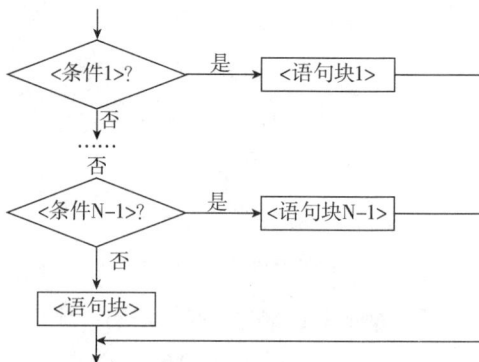

图 2 - 23　for 循环控制流程

基本语法格式如下：

 for < 循环变量 > in < 遍历结构 >：

  < 语句块 >

遍历循环还有一种扩展模式，使用方法如下：

 for < 循环变量 > in < 遍历结构 >：

  < 语句块 1 >

 else：

  < 语句块 2 >

遍历循环可以理解为，从遍历结构中逐一提取元素，放到循环变量中，对于每个所提取的元素执行一次语句块。for 语句的循环执行次数是根据遍历结果中的元素个数确定的。

同时 for 还可以实现遍历功能，遍历结构可以是字符串、文件、range（）函数、组合数据类型等，示例如图 2－24 所示。

图 2－24　for 遍历循环示例

（二）条件循环：while

通过 while 循环根据判断条件执行程序，条件循环流程如图 2－25 所示。

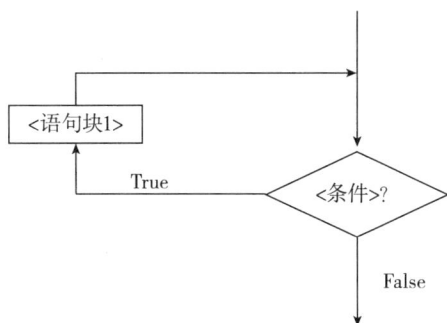

图 2－25　while 条件循环流程

基本使用方法如下：

  while ＜条件＞：

    ＜语句块＞

当＜条件＞判断为 True 时，循环体重复执行语句块中语句；当＜条件＞为 False 时，循环终止，执行与 while 同级别缩进的后续语句，示例如图 2－26 所示。

（三）循环保留字：break 和 continue

在 Python 语言中，可以通过 break 和 continue 保留字来实现辅助循环控制。break 用来跳出最内层 for 或 while 循环，脱离该循环后程序继续执行循环后续代码。

代码录入　　编译语言：python

```python
#输出100以内的素数
x=1  #初始化变量
while x<100:
    n=2
    while n<x-1:
        if x%n==0:break #若余数为0，说明x不是素数，结束当前循环
        n+=1  #等价于n=n+1，意味着n被重新赋值
    else:
        print(x,end=' ')#正常结束循环，说明x没有被[2,x-1]范围内的数整除，是素数，输出
    x+=1 #等价于x=x+1，意味着x被重新赋值
else:
    print('over')
```

运行结果

```
1 2 3 5 7 11 13 17 19 23 29 31 37 41 43 47 53 59 61 67 71 73 79 83 89 97
over
```

图 2－26　while 条件循环示例

continue 用来结束当前当次循环，即跳出循环体中下面尚未执行的语句，但不跳出当前循环。

两个语句的区别是：continue 语句只结束本次循环，不终止整个循环的执行，而 break 具备结束整个当前循环的能力。示例代码如图 2－27 所示。

代码录入　　编译语言：python

```python
'''找出100~999范围内的前10个回文数字（"回文数"是一种数字。如：98789，这个数字正读是98789，倒读也是98789，正读倒读一样，所以这个数字就是回文数。）'''
a=[]
n=0
x=100
while x<999:
    s=str(x)  #将x转化为字符串类型
    if s[0]!=s[-1]:   #判断s中的第一个元素是否不等于最后一个元素
        x=x+1
        continue  #若x不是回文数字，回到循环开头，x取下一个值开始循环
    a.append(x)   #x是回文数字，将其加入列表
    n+=1  #累计获得的回文数字个数
    x=x+1
    if n==10:break  #找出10个回文数字时，跳出while循环
print(a)  #break跳出时，跳转到该处执行
```

运行结果

```
[101, 111, 121, 131, 141, 151, 161, 171, 181, 191]
```

图 2－27　continue 和 break 辅助循环控制示例

技能训练

运用 for 语句和 while 语句，对数字 1~9 利用 Python 输出数字金字塔，如图 2-28 所示。

提示：

用 for 语句输出每行前的空格，以便对齐。

用 while 语句输出每行前半部分数据。

用 while 语句输出每行的剩余数据。

```
        1
       212
      32123
     4321234
    543212345
   65432123456
  7654321234567
 876543212345678
98765432123456789
```

图 2-28　输出数字金字塔

任务 2-4　Python 组合数据类型

情境导入

现实中的问题所涉及的信息通常不是单一或孤立的，而是相互联系的一系列数据。尽管数字类型可以表示数值，字符串类型可以表示文本，但都只能表示单个值，如果要表示包含多个值的数据需要用 N 个数据，且不能体现彼此间的关联，显然会导致效率低下。这就好比搭建一间积木房子，使用的是单块积木还是成型的窗户、墙壁和门。当需要对大量数据进行批量处理时，Python 将 N 个元素按某种方式组合起来，使得数据操作更简捷、高效。组合类型根据数据中元素的组织方式和数据特点不同可以分为列表、元组、字典和集合。

任务目标

知识目标：

1. 熟悉组合数据类型的特点。

2. 理解集合类型、序列类型和映射类型的含义。

技能目标：

1. 掌握列表、元组和字典的创建和操作函数应用。

2. 掌握集合类型操作符和常见操作函数的正确使用方法。

素养目标：

独木难成林，树牢集体意识和规范意识，增强团结协作能力。

建议学时

4 学时。

相关知识

一、组合数据类型概述

计算机不仅对单个变量表示的数据进行处理，通常的情况下，其需要对一组数据进行批量处理。例如：给定一组单词"Python、it、data、function、list"，计算并输出每个单词的长度；给定一个班级的信息，统计男女比例；给定某单位的财务报表，对财务报表中大量数据进行分析等。这种能够表示多个数据的类型称为组合数据类型。

组合数据类型能够将多个同类型或者不同类型的数据组织起来，使数据操作更有序、更容易，Python 语言中最常用的组合数据类型有三类，分别是集合类型、序列类型和映射类型。集合类型（集合 set），是一个元素集合，元素之间无序，相同元素在集合中唯一存在。序列类型（字符串 str、列表 list、元组 tuple），是一个元素向量，元素之间存在先后关系，通过序号访问，元素之间不排他。序列类型的典型代表是字符串类型和列表类型。映射类型（字典 dict），是"键 – 值"数据项的组合，每个元素是一个键值对，表示为（key：value），映射类型的典型代表是字典类型。

不同组合数据类型的特点、表现形式和要求都有所不同，Python 的组合数据类型表如表 2 – 11 所示。

表 2 – 11 Python 的组合数据类型表

内容	列表（list）	元组（tuple）	字典（dict）	集合（set）
定界符	方括号［］	圆括号（）	大括号 ｛｝	大括号 ｛｝
元素分隔符	逗号，	逗号，	逗号，	逗号，
是否可变	是	否	是	是
是否有序	是	是	否	否
元素形式要求	无特定要求	无特定要求	键：值	必须可哈希
元素值的要求	无特定要求	无特定要求	"键"必须可哈希	必须可哈希
元素是否可重复	可重复	可重复	"键"不允许重复；"值"可以重复	否
元素查找速度	非常慢	很慢	非常快	非常快
增删元素速度	尾部快，其他位置慢	不允许	快	快

二、序列数据类型概述

序列类型是一维元素向量，元素之间存在先后关系，通过索引序号访问元素，序列类型包括字符串、列表和元组。

序列的基本思想和表示方法均来源于数学概念，例如：n 个数的序列 S，可以表示为：$S = s_0, s_1, s_2, \cdots, s_{n-1}$，当访问序列中某个特定元素，只需要通过访问下标即可，如访问 s_2 元素只需要访问序号 2，需要注意，下标编号从 0 开始。另外，由于元素之间存在顺序性，数值相同的两个数可以出现在不同位置。

序列类型各具体类型使用相同的索引体系，即正向递增序号和反向递减序号，如图 2-29 所示。

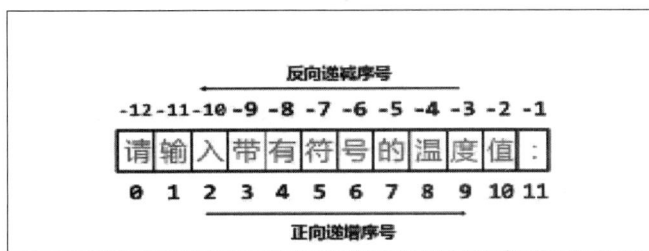

图 2-29 正向递增序号和反向递减序号

序列类型总共有 12 个通用的操作符和函数，如表 2-12 所示。

表 2-12 序列类型的操作符和函数

操作符	描述
x in s	如果 x 是 s 的元素，返回 True；否则返回 False
x not in s	如果 x 不是 s 的元素，返回 True；否则返回 False
s + t	连接 s 和 t
s*n 或 n*s	将序列 s 复制 n 次
s[i]	索引，返回序列的第 i 个元素
s[i:j]	切片，返回包含序列 s 第 i 个到第 j 个元素的子序列（不包含第 j 个元素）
s[i:j:k]	步骤切片，返回包含序列 s 第 i 个到第 j 个元素以 k 为步骤的子序列
len(s)	序列 s 的元素个数（长度）
min(s)	序列 s 中最小元素
max(s)	序列 s 中最大元素
s. index(x)	序列 s 中第一次出现元素 x 的位置
s. count(x)	序列 s 中出现 x 的总次数

三、列表类型及操作

（一）列表的定义

列表是包含 0 个或多个对象引用的有序序列，与字符串、元组不同，列表的长度和内容都是可变的，可自由对列表中的数据项进行增加、删除、替换和查找等操作。

列表类型用方括号"［ ］"表示，所有元素都放在一对方括号"［ ］"里面，相邻元素之间用逗号"，"分隔，格式如下：

$$[\text{element}_1, \text{element}_2, \text{element}_3, \ldots, \text{element}_n]$$

上述格式中，$\text{element}_1 \sim \text{element}_n$ 表示列表中的元素，列表没有长度限制，元素类型可以不同，但必须是 Python 支持的类型，如数值类型、字符串、列表、元组等，示例如图 2-30 所示。

```python
代码录入                                    编译语言：  python

1  #列表中的元素为字符串
2  socialInsurance=["基本养老","医疗","工伤","失业","生育社保"]
3  print(socialInsurance)
4  #列表中的元素包含元组和字符串
5  socialInsurance=[("基本养老","医疗"),"工伤","失业","生育社保"]
6  print(socialInsurance)
7  #列表中的元素包含字典和字符串
8  socialInsurance=[{"基本养老":132},"医疗","工伤","失业","生育社保"]
9  print(socialInsurance)

运行结果                                                  ▶运行

1  ['基本养老', '医疗', '工伤', '失业', '生育社保']
2  [('基本养老', '医疗'), '工伤', '失业', '生育社保']
3  [{'基本养老': 132}, '医疗', '工伤', '失业', '生育社保']
```

图 2-30 列表格式示例

在使用列表时，建议同一个列表中变量使用同一种类型的数据，这样可以提高程序的可读性和可维护性。

由于列表属于序列类型，所以列表支持序列类型的所有操作符和函数，此外列表之间支持通过比较操作符（<、< =、= =、! =、> =、>）进行比较，比较的原理是单个元素之间逐个比较，示例如图 2-31 所示。

```python
1  socialInsurance=[{"基本养老":132},"医疗","工伤","失业","生育社保"]
2  print(socialInsurance)
3  print("商业保险" in socialInsurance)#商业保险是列表中的元素
4  print("商业保险" not in socialInsurance)#商业保险不是列表中的元素
5  welfare=["公积金","补充医疗"]
6  socialInsurance=socialInsurance+welfare  #连接socialInsurance和welfare
   形成一个新的列表socialInsurance
7  print(socialInsurance)
8  print(welfare*2)#将列表welfare复制2次
9  print(len(socialInsurance))#列表中元素的个数
10 print(socialInsurance.index("工伤"))#列表中第一次出现元素"工伤"的位置
11 print(socialInsurance.count("工伤"))#列表中元素"工伤"出现的次数
12 print(socialInsurance == welfare)#判断socialInsurance与welfare是否相等
```

运行结果

```
1 [{'基本养老': 132}, '医疗', '工伤', '失业', '生育社保']
2 False
3 True
4 [{'基本养老': 132}, '医疗', '工伤', '失业', '生育社保', '公积金', '补充医疗']
5 ['公积金', '补充医疗', '公积金', '补充医疗']
6 7
7 2
8 1
9 False
```

图 2 – 31 列表中操作符和函数应用示例

使用方括号"〔 〕"作为索引操作符，用于获得列表的具体元素。该操作沿用序列类型的索引方式，即正向递增序号或反向递减序号，索引序号不能超过列表的元素范围，否则会产生 IndexError 错误，如图 2 – 32 所示。

```python
1  socialInsurance=[{'基本养老': 132}, '医疗', '工伤', '失业', '生育社保', '公
   积金', '补充医疗']
2  #打印列表中的第2个元素
3  print(socialInsurance[1])
4  #打印列表中元素的个数
5  print(len(socialInsurance))
6  #打印列表中第7个元素
7  print(socialInsurance[6])
8  #打印列表中倒数第7个元素，由于列表总共7个元素，也即打印第1个元素
9  print(socialInsurance[-7])
10 #打印列表中倒数第8个元素
11 print(socialInsurance[-8])
```

运行结果

```
1 医疗
2 7
3 补充医疗
4 {'基本养老': 132}
5 Traceback (most recent call last):
6   File "/copy_files_tmp/20240420/20240420223835ab491a9c-ff23-11ee-9691-
   d6733e8ebf3c/ab4915d8-ff23-11ee-9691-d6733e8ebf3c", line 28, in <module>
7     print(socialInsurance[-8])
8 IndexError: list index out of range
```

图 2 – 32 索引操作符示例

使用切片获取列表类型从 *N* 到 *M*（不包含 *M*）的元素组成新的列表，其中，*N* 和 *M* 为列表类型的索引序号，可以混合使用正向递增序号和反向递减序号，一般要求 *N* 小于 *M*，当 *K* 存在的时候，切片获取列表类型从 *N* 到 *M*（不包含 *M*），以 *K* 为步长所对应元素组成的列表，示例如图 2 – 33 所示。

```python
socialInsurance=[{'基本养老': 132}, '医疗', '工伤', '失业', '生育社保', '公积金', '补充医疗']
#打印列表中第2个元素
print(socialInsurance[1])
#打印列表中元素的个数
print(len(socialInsurance))
#打印列表中第2-第6个元素
print(socialInsurance[1:6])
#打印列表中索引区间为[-6:1]的元素，由于-6和1所对应的元素为同一个元素，因此打印无值
print(socialInsurance[-6:1])
#打印列表中倒数第6-倒数第1个元素
print(socialInsurance[-6:-1])
#以步长为2，打印列表中索引区间为[1:7]的元素
print(socialInsurance[1:7:2])
```

运行结果
```
医疗
7
['医疗', '工伤', '失业', '生育社保', '公积金']
[]
['医疗', '工伤', '失业', '生育社保', '公积金']
['医疗', '失业', '公积金']
```

图 2 – 33　索引操作符示例

列表的数据类型是 list，通过 type() 函数和 isinstance() 函数可以判断，如图 2 – 34 所示。

```python
socialInsurance=[{"基本养老":132},"医疗","工伤","失业","生育社保"]
print(socialInsurance)
#通过type () 函数查看对象类型
print(type(socialInsurance))
#通过isinstance () 函数判断对象类型是否为列表
print(isinstance(socialInsurance,list))
```

运行结果
```
[{'基本养老': 132}, '医疗', '工伤', '失业', '生育社保']
<class 'list'>
True
```

图 2 – 34　列表数据类型判断

（二）列表类型的操作

列表类型继承序列类型特点，因此有一些通用的操作函数，列表类型的操作函数如表 2 - 13 所示。

表 2 - 13　列表类型的操作函数

操作函数	描述
len（ls）	列表 ls 的元素的个数（长度）
min（ls）	列表 ls 中的最小元素
max（ls）	列表 ls 中的最大元素
list（x）	将 x 转换成列表类型

函数 min() 和 max() 分别返回列表的最小、最大元素，使用这两个函数的前提是列表中的元素类型可以进行比较，否则使用这两个函数会报错，如图 2 - 35 所示。

```python
1  socialInsurance=[ '医疗', '工伤', '失业', '生育社保', '公积金', '补充医疗']
2  print(socialInsurance)
3  #打印列表中的最大元素
4  print(max(socialInsurance))
5  #打印列表中的最小元素
6  print(min(socialInsurance))
7  #使用append函数在列表中添加元素"655355"
8  socialInsurance.append(65535)
9  print(socialInsurance)
10 #打印新列表中最大元素
11 print(max(socialInsurance))
```

运行结果　　　　　　　　　　　　　　　　　　　　　　▶运行

```
1 ['医疗', '工伤', '失业', '生育社保', '公积金', '补充医疗']
2 补充医疗
3 公积金
4 ['医疗', '工伤', '失业', '生育社保', '公积金', '补充医疗', 65535]
5 Traceback (most recent call last):
6   File "/copy_files_tmp/20240420/20240420224052fcbadd7a-ff23-11ee-89d5-
    8632e532201c/fcbad8de-ff23-11ee-89d5-8632e532201c", line 28, in <module>
7     print(max(socialInsurance))
8 TypeError: '>' not supported between instances of 'int' and 'str'
```

图 2 - 35　列表函数应用示例

list(x) 将变量 x 转变成列表类型，其中 x 可以是字符串、元组、集合类型，如图 2 - 36 所示。

图 2 - 36 列表 list 函数应用

由于列表是可变的，列表类型特有的常用操作函数和方法如表 2 - 14 所示。

表 2 - 14 列表类型特有的常用操作函数和方法

操作函数和方法	描述
ls[i] = x	替换列表 ls 第 i 项数据为 x
ls[i:j] = lt	用列表 lt 替换列表 ls 中第 i 到第 j 项数据（不含第 j 项）
ls[i:j:k] = lt	用列表 lt 替换列表 ls 中第 i 到第 j 项以 k 为步数的数据（不含第 j 项）
del ls[i:j]	删除列表 ls 第 i 到第 j 项数据（不含第 j 项）
del ls[i:j:k]	删除列表 ls 第 i 到第 j 项以 k 为步数的数据（不含第 j 项）
ls + = lt 或 ls. extend(lt)	将列表 lt 元素增加到列表 ls 中
ls * = n	更新列表 ls，其中其元素重复 n 次
ls. append(x)	在列表 ls 最后增加一个元素 x
ls. clear()	清除 ls 列表中的所有元素
ls. copy()	生成一个新列表，复制 ls 中的所有元素
ls. insert(i,x)	在列表 ls 的第 i 位置增加元素 x
ls. pop(i)	将列表 ls 中的第 i 项元素取出并删除该元素
ls. remove(x)	将列表中出现的第一个元素 x 删除
ls. reverse()	将列表 ls 中的元素反转

上述操作符和方法主要是对列表元素的增、删、改等操作，示例如图 2 - 37 所示。实际开发中并不经常使用 del 来删除列表，因为 Python 自带的垃圾回收机制会自动销毁无用的列表，即使开发者不手动删除，Python 也会自动将其回收。

图2-37 列表特有操作示例

列表与整数和字符串不同，列表处理一组数据，因此，列表必须通过显示的数据赋值才能生成，简单将一个列表赋值给另一个列表不会生成新的列表对象，如图2-38所示，lst 由实际数据赋值产生，为列表对象，将 lst 赋值给 lt 仅能产生对列表 lst 的一个新的引用。

图2-38 列表数据赋值

四、元组类型及操作

（一）元组的定义

元组是序列类型中比较特殊的类型，因为它一旦创建就不能被修改，这个特性可以对数据进行写保护，使数据更安全。Python 中元组采用逗号和圆括号（可选）进行组织，如图 2－39 所示。

代码录入　　编译语言：python

```
AssetType=("固定资产","无形资产")
print(AssetType)
print(type(AssetType))
asset= "固定资产","无形资产"
print(asset)
print(type(asset))
```

运行结果

```
('固定资产', '无形资产')
<class 'tuple'>
('固定资产', '无形资产')
<class 'tuple'>
```

图 2－39　元组的创建及类型

元组类型严格遵循序列类型的操作定义，继承了序列类型的所有操作符和函数，如图 2－40 所示。

代码录入　　编译语言：python

```
socialInsurance=("基本养老","医疗","工伤","失业","生育社保")
welfare=("公积金","补充医疗")
print(socialInsurance)
print(welfare)
print("公积金" in welfare)
print("公积金" not in welfare)
print(welfare*2)
socialInsurance=socialInsurance+welfare
print(socialInsurance)
print(socialInsurance[0])
print(len(socialInsurance))
print(socialInsurance[-7])
print(socialInsurance[:4])
print(socialInsurance[::2])
print(min(socialInsurance))
print(max(socialInsurance))
print(socialInsurance.index("工伤"))
```

运行结果

```
('基本养老', '医疗', '工伤', '失业', '生育社保')
('公积金', '补充医疗')
True
False
('公积金', '补充医疗', '公积金', '补充医疗')
('基本养老', '医疗', '工伤', '失业', '生育社保', '公积金', '补充医疗')
基本养老
7
基本养老
('基本养老', '医疗', '工伤', '失业')
('基本养老', '工伤', '生育社保', '补充医疗')
公积金
补充医疗
2
1
```

图 2－40　元组类型操作

由于元组中的数据一旦定义就不允许删除，因此不能删除元组中的元素，但是可以使用 del 语句删除整个元组，删除元组变量后，再引用变量会报 NameError 的错，示例如图 2 -41 所示。

代码录入　　编译语言：python

```
welfare=("公积金","补充医疗")
del welfare
print(welfare)
```

运行结果　　运行

```

Traceback (most recent call last):
  File "/copy_files_tmp/20240420/20240420224619bfd7acf2-ff24-11ee-9691-d6733e8ebf3c/bfd7a7b6-ff24-11ee-9691-d6733e8ebf3c", line 20, in <module>
    print(welfare)
NameError: name 'welfare' is not defined
```

图 2 -41　删除元组

元组的数据类型是 tuple，通过 type() 函数和 isinstance() 函数可以判断，如图 2 -42所示。

代码录入　　编译语言：python

```
welfare=("公积金","补充医疗")
print(type(welfare))#通过type () 函数查看元组数据类型
print(isinstance(welfare,tuple))#通过isinstance()函数判断元组数据类型是否是tuple
```

运行结果　　运行

```
<class 'tuple'>
True
```

图 2 -42　元组类型判断

（二）列表与元组的区别

Python 元组和列表一样，都是有序序列，在很多情况下可以相互替换，很多操作也类似，但它们之间也有区别。

（1）元组是不可变的序列类型，能对不需要改变的数据进行写保护，使数据更安全。列表是可变的序列类型，可以添加、删除或搜索列表中的元素。

（2）元组使用 () 定义用逗号分隔的元素，而列表中的元素应该包括在 [ ] 中。二者在访问元素时，都要使用 [ ] 按索引或者分片来获得对应元素的值。

（3）元组可以在字典中作为关键字使用，而列表不能作为字典关键字使用，因为列表是可变的。

（4）元组由于不可变性，在内存占用和访问速度上优于列表。元组更适合存储固定数据（如配置项、坐标等），尤其在数据量较大时能显著提升性能。

五、字典类型及操作

（一）字典的定义

"键值对"是组织数据的一种重要的方式，广泛应用于当代信息系统中，如数据库、Web 系统。键值对的基本思路是将"值"信息关联到一个"键"信息上，实际生活中有很多"键值对"的例子：姓名和电话号码，用户名和密码，国家名称和首都等。

通过"键"信息查找对应的"值"信息，这个过程叫作映射。Python 语言中通过字典实现映射，字典使用大括号 {} 建立，每个元素是一个键值对。

使用方式如下：{<键 1>:<值 1>,<键 2>:<值 2>,…,<键 n>:<值 n>}。

其中，键和值之间通过冒号"："连接，不同键值对通过逗号"，"隔开。从 Python 设计角度考虑，由于大括号 {} 可以表示集合，所以字典类型也具有和集合类似的特性，即键值对之间没有顺序且不能重复。可以简单地把字典看成元素是键值对的集合，示例如图 2 - 43 所示。

```python
1  financialStatements={"sheet1":"利润表","sheet2":"资产负债表","sheet3":"现
金流量表"}
2  print(financialStatements)
```

运行结果
```
1  {'sheet1': '利润表', 'sheet2': '资产负债表', 'sheet3': '现金流量表'}
```

图 2 - 43　字典类型操作

变量"financialStatements"可以看作"sheet"页和"财务报表"的映射关系，由于字典是集合类型的延续，所以元素间没有顺序关系。字典键值对中的键可以作为字典的索引，如果要查找特定元素的值，可以利用键值对中的键索引元素，使用方法如下：<值> = <字典变量>[<键>]，如图 2 - 44 所示。

```python
1  financialStatements={"sheet1":"利润表","sheet2":"资产负债表","sheet3":"现
金流量表"}
2  print(financialStatements)
3  profitFrom=financialStatements["sheet1"]#通过键'sheet1'访问对应的报表名称
4  print(profitFrom)
```

运行结果
```
1  {'sheet1': '利润表', 'sheet2': '资产负债表', 'sheet3': '现金流量表'}
2  利润表
```

图 2 - 44　利用键值对查找

字典对某个键值的修改可以通过索引和赋值（=）配合实现，示例如图2-45所示。

```
代码录入                                            编译语言： python
1  financialStatements={"sheet1":"利润表","sheet2":"资产负债表","sheet3":"现
   金流量表"}
2  print(financialStatements)
3  financialStatements["sheet1"]="大通表"#将键"sheet1"对应的值修改为"大通表"
4  print(financialStatements)

运行结果                                                        ▶运行
1  {'sheet1': '利润表', 'sheet2': '资产负债表', 'sheet3': '现金流量表'}
2  {'sheet1': '大通表', 'sheet2': '资产负债表', 'sheet3': '现金流量表'}
```

图2-45 键值修改

使用大括号可以创建一个空字典，通过索引和赋值配合，可以向字典中增加元素，如图2-46所示。

```
代码录入                                            编译语言： python
1  financialStatements={}
2  financialStatements["sheet1"]="价格表"
3  financialStatements["sheet2"]="物流信息表"
4  print(financialStatements)

运行结果                                                        ▶运行
1  {'sheet1': '价格表', 'sheet2': '物流信息表'}
```

图2-46 创建空字典并添加元素

总结起来，字典是存储可变数量键值对的数据结构，值可以是任意数据类型，键只能为不可变数据类型，通过键索引值，可以修改值。Python字典效率非常高，甚至可以储存非常多的内容。

（二）字典类型的操作

字典类型与列表类型类似，都有一些通用的操作函数，字典类型的常用操作函数如表2-15所示。

表2-15 字典类型的常用操作函数

操作函数	描述
len(d)	字典d的元素个数（长度）
min(d)	字典d中键的最小值
max(d)	字典d中键的最大值
dict()	生成一个空字典

min(d)和max(d)分别返回字典 d 中最小、最大索引值，使用这两个函数的前提是字典中各个索引元素是可以进行比较的，否则会报一个 TypeError 的错误，示例如图 2 - 47 所示。

```
代码录入                                        编译语言：  python

1  financialStatements={"sheet1":"利润表","sheet2":"资产负债表","sheet3":"现
   金流量表"}
2  print(financialStatements)
3  print(len(financialStatements))      #打印字典的元素个数
4  print(min(financialStatements))      #打印字典中最小索引值
5  print(max(financialStatements))      #打印字典中最大索引值
6  financialStatements[10010]="利润表"   #新增"10010":"利润表"
7  print(min(financialStatements))      #打印新字典中最小索引值

运行结果                                                        ▶运行

1  {'sheet1': '利润表', 'sheet2': '资产负债表', 'sheet3': '现金流量表'}
2  3
3  sheet1
4  sheet3
5  Traceback (most recent call last):
6    File "/copy_files_tmp/20240420/202404202251598a32eaca-ff25-11ee-934f-
   8632e532201c/8a32e5c0-ff25-11ee-934f-8632e532201c", line 24, in <module>
7      print(min(financialStatements)) #打印新字典中最小索引值
8  TypeError: '<' not supported between instances of 'int' and 'str'
```

图 2 - 47　字典的操作函数应用

字典在 Python 内部也已采用面向对象方式实现，因此也有一些特有的方法，采用 < a > . < b > 格式，这些函数和方法如表 2 - 16 所示。

表 2 - 16　字典类型的函数和方法

函数和方法	描述
< d > . keys( )	返回所有的键信息
< d > . values( )	返回所有的值信息
< d > . items( )	返回所有键值对
< d > . get(< key > , < default >)	键存在返回相应值，否则返回默认值
< d > . pop(< key > , < default >)	键存在返回相应值，同时删除键值对，否则返回默认值
< d > . popitem( )	随机从字典中取出一个键值对，以元组（key, value）形式返回
< d > . clear( )	删除所有键值对
del < d > ［ < key > ］	删除字典某一个键值对
< key > in < d >	如果键在字典中则返回 True，否则返回 False
< d > . update(< d1 >)	如果 <d1 > 的键存在于 < d > 中，那么 < d > 中键对应的 value 会被覆盖；如果 < d > 中不包含对应的键值对，则将 < d1 > 键值对添加进去
< d > . fromkeys(seq ［ , value］)	以序列 seq 中元素做字典的键，value 为字典所有键对应的初始值

使用上述方法示例如图 2 - 48 所示，如果希望利用 keys( )、values( )、6items( )

方法返回列表，可以采用 list() 函数将返回值转换成列表。

图2-48　字典的操作函数应用

字典还可以通过 for-in 语句对其元素进行遍历，基本语法格式如下：

for < 变量名 > in < 字典名 > ：

　　< 语句块 >

示例如图2-49所示。

图2-49　字典中 for-in 语句应用

由于键值对当中的键相当于索引，因此，for 循环返回的变量名是字典的索引值。如果需要使用键对应的值，可以通过在语句块中使用 get(< key >)方法得到。

六、集合类型及操作

（一）集合的概念

集合类型与数学中集合的概念一致，即包含 0 个或多个数据项的无序组合。集合有以下两个特点。

（1）集合中的元素不可重复。

（2）集合中的元素类型只能是固定数据类型，例如：整数、浮点数、字符串、元组等，列表、字典和集合类型是可变数据类型，不能作为集合的元素出现。

Python 解释器界定固定数据类型与否主要考察类型是否能够进行哈希运算，能够进行哈希运算的类型都可以作为集合元素。Python 提供哈希运算函数 hash()，使用方式如图 2 - 50 所示。

```
代码录入                                          编译语言： python

1  print(hash("Python"))
2  print(hash("财务报表"))
3  print(hash("资产负债表"))
4  print(hash(("余额表","利润表")))

运行结果                                                     ▶运行

1  8153003995956293369
2  5548272867115298671
3  -3507324153138169687
4  -4033806767448001655
```

图 2 - 50　哈希运算函数应用

这些哈希值与哈希前的内容无关系，也和这些内容的组合无关。可以说，哈希是数据在另一个数据维度的体现。

由于集合是无序组合，它没有索引和位置的概念，不能分片，集合中元素可以动态增加或删除。集合可以使用大括号 {} 结合赋值语句生成一个集合或 set() 函数生成一个集合，其中 set 集合中传入的参数可是任何组合类型，由于集合的元素不可重复，集合类型会过滤掉重复元素，示例如图 2 - 51 所示。

```
代码录入                                      编译语言: python ∨    ⚙
1  financeReport={"科目余额表","利润表",("资产负债表","现金流量表")}
2  print(financeReport)
3  financeReport1={"科目余额表","利润表",("资产负债表","现金流量表"),"利润
   表","科目余额表"}
4  print(financeReport1) #由于不允许集合内的元素重复，因此相同的元素在集合中只保留
   一个
5  report=set("科目余额表")
6  print(report)
7  print(type(financeReport1))
8  print(type(report))
运行结果                                                          ▶运行
1  {'利润表', ('资产负债表', '现金流量表'), '科目余额表'}
2  {'利润表', ('资产负债表', '现金流量表'), '科目余额表'}
3  {'余', '科', '表', '目', '额'}
4  <class 'set'>
5  <class 'set'>
```

图 2 – 51　集合类型的操作

集合类型有 10 个操作符，具体如表 2 – 17 所示。

表 2 – 17　集合类型的操作符

操作符	描述
S – T 或 S. difference(T)	返回一个新集合，包括在集合 S 中但不在集合 T 中的元素
S_ = T 或 S. difference_update(T)	更新集合 S，包括在集合 S 中但不在集合 T 中的元素
S&T 或 S. intersection(T)	返回一个新集合，包括同时在集合 S 和 T 中的元素
S& = T 或 S. intersection_update(T)	更新集合 S，包括同时在集合 S 和 T 中的元素
S^T 或 S. symmetric_difference(T)	返回一个新集合，包括集合 S 和 T 中的元素，但不包括同时在其中的元素
S^ = T 或 S. symmetric_difference. update(T)	更新集合 S，包括集合 S 和 T 中的元素，但不包括同时在其中的元素
S ǀ T 或 S. union(T)	返回一个新集合，包括集合 S 和 T 中的所有元素
S ǀ = T 或 S. update(T)	更新集合 S，包括集合 S 和 T 中的所有元素
S < = T 或 S. issubset(T)	如果 S 与 T 相同或 S 是 T 的子集，返回 True，否则返回 False，可以用 S < T 判断 S 是否是 T 的真子集
S > = T 或 S. issuperse(T)	如果 S 与 T 相同或 S 是 T 的超集，返回 True，否则返回 False，可以使用 S > T 判断 S 是否是 T 的超集

（二）集合类型的操作

集合类型有 10 个操作函数或方法，具体如表 2 – 18 所示。

表 2 - 18 集合类型的操作函数或方法

操作函数或方法	描述
S. add(x)	如果数据项 x 不在集合 S 中，将 x 增加到 S 中
S. clear()	清除 S 中的所有数据项
S. copy()	返回集合 S 的一个副本
S. pop()	随机返回集合 S 中的一个元素，如果 S 为空，产生 KeyError
S. discard(x)	如果 x 在集合 S 中，移除该元素；如果 x 不在集合中，不报错
S. remove(x)	如果 x 在集合 S 中，移除该元素，不在则产生 KeyError 异常
S. isdisjoint(T)	如果集合 S 与 T 没有相同元素，返回 True
len(S)	返回集合 S 的元素个数
x in S	如果 x 是 S 的元素，返回 True，否则返回 False
x not in S	如果 x 不是 S 的元素，返回 True，否则返回 False

集合类型主要用于 3 个场景：成员关系测试、元素去重和删除数据项，如图 2 - 52 所示。

图 2 - 52 集合类型的应用

技能训练

山东九阳小家电有限公司生产部门针对某产品的生产订单计划如表 2 - 19 所示。

表 2 - 19 某产品的生产订单计划

产品编号	生产数量/件	产品尺寸/cm	平均工时/小时
1001	9 000	65.4	28
1002	7 800	55.8	33

请将表 2 - 19 中数据转换成 Python 列表数据结构，并予以显示。

任务 2-5 Python 函数与模块调用

情境导入

某公司利用 Python 进行财务大数据分析，在数据处理过程中，需要用到函数和模块，这样就能实现代码的复用。函数是完成特定任务的语句集合，调用函数会执行其包含的语句。函数的返回值通常是函数的计算结果。调用函数时使用不同的参数，可获得不同的返回值。模块是程序代码和数据的封装，可在程序文件中导入模块中定义的变量、函数或类并加以使用。

任务目标

知识目标：

1. 熟悉 Python 函数的基本概念和使用方法。

2. 理解函数参数传递的原理和方式，并熟练运用到函数的定义和调用中。

技能目标：

1. 掌握函数的基本使用方法。

2. 掌握模块调用的基本方法。

素养目标：

1. 培养模块化处理问题的思考方式。

2. 培养做事细心严谨、精益求精的工匠精神。

建议学时

2 学时。

相关知识

一、函数的基本使用

（一）函数的概念

视频2-5

函数是一段具有特定功能的、可重用的语句，用函数名来表示并通过函数名进行功能调用。函数也可以看作一段具有名字的子程序，可以在需要的地方调用，不需要在每个执行的地方重复编写这些语

句。函数分为自定义函数和 Python 内置函数。在程序设计中，常需要使用内置函数或自定义函数，代替经常重复使用的程序代码，以提高程序的模块化程度和代码的重复利用率。

函数由函数名、参数和函数体组成。自定义函数用 def 关键字声明，函数的命名原则与变量命名相同。函数语句使用缩进表示与函数体的隶属关系。与其他高级语言相比，Python 声明函数时不需要声明其返回类型，也不需要声明参数的传入类型。

格式如下：

def < 函数名 >（[形式参数列表]）：

    < 执行语句 >

    return < 返回值 >

对于较为简单的单语句自定义函数，也可以写在一行中，示例如图 2 - 53、图 2 - 54 所示。

```
1▾ def myfun(x,y):
2      return x+y
```

图 2 - 53　分行自定义函数

```
代码录入
1  def myfunc(x,y):return x+y
```

图 2 - 54　单行自定义函数

在定义函数时，函数名后括号中的变量称为形式参数，简称形参。形式参数只有在函数被调用的过程中才实例化（分配内存单元）。

有些函数不需要传递参数，但即使没有参数，也必须要有冒号前的空括号。有些函数可以没有返回值（返回值为 None）。

在程序设计时还可以先建立一个空函数作为占位函数，执行语句仅为占位语句 pass，待以后完善，如图 2 - 55 所示。

```
代码录入
1▾ def emptfunc(x,y):
2      Pass
```

图 2 - 55　占位函数

（二）函数的调用

调用自定义函数与调用 Python 内置函数的方法相同，即在语句中直接使用函数名，并在函数名之后的圆括号中传入参数，多个参数之间以英文输入方式下半角逗号隔开。

函数调用的基本语法格式如下所示：

［返回值］＝函数名（实际参数）

在调用函数时，实际传递给函数的参数称为实际参数（arg），简称实参，带参数的函数调用示例如图 2－56 所示。

图 2－56 带参数的函数调用

注意：调用时，即使不需要传入实际参数，也要带空括号。例如，我们很熟悉的 print()。

（三）参数的传递

1. 参数按位置依次传递

调用函数时，按照函数声明时参数的原有顺序（位置）依次进行参数传递，即实参按照顺序传递给相应位置的形参。这里实参的数目应与形参完全匹配。例如，定义并调用函数 myFun()，一定传递两个参数，否则会出现 TypeError 的错误，如图 2－57、图 2－58 所示。

图 2－57 正确的参数匹配与传递

```
代码录入                                          编译语言:  python      ∨    ⚙
1 ▾ def myFun(x,y):
2       return x+y
3   print(myFun(54))    #有1个实参
```

```
运行结果                                                              ▶运行
1
2  Traceback (most recent call last):
3    File "/copy_files_tmp/20240420/202404202303141c931196-ff27-11ee-
   89d5-8632e532201c/1c930c6e-ff27-11ee-89d5-8632e532201c", line 20,
   in <module>
4      print(myFun(54))    #有1个实参
5  TypeError: myFun() missing 1 required positional argument: 'y'
```

图 2-58　错误的参数匹配与传递

2. 参数赋值和参数默认值传递

在调用函数时，也可在调用函数名后的圆括号内用"形参变量名 = 参数值"的方式传入参数，这种方式不必按照定义函数时原有的参数顺序。例如，调用函数 myFun(y = b, x = a) 也可以得到相同的结果。在定义函数时，可以同时定义默认参数。调用该函数时，如果没有传递同名形式参数，则会使用默认参数值，示例如图 2-59 所示。

```
代码录入                                          编译语言:  python      ∨    ⚙
1 ▾ def myFun(x,y=2):
2       return x+y
3   a,b=2.5,3.6
4   print('%0.2f+默认值=%0.2f' % (a,myFun(x=a)))    #没有传入参数y，默认为2
5   print('%0.2f+%0.2f=%0.2f' % (a,b,myFun(x=a,y=b)))   #传入参数
    x=2.5,y=3.6
```

```
运行结果                                                              ▶运行
1  2.50+默认值=4.50
2  2.50+3.60=6.10
```

图 2-59　参数赋值和参数默认值传递

3. 元组类型可变参数传递

使用可变长参数可让 Python 的函数处理比初始声明时更多的参数。函数声明时，若在某个参数名称前面加一个"＊"，则表示该参数是一个元组类型可变长参数。在调用该函数时，依次将必须赋值的参数赋值完毕后，将继续依次从调用时所提供的参数元组中接收元素值为可变长参数赋值。

如果在函数调用时没有提供元组类型的参数，则相当于提供了一个空元组，即不必传递可变长参数。带元组可变参数的函数示例如图 2 - 60 所示。

```python
def myFun(x,*y):
    print("必传参数是:{}".format(x))
    if len(y):
        print("元组参数是:",end='')
        for i in y:
            print(i,end="")
print(myFun(10))
print(myFun(10,20,30,40,50,60))
```

运行结果

```
1  必传参数是:10
2  None
3  必传参数是:10
4  元组参数是:2030405060None
```

图 2 - 60　带元组可变参数的函数

4. 字典类型可变参数传递

在函数声明时，若在其某个参数名称前面加两个星号"＊＊"，则表示该参数是一个字典类型可变长参数。在调用该函数时，以实参变量名等于字典值的方式传递参数，由函数自动按字典值接收，实参变量名以字符形式作为字典的键值，示例如图 2 - 61 所示。由于字典是无序的，因此字典的键值对也不分先后顺序。

```python
def myFun(x,*y,**kw):
    print("必传参数:{}".format(x))
    if len(y) != 0:
        print("元组",end=" ")
        for i in y:
            print(i,end=" ")
    if len(kw) != 0:
        print("字典",end=" ")
        for k in kw:
            print("{}对应{}".format(k,kw[k]))
print(myFun(1,2,3,4,a=10,b=10,c=10))
```

运行结果

```
1  必传参数:1
2  元组 2 3 4 字典 a对应10
3  b对应10
4  c对应10
5  None
```

图 2 - 61　字典类型可变参数传递

如果在函数调用时没有提供字典类型的参数，则相当于提供了一个空字典，即不必传递可变长参数。

5. 函数中变量的作用域

变量的作用域是指在程序中能够对该变量进行读/写操作的范围。根据作用域的不同，变量分为以下四种。

（1）函数中定义的变量（local，L）。

（2）嵌套中父级函数的局部作用域变量（enclosing，E）。

（3）模块级别定义的全局变量（global，G）。

（4）内置模块中的变量（built-in，B）。

程序执行对变量的搜索和读/写时，优先级由近及远，即函数中定义的变量 > 嵌套中父级函数的局部作用域变量 > 模块级别定义的全局变量 > 内置模块中的变量，也就是 LEGB。

Python 允许出现同名变量。若具有相同命名标识的变量出现在不同的函数体中，则各自代表不同的对象，既不相互干扰，也不能相互访问；若具有相同命名标识的变量在同一个函数体中或具有函数嵌套关系，则不同作用域的变量也各自代表不同的对象，程序执行时按优先级进行访问。变量作用域测试示例如图 2-62 所示。

代码录入　　　　　　　　　　　　编译语言：python

```
1   gx=10 #global级
2 ▾ def gouter():
3       gx= 1 #enclosing 级
4 ▾     def linner():
5           gx= 2 #local 级
6           print("local级x:{}".format(gx))
7       linner()
8       print("enclosing级x:{}".format(gx))
9   gouter()
10  print("global级x:{}".format(gx))
```

运行结果　　　　　　　　　　　　　　　　　　　▶运行

```
1   local级x:2
2   enclosing级x:1
3   global级x:10
```

图 2-62　变量作用域测试示例

在默认条件下，不属于当前局部作用域的变量是只读的，如果对其进行赋值操作，则 Python 认为是在当前作用域又声明了一个新的同名局部变量。

当内部作用域变量需要修改全局作用域变量的值时，要在内部作用域中使用 global 关键字对变量进行声明。同理，当内部作用域变量需要修改嵌套中父级函数的局部作用域变量的值时，要在内部作用域中使用 nonlocal 关键字对变量进行声明。全局变量作用域示例如图 2 – 63 所示。

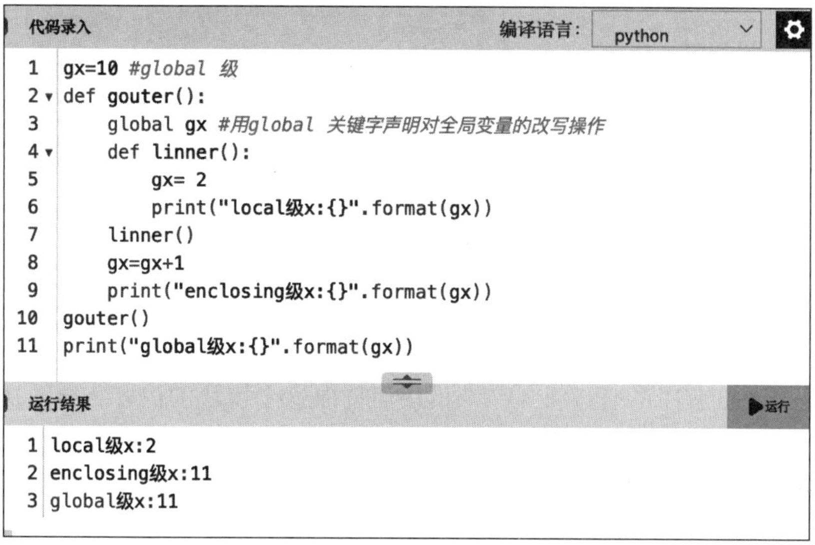

```python
gx=10 #global 级
def gouter():
    global gx #用global 关键字声明对全局变量的改写操作
    def linner():
        gx= 2
        print("local级x:{}".format(gx))
    linner()
    gx=gx+1
    print("enclosing级x:{}".format(gx))
gouter()
print("global级x:{}".format(gx))
```

运行结果

```
local级x:2
enclosing级x:11
global级x:11
```

图 2 – 63　全局变量作用域示例

二、模块基本使用

（一）模块概述

Python 模块可以在逻辑上组织 Python 程序，将相关的程序组织到一个模块中，使程序具有良好的结构，提高程序的重要性。模块可以被别的程序导入，以调用该模块中的函数，这也是使用 Python 标准模块的方法。

（二）模块的定义与使用

Python 模块是比函数更高级的程序组织单元，一个模块可以包含若干功能相似的函数文件。与函数相似，模块可以分为标准库模块、用户自定义模块两种类型。

标准库模式是 Python 自带的函数处理模块，也称为标准连接库。Python 提供了大量的标准库，实现了很多常用功能，其中包括数学运算、字符串处理、操作系统功能、网络编程、互联网数据处理等。这些为应用程序开发提供了强大支持。

标准库模块并不是 Python 语言的组成部分，而是由专业开发人员预先设计好并随语言提供给用户使用的。用户可以在安装了标准 Python 编程环境的情况下，通过导入命令来使用所需的模块。标准库模块种类非常多，可以使用 Python 的联机帮助命令熟悉和了解标准库模块。

用户自定义模块就是建立一个 Python 程序文件，其中包括变量、函数，图 2-64 是一个简单的模块，程序文件名为 nowtime. py。

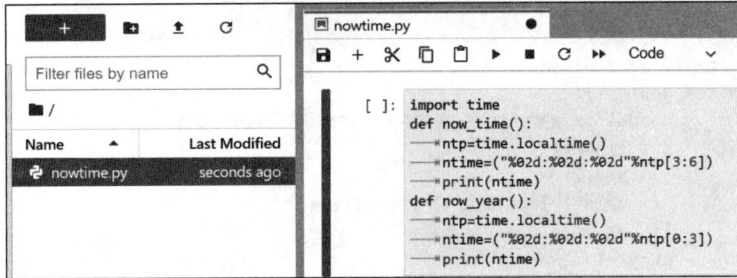

图 2-64　自定义模块

一个 Python 程序可通过引入一个模块而读取这个模块的内容。导入从本质上讲，就是在一个文件中载入另一个文件，并能够读取那个文件的内容。可通过执行 import 语句来导入 Python 模块。

语句格式如下：

import 模块 1 [，模块 2 [，模块 3]]

当 python 解释器执行 import 语句时，如果模块文件出现在搜索路径中，则导入相应的模块，示例如图 2-65 所示。

```
import nowtime
nowtime.now_time()
```

图 2-65　导入模块

另外，Python 的 from 语句可以从一个模块中导入特定的项目到当前的命名空间。

语句格式如下：

from 模块 import 项目 1 [，项目 2 [，项目 3]]

此语句不导入整个模块到当前命名空间，而只是导入指定的项目，这时在调用函数时不需要加模块名作为限制，如图 2-66 所示。

```
from nowtime import now_time
now_time()
```

图 2-66　导入特定的项目

也可以通过使用"from 模块 import ∗"的形式导入模块的所有项目到当前命名

空间，示例如图 2－67 所示。

```
from nowtime import*
now_year()
now_time()
```

图 2－67　导入所有项目

技能训练

利用 Python 定义一个函数，并结合 if 语句、for 语句等，输出杨辉三角。程序独立运行时，输出 10 阶杨辉三角如图 2－68 所示。

```
模块独立自运行,10阶杨辉三角如下:
                                        1
                                    1       1
                                1       2       1
                            1       3       3       1
                        1       4       6       4       1
                    1       5       10      10      5       1
                1       6       15      20      15      6       1
            1       7       21      35      35      21      7       1
        1       8       28      56      70      56      28      8       1
    1       9       36      84      126     126     84      36      9       1
```

图 2－68　10 阶杨辉三角

任务 2－6　Python 类与对象调用

情境导入

围绕函数设计程序，即编写能够处理数据的代码块，被称作面向过程的编程方式。当需要编写一个大型、复杂以及具有高度复用性和可维护性的应用程序时，使用面向对象的编程方式更高效。面向对象的编程方式是将数据与功能进行组合，将其包装在被称作“对象”的东西内。类与对象（object）是面向对象编程的两个主要方面。一个类能够创建一种新的类型（type），其中对象就是类的实例（instance）。

任务目标

知识目标：

1. 理解类和对象的概念和定义。

2. 熟悉对象的创建和使用方法。

技能目标：

1. 掌握类的使用和对象的特性。

2. 掌握属性和方法的访问控制。

3. 掌握类的方法。

素养目标：

1. 培养辩证思维，以发展的眼光寻找事物发展变化规律。

2. 培养爱岗敬业、严谨细致的职业品质。

建议学时

3 学时。

相关知识

一、类与对象

从程序设计语言的角度看，类是一种数据类型，而对象是具有这种数据类型的变量。类是对一群具有相同特征或者行为的事物的一个统称，是抽象的，不能直接使用；对象是由类创建出来的一个具体存在，可以直接使用，由哪一个类创建出来的对象，就拥有在哪一个类中定义的属性、方法。类就相当于制造飞机的图纸，是一个模板，是负责创建对象的，这张图纸并不能让飞机直接起飞；对象就相当于用图纸制造的飞机。在程序开发中，应该先有类，再有对象。

视频2-6

（一）类的定义

类用来描述具有相同属性和方法的对象集合，它定义了该集合中每个对象所共有的属性和方法。在 Python 中，通过 class 关键字来定义类，定义类的一般格式如下：

class <类名>：

    <类体>

类的定义由类头和类体两部分组成。类头由关键字 class 开头，后面紧接着类名，类名的命名规则与一般的标识符的命名规则一致。类名的首字母一般采用大写，类名后面要加冒号"："。类体包含类的数据成员和方法成员两个部分，数据成员用于描述类的属性，方法成员用于描述类的行为，向右缩进对齐，示例如图 2-69 所示。

```python
代码录入                                    编译语言：  python

1 ▼  class Ticket:
2        trainNumber="G63"
3 ▼      def printTrainNumber(self):
4            self.trainNumber
```

图 2-69　类的定义

（二）对象的创建和使用

当类定义完成之后，就产生了一个类对象。类对象支持两种操作，分别是引用和实例化。引用，是通过类对象去调用类中的属性或方法。实例化，是产生一个类对象的实例，称为实例对象。要想使用类定义的功能，就必须将类实例化，即创建类的对象。

创建类的实例，一般格式为：

实例对象 = 类名（＜参数＞）

创建对象后，可以使用"."运算符，通过实例对象来访问这个类的属性或方法，一般格式为：

实例对象.属性名；实例对象.函数名（）

示例如图 2-70 所示。

```python
代码录入                                    编译语言：  python

1    #创建类
2 ▼  class Person:
3        #实例属性
4 ▼      def __init__(self):
5            self.name="中联"
6            self.age="18"
7            self.weight="90"
8        #定义实例方法
9 ▼      def printName(self):
10           print(self.name)
11 ▼     def printAge(self):
12           print(self.age)
13 ▼     def printWeight(self):
14           print(self.weight)
15   #实例对象调用
16   P=Person()
17   P.printName()
18   P.printAge()
19   P.printWeight()

运行结果                                              ▶运行

1  中联
2  18
3  90
```

图 2-70　对象创建和使用

二、属性和方法

（一）属性和方法的访问控制

定义一个 Person 类，其中定义三个属性，分别是 name，age，weight，为属性设置初始值分别是"中联","18","90",示例如图 2 – 71 所示。

```python
1 ▾ class Person:
2       name="中联"
3       age="18"
4       weight="90"
```

图 2 – 71 定义类属性

在定义了类之后，就可以对类对象进行实例化，实例化之后就可以取对象属性了，如图 2 – 72 所示。

```python
1 ▾ class Person:
2       name="中联"
3       age="18"
4       weight="90"
5   P=Person()
6   print(P.age)
7   print(P.name)
```

图 2 – 72 实例化示例

对象属性分为公有属性和私有属性。公有属性可以直接在类外通过对象名称访问，如上述调用 age、name、weight 属性，因为属性是公有的，可以直接调用。私有属性定义时，需要在属性前面加上下画线"__"，私有属性不能在类外通过对象名进行访问，如果在类外访问私有属性，会出现 AttributeError 的错误，如图 2 – 73 所示。

```python
1 ▾ class Person:
2       __name="中联"
3       __age="18"
4       __weight="90"
5   p=Person()
6   print(p.__age)
```

运行结果   ▶运行

```
1
2 Traceback (most recent call last):
3   File "/copy_files_tmp/20240420/20240420232325ee613156-ff29-11ee-
  9691-d6733e8ebf3c/ee612c24-ff29-11ee-9691-d6733e8ebf3c", line 23, in
  <module>
4     print(p.__age)
5 AttributeError: 'Person' object has no attribute '__age'
```

图 2 – 73 访问对象属性示例

在类中可以使用关键字 def 定义方法，在类中定义方法至少有一个参数，"self"作为方法的第一个参数。方法也分为公有方法和私有方法，方法前加"__"表示是私有方法，示例如图 2-74 所示。

```python
1  class Person:
2      name="中联"
3      age="18"
4      weight="90"
5      def printName(self):
6          print(self.name)
7      def __printAge():
8          print(self.age)
9  p=Person()
10 p.printName()
11 p.__printAge()
```

运行结果
```
1  中联
2  Traceback (most recent call last):
3    File "/copy_files_tmp/20240420/2024042023242612ded3e4-ff2a-11ee-
   934f-8632e532201c/12deceda-ff2a-11ee-934f-8632e532201c", line 28, in
   <module>
4      p.__printAge()
5  AttributeError: 'Person' object has no attribute '__printAge'
```

图 2-74　定义方法示例

（二）类属性和实例属性

类属性就是类对象所拥有的属性，它被所有类对象的实例对象所共有，在内存中只存在一个副本，类似于 java 中静态成员变量。对于公有的类属性，可以在类的外部通过类对象和实例对象访问，示例如图 2-75 所示。

```python
1  class Person:
2      __name="中联"
3      age="18"
4      weight="90"
5  p= Person()
6  print(p.age)#不提倡这么用
7  print(Person.age)#正确用法
```

图 2-75　访问公有类属性

类属性是在类中方法之外定义的，它属于类，可以通过类访问，但不建议这么做，因为会造成类属性值不一致。此外，无论是类对象还是实例对象，都不可以访问私有属性，示例如图 2-76 所示。

图 2-76 访问私有类属性

类属性还可以在类定义结束之后通过类名增加。例如，给 Person 类增加属性 id，在类外对类对象 Person 进行实例化后，产生了一个实例对象 p，并给 p 添加了一个实例属性 pn，赋值为"10001"，这个实例属性是实例对象特有的，不能通过类对象访问 pn 属性，示例如图 2-77 所示。

图 2-77 类属性示例

类实例属性是不需要在类中显示定义的，而是在 __init__ 构造函数中定义的，定义时以 self 作为前缀。另外，不建议给实例对象动态添加属性，要求所有的属性最好在 __init__ 中给出。实例属性属于实例对象，只能通过对象名称访问，示例如图 2-78 所示。

如果需要在类外修改类属性，则必须先通过类对象去引用修改，不能通过实例

```python
1 ▾ class Person:
2 ▾     def __init__(self):
3               self.name="中联"
4               self.age="28"
5 ▾     def weightFun(self):#不建议这样使用，最好在__init__中给出
6               self.weight="10000"
7   p = Person()
8   print(p.name)
9   print(p.age)
10  p.weightFun()
11  print(p.weight)
```

图 2 - 78　类实例属性示例

对象去修改类属性，实例对象修改的属性，只属于实例对象属性，不会影响到类属性。通过实例对象修改类属性后，实例对象引用该属性，会强制屏蔽掉该类属性，除非删除掉该实例属性，示例如图 2 - 79 所示。

```python
1 ▾ class Person:
2         name = "中联教育有限公司"
3   print("类属性Name值: {}".format(Person.name))
4   P = Person()
5   print("实例属性Name值: {}".format(P.name))
6   P.name="中联集团" #修改实例属性
7   print("修改实例后属性Name值: {}".format(P.name)) #会屏蔽掉同名的类属性
8   print("修改类属性Name值: {}".format(Person.name))
9   del P.name #删除实例属性
10  print("删除实例后，类属性Name值: {}".format(Person.name))
```

图 2 - 79　修改类属性示例

三、类的方法

（一）魔法方法

魔法方法（Magic Methods），是 Python 的一种高级语法，允许在类中自定义函数，并绑定到类的特殊方法中。之所以称为魔法方法，是因为这些方法会在进行特定的操作时自动被调用。魔法方法一般以下划线开头和结尾，具体格式为“__ 方法名__”。

魔法函数可以为类增加一些额外功能，如在调用类实例化的对象的方法时自动调用魔法函数。在自己定义的类中，可以实现之前的内置函数。魔法方法中，使用最频繁的是__init__ 方法（构造方法）和__del__ 方法（析构方法）。

1. 构造方法

构造方法__init__（self，...）在生成对象时调用，可以用来进行一些属性初

始化操作，不需要显示调用，系统默认执行。构造方法支持重载，如果用户没有定义构造方法，Python 会自动执行默认的构造方法，示例如图 2-80 所示。

图 2-80　构造方法示例

在__init__ 方法中用形参 name 对 myName 进行初始化，整个过程中，程序没有专门调用__init__ 方法，只是在实例化类时，传入参数，从而传递给 init 方法，供后续方法使用，这点在 printName 方法中得到验证。

2. 析构方法

析构方法__del__(self) 在释放对象时调用，支持重载，可以在其中进行一些释放资源操作，同样不需要显示调用，图 2-81 为普通方法、构造方法和析构方法示例。

图 2-81　普通方法、构造方法和析构方法示例

在 Person 类中，利用__init__（self）构造函数，在实例化时会对类的一些属性进行初始化操作。当删除对象时，执行__del__ 析构方法，销毁一些属性方法，用来释放内存空间。printName 为普通方法，通过实例对象调用。

（二）类方法、实例方法和静态方法

1. 类方法

类方法是对象所拥有的方法，需要用修饰符"@ classmethod"来标识。对于类方法，第一个参数必须是类对象，一般以"cls"作为第一个参数，能够使用实例对象和类对象去访问方法，示例如图 2 - 82 所示。

```python
class Person:
    myName = "中联"
    @classmethod
    def printName(cls):
        print("my name is {}".format(cls.myName))
P=Person()
P.printName()
Person.printName()
```

运行结果

```
my name is 中联
my name is 中联
```

图 2 - 82 类方法示例（1）

类方法还有一个用途就是可以对类属性进行修改，示例如图 2 - 83 所示。

```python
class Person:
    myName = "中联"
    @classmethod
    def printName(cls):
        print("my name is {}".format(cls.myName))
    @classmethod
    def setName(cls,name):
        cls.myName = name
p=Person()
p.setName("教育")
Person.printName()
```

运行结果

```
my name is 教育
```

图 2 - 83 类方法示例（2）

结果显示，在实例对象使用类方法修改类属性之后，通过类对象访问发生了改变。

2. 实例方法

实例方法是类中最常定义的方法，至少有一个参数，"self"作为方法的第一个参数。在类外，实例方法只能通过实例对象去调用，不能通过其他方式去调用，示例如图 2-84 所示。

```python
1  class Person:
2      myName = "中联"
3      def printName(self):
4          print("my name is {}".format(self.myName))
5  p=Person()
6  p.printName()
7  Person.printName()
```

图 2-84　实例方法示例

3. 静态方法

在类对象中的函数并不一定是实例函数，如果函数中没有 self 参数，也就证明这个函数与被实例化的对象毫无关系，这种方法就是静态方法，静态方法需要通过 @ staticmethod 来进行修饰，不需要多定义参数，示例如图 2-85 所示。

```python
1  class Person:
2      myName = "中联"
3      @staticmethod
4      def printName():
5          print("my name is {}".format(Person.myName))
6  p=Person()
7  p.printName()
```

图 2-85　静态方法示例

技能训练

Python 对象是特定数据类型的值在内存中的表现方式，每个对象由其标志（identity）、类型和值（value）三者标识。请自定义一个数据类型，以一个 str 类型的对象"应交税费"为例，查询输出它的标志、类型和值。

即测即练

课后拓展阅读

拓展阅读2-1　拓展阅读2-2

思政小课堂

视频2-7

项目3 采集数据

我们正处在一个数据"井喷"的时代,数据已经成为与土地、劳动力、资本、技术等并列的生产要素,逐步融入生产、生活各环节。如何才能在海量的数据当中准确、高效地找出自己需要的数据,已经成为一个必须妥善解决的问题。Python作为一种高效、易学的编程语言,在数据采集方面有着广泛的应用。无论是大规模数据爬取,还是小批量数据提取,Python都可以胜任。

项目提要

本项目主要介绍Python读写数据文件、Python读写SQLite数据库、爬取简单网页、采集网页数据等内容,详细介绍了Python读写txt文件、Excel文件、JSON文件;SQLite数据库的概念、类型以及读取操作;网络爬虫和Web前端基础;Requests库以及BeautifulSoup模块等。

项目思维导图

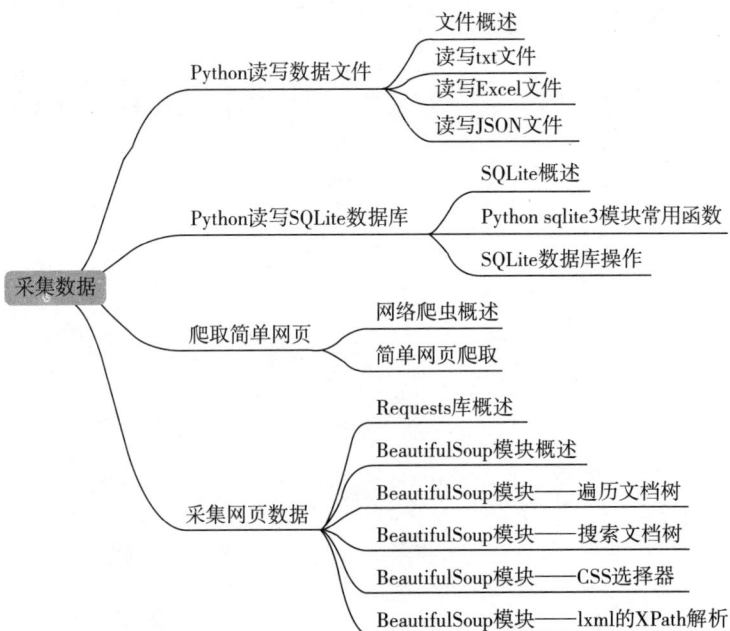

18 学时。

任务 3 – 1   Python 读写数据文件

情境导入

中联信合资产有限责任公司由于业务增多、人员不足，公司领导研究决定从新一届高校毕业生招聘部分员工。经过人力资源部的招聘，有三名员工通过最终的面试并决定入职公司。由于公司要为这三人发放工资，需要将三人的相关信息录入公司财务系统当中，录入系统之前需要将三人的信息统一登记到 Excel 表格当中，方便导入公司财务系统，员工姓名、性别、入职部门、职位等相关信息如表 3 – 1 所示。

视频3-1

表 3 – 1   员工相关信息

姓名	性别	入职部门	职位	银行卡号
王××	男	财务部	财务经理	××××××
刘××	男	人力资源部	人事专员	××××××
李××	女	市场部	市场专员	××××××

由于财务部员工小李刚刚学习 Python 读写数据文件相关知识，认为可以通过 Pandas 的 to_excel 写入 Excel 文件的方式将三人的信息登记到 Excel 表格当中，于是便决定采取这种方式将三人的信息登记到 Excel 表格中。

任务目标

知识目标：

掌握文件的含义、读写文件的常用方法及常用函数。

技能目标：

利用 Pandas 的 read_excel()、to_excel() 等方法，正确读写 Excel 等类型文件。

素养目标：

领悟数据采集的重要性，树立系统观念，会用前瞻性思考的科学思想方法。

3 学时。

一、文件概述

（一）文件的含义

文件是一个存储在存储器上的数据序列，可以包含任何数据内容。概念上，文件是数据的集合和抽象。用文件形式组织和表达数据是更有效也更灵活的方式。

（二）文件分类

按照文件不同的编码方式，可以将文件分为文本文件和二进制文件。

文本文件是由一组特定编码的字符构成的文件，容易统一展示和阅读。文本文件可以看作是存储在硬盘上的长字符串，通过文本编辑软件和文字处理软件创建、修改和阅读，如记事本文件 txt、Excel 文件、CSV 文件和 JSON 文件等。

二进制文件由二进制数"0"和"1"构成，如图形文件、音频文件等，二进制文件把信息以字节串（bytes）进行存储，需用专用软件处理，用文本编辑器通常无法直接阅读和理解，俗称乱码。

无论是文本文件还是二进制文件，操作流程基本一致，首先打开文件并创建文件对象，然后通过该文件对象对文件内容进行读写、删改等操作，最后保存文件内容并关闭。

（三）打开文件

Python 内置函数 open() 可以用指定模式打开文件并创建文件对象，open() 函数有两个参数：文件名和模式。open() 函数有七种打开文件的方法（模式），如表 3-2 所示。

表 3-2　open() 打开文件的方法（模式）

模式	含义
r	以只读方式打开一个文件，为 open() 的默认模式
w	打开一个文件进行写入。如果文件不存在，则创建新文件；如果文件存在，则覆盖该文件
x	执行文件的新建写入，如果文件已存在，则操作失败，并抛出异常
a	追加写入模式，如果文件已存在，则在后面追加内容，如果文件不存在，则创建
t	文本文件模式，为 open() 的默认模式

模式	含义
b	二进制文件模式
+	打开文件进行更新（同时读写），与 r、w、a、b 一同出现

二、读写 txt 文件

（一）写 txt 文件

如果使用只读模式打开文件，那么就不能在文件中执行写的操作，所以要写文件，则必须使用带"w"模式的 open() 函数打开文件。打开文件后可以使用文件对象的 write() 方法，将任意字符串写入文件中。write() 方法返回写入文件的字符串的长度，示例如图 3-1 所示。

```
# 写数据到write.txt文件中
with open('write.txt', 'w') as fp:
    text = '写数据到write.txt文件中'
    num = fp.write(text)
print(num)

16
```

图 3-1 写数据到 write. txt

从结果中可以看到，write() 方法返回了数字"16"，这表示我们成功地将"text"变量中的 16 个字符写到了 write. txt 文件中。打开 write. txt 文件，结果如图 3-2 所示。

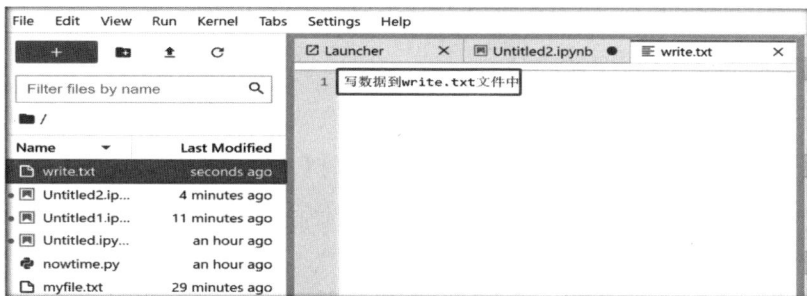

图 3-2 打开 write. txt 查看图 3-1 代码执行结果

当多次执行上面这段程序时，会发现一个有趣的现象：无论运行多少次程序，write. txt 文件中只有"写数据到 write. txt 文件中"这 16 个字符。根据效果分析，程序只是第一次运行时生效了。但事实并非如此，而是使用"w"模式打开文件进行写文件操作 write()，此操作每次都会用新写入的数据覆盖掉之前的内容。

如果想在文件中追加内容，可以在使用 open( ) 函数时，使用"a"模式，示例如图 3-3 所示。

```
# 写数据到write.txt文件中
with open('write.txt', 'a') as fp:
    text = '在文件中追加内容'
    num = fp.write(text)
print(num)
```

图 3-3　追加数据到 write. txt

执行结果表示向文件中成功写入 8 个字符。

打开文件，结果如图 3-4 所示。

图 3-4　打开 write. txt 查看图 3-3 代码执行结果

可以看到新的内容已经写入文件。

写文件不仅可以像前面介绍的按字符串来写，也可以按照行来写，Python 提供了 writelines( )方法，把列表作为参数写入文件。列表的每个元素就是想要写入文件中在一行上的内容。如果需要换行，需要手动添加换行符，示例如图 3-5 所示。

```
# 写数据到write.txt文件中
with open('write.txt', 'a') as fp:
    # 定义一个数组，用于存放要写入文件的数据
    # 写入文件时，先换行 用于区分此次写入内容
    content = ['\n']
    # 通过for循环，向数组中添加元素0-9
    for i in range(10):
        content.append(str(i))
    # 将0-9 十个元素作为一行写入文件中
    fp.writelines(content)
```

图 3-5　按行追加数据到 write. txt

打开文件，结果如图 3-6 所示。

图 3-6　打开 write. txt 查看图 3-5 代码执行结果

（二）读 txt 文件

使用 open()函数返回的是一个文件对象，有了文件对象就可以读取其中的内容。如果只是希望读取整个文件并保存到一个字符串中，就可以使用 read()方法。其通常与关键字 with 一起组成上下文管理语句，以保证文件被正确关闭。read()方法能够从打开的文件中读取内容到字符串。需要注意的是，Python 的字符串不仅可以是文字、数字、英文，还可以是二进制数据。比如我们读取目录下刚刚写入的"write. txt"文件并打印出来，示例如图 3-7 所示。

```python
# 读取myfile.txt文件, 打印文件中内容
with open('write.txt') as fp:
    text = fp.read()
    print(text)
写数据到write.txt文件中在文件中追加内容
0123456789
```

图 3-7　读取 write. txt 所有数据

默认情况下，read()方法返回整个文本，但可以指定要返回的字符数。read()方法可以传递参数，用于指定读取多少个字符，示例如图 3-8 所示。

```python
# 读取myfile.txt文件, 打印文件中内容
with open('write.txt') as fp:
    text = fp.read(5)
    print(text)*
写数据到w
```

图 3-8　读取 write. txt 指定数据

可以使用 readline() 方法返回一行，通过多次调用 readline() 方法，可以读取多行，示例如图 3 - 9 所示。

```
# 读取myfile.txt文件, 打印文件中内容
with open('write.txt') as fp:
    print(fp.readline())
    print(fp.readline())
写数据到write.txt文件中在文件中追加内容

0123456789
```

图 3 - 9　按行读取 write. txt 数据

三、读写 Excel 文件

（一）NumPy 概述

NumPy（Numerical Python）是 Python 的一种开源的数值计算扩展。这种工具可用来存储和处理大型矩阵，比 Python 自身的嵌套列表结构要高效得多，该结构也可以用来表示矩阵，支持大量的维度数组与矩阵计算，此外也针对数组运算提供大量的数学函数库。

视频3-2

NumPy 提供了许多高级的数值编程工具，如矩阵数据类型、矢量处理以及精密的运算库，专为进行严格的数据处理而产生，多为大型金融公司以及核心的科学计算机组织使用，如 Lawrence Livermore、NASA（美国国家航空航天局）用其处理一些本来使用 C + + 、Fortran、Matplotlib（绘图库）等所做的任务。

（二）Pandas 概述

Pandas 的名称来自面板数据和 Python 数据分析，是基于 NumPy 的一种工具，该工具是为完成数据分析任务而创建的，纳入了大量库和一些标准的数据模型，提供了高效地操作大型数据集所需的工具。

视频3-3

Pandas 最初被作为金融数据分析工具而开发出来，因此为时间序列分析提供了很好的支持。Pandas 提供了大量能使我们快速、便捷地处理数据的函数和方法，它是使 Python 成为强大而高效的数据分析环境的重要因素之一。

（三）使用 Pandas 的 to_excel 写入 Excel 文件

语法格式：

to_excel(excel_writer, sheet_name = ′sheet1′, na_rep = ′′, float_format = None, columns = None, header = True, index_label = None, startrow = 0, startcol = 0, engine = None, merge_cells = True, encoding = None, inf_rep = ′inf′, verbose = True, freeze_panes = None)

常用参数说明：

excel_writer：字符串或 excel_writer 对象，必填。

sheet_name：字符串，默认是 sheet1。

header：布尔型或字符串列表，写入 Excel 中的列名，默认为 True。设置为字符串列表将为导出的数据设置列名的别名。

index：是否导出，默认为 True。

示例如图 3 − 10 所示。

```
import pandas as pd
newPerson = {'部门': ['测试','研发','教研'], '姓名': ['中测1','中研1','中教1'],'
性别': ['男','男','男'],'职位': ['测试工程师','研发工程师','教研老师']}#需要新
写入的数据
df = pd.DataFrame(newPerson)
df.to_excel("./zl.xls",sheet_name="部门",index=False)
```

图 3 − 10 写入数据到 zl. xls 中"部门"工作表

运行后，下载并打开查看 zl. xls 文件，结果如图 3 − 11 所示。

▲	A	B	C	D	E
1	部门	姓名	性别	职位	
2	测试	中测1	男	测试工程师	
3	研发	中研1	男	研发工程师	
4	教研	中教1	男	教研老师	
5					
6					
7					
8					
9					

图 3 − 11 打开 zl. xls 查看图 3 − 10 代码执行结果

（四）使用 Pandas 的 read_excel 读取 Excel 文件

语法格式：

read_excel(io, sheet_name = 0, header = 0, names = None, index_col = None, ∗∗ kwds)

read_excel()常用参数说明如表 3 − 3 所示。

表 3 – 3　read_excel() 常用参数说明

参数	说明
io	文件路径、Pandas Excel 或 xlrd 工作簿，必填
sheet_name	None、string、int、字符串列表或整数列表，默认为 0。字符串用于工作表名称，整数用于零索引工作表位置，字符串列表或整数列表用于请求多个工作表，为 None 时获取所有工作表
header	指定作为列名的行，默认 0，即取第一行的值为列名。数据为列名行以下的数据；若数据不含列名，则设定 header = None
names	默认为 None，要使用的列名列表，如不包含标题行，应显示传递
index_col	指定列为索引列，默认 None 列（0 索引）用作 DataFrame 的行标签

使用 Pandas 的 read_excel 读取前述写入的 zl. xls 文件，示例如图 3 – 12 所示。

```
import pandas as pd # 导入pandas库,
excel =
pd.read_excel("./zl.xls",sheet_name="部门")
print(excel)

   部门    姓名   性别      职位
0  测试    中测1   男    测试工程师
1  研发    中研1   男    研发工程师
2  教研    中教1   男     教研老师
```

图 3 – 12　读取 zl. xls 中"部门"工作表数据

四、读写 JSON 文件

(一) JSON 文件概述

JSON 是一种轻量级的数据交换格式，由流行的 JavaScript 编程语言创建，广泛应用于 Web 数据交互。JSON 格式简洁、结构清晰，使用键值对（key：value）的格式存储数据对象。key 是数据对象的属性，value 是数据对象属性的对应值。

(二) 使用 json. dump 方法写入 JSON 文件

语法格式：

json. dump(obj, fp, * , skipkeys = False, ensure_ascii = True, check_circular = True, allow_nan = True, cls = None, indent = None, separators = None, default = None, sort_keys = False, * * kw)

常用参数：

obj：JSON 数据对象。

fp：要写入的文件对象，该对象需要支持 . write() 方法。

ensure_ascii：布尔型，设置为 False 表示可以包含非 ASCII 编码字符串，如中文。

写入 JSON 文件，只需要调用 dump 方法配合 Python 的原生写入方法即可。

示例如图 3 - 13 所示。

```python
import json
jsonStr = {'部门': '研发', '姓名': '研1','性别':
'男','职位': '研发工程师'}
with open("my_data.json","w") as f:
    json.dump(jsonStr, f,ensure_ascii=False)
```

图 3 - 13　写入数据到 my_data. json

运行结果生成 my_data. json 文件，结果如图 3 - 14 所示。

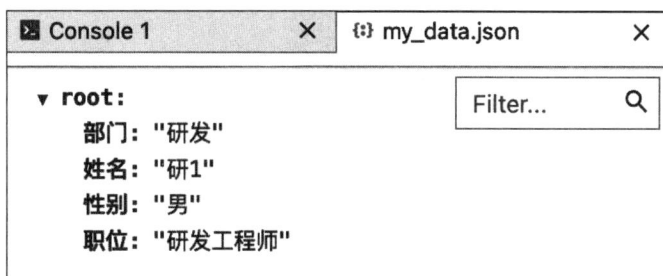

图 3 - 14　打开 my_data. json 查看图 3 - 13 代码执行结果

（三）使用 json. load 方法读取 JSON 文件

语法格式：

json. load(fp, * , cls = None, object_hook = None, parse_float = None, parse_int = None, parse_constant = None, object_pairs_hook = None, * * kw)

常用参数：

fp：JSON 数据文件对象，该对象需要支持 . read() 方法。

object_hook：返回解析后的 JSON 对象，该对象为字典型。

示例如图 3 - 15 所示。

```python
import json
with open("my_data.json",'r') as g:
    result_data = json.load(g)
print(result_data)
{'部门': '研发', '姓名': '研1', '性别': '男', '职位': '研发工程师'}
```

图 3 - 15　读取 my_data. json 所有数据

技能训练

1. 通过 Python 代码编辑器使用 Pandas 的 to_excel 方法,按照情境导入中表 3-1 第一列至第五列分别为姓名、性别、入职部门、职位和银行卡号的顺序,将三人的相关信息写入 Excel 文件,并将文件命名为"新入职员工银行卡信息登记表",保存为 .xls 类型文件。

2. 下载并查看"新入职员工银行卡信息登记表 .xls"。

拓展学习

拓展学习3-1

任务 3-2　Python 读写 SQLite 数据库

情境导入

中联信合资产有限责任公司财务部已经将人力资源部招聘的三名员工相关基本信息导入系统当中,但由于系统中缺少三人的基本工资信息,现需要进一步把三人的基本工资信息导入公司的财务系统当中,员工基本工资信息如表 3-4 所示。

视频3-4

表 3-4　员工基本工资信息

姓名	基本工资/元
王××	20 000
刘××	18 000
李××	19 500

由于财务部员工小李正在学习 Python 读写 SQLite 数据库相关知识,认为可以通过 SQLite 数据库将三人的基本工资写入系统中,于是便决定采取这种方式将三人的基本工资信息登记到系统中。

任务目标

知识目标：

理解 SQLite 的含义、SQLite 数据类型、Python sqlite3 模块、数据库连接及创建表等操作的常用方法。

技能目标：

利用 sqlite3 模块和 Pandas 的 read_ sql_ query() 等方法，正确进行数据库连接、创建表及读取数据库等操作。

素养目标：

领悟数据采集的重要性，树立全局性谋划、整体性推进的科学思想方法。

建议学时

5 学时。

相关知识

一、SQLite 概述

视频3-5

（一）SQLite 简介

SQLite 是一款轻型的、遵守 ACID 的关系型数据库管理系统，如图 3-16所示。它占用资源非常少，能够支持 Windows/Linux/Unix 等主流的操作系统，同时能够跟很多程序语言相结合，比如 TCL、C#、PHP、Java 等，还有 ODBC（开放数据库连接）接口，同样比起 MySQL、PostgreSQL 这两款开源的世界著名数据库管理系统，它的处理速度更快。

不像常见的客户—服务器范例，SQLite 引擎不是一个程序与之通信的独立进程，而是连接到程序中成为它的一个主要部分。所以主要的通信协议是在编程语言内的直接函数调用。这在消耗总量、延迟时间和整体简单性上有积极的作用。整个数据库（定义、表、索引和数据本身）都在宿主主机上，存储在一个单一的文件中。它这种简单的设计是通过在开始一个事务的时候锁定整个数据文件而完成的。

SQLite 是内嵌在 Python 中的轻量级、基于磁盘文件的数据库管理系统，不需要安装和配置服务器，支持使用 SQL 语句来访问数据库。SQLite 数据库支持跨平台，操作简单，源码完全开源，能够使用很多语言直接创建数据库文件。

图 3 - 16　ACID 关系图

（二）SQLite 数据类型

SQLite 数据类型是一个用来指定任何对象的数据类型的属性。SQLite 中的每一列、每个变量和表达式都有相关的数据类型，可以在创建表的同时使用这些数据类型。SQLite 使用一个更普遍的动态类型系统。在 SQLite 中，值的数据类型与值本身是相关的，而不是与它的容器相关。

每个存储在 SQLite 数据库中的值都具有如表 3 - 5 所示的存储类之一。

表 3 - 5　SQLite 数据库中值的存储类

存储类	描述
NULL	值是一个 NULL 值
INTEGER	值是一个带符号的整数，根据值的大小存储在 1、2、3、4、6 或 8 字节中
REAL	值是一个浮点值，存储为 8 字节的 IEEE 浮点数字
TEXT	值是一个文本字符串，使用数据库编码（UTF - 8、UTF - 16BE 或 UTF - 16LE）存储
BLOB	值是一个 blob 数据，完全根据它的输入存储

二、Python sqlite3 模块常用函数

（一）sqlite3. connect(database[,timeout,other optional arguments])

该函数建立一个到 SQLite 数据库文件 database 的连接。如果数据库成功连接，则返回一个连接对象。

当一个数据库被多个连接访问，且其中一个修改了数据库，此时 SQLite 数据库被锁定，直到事务提交。

timeout 参数表示连接等待锁定的持续时间，直到发生异常断开连接。timeout 参数默认是 5. 0（5 秒）。如果给定的数据库名称 filename 不存在，则该调用将创建一个数据库。如果不想在当前目录中创建数据库，那么可以指定带有路径的文件名，

这样就能在任意地方创建数据库。

（二）connection. cursor（[cursorClass]）

该函数创建一个 cursor，将在 Python 数据库编程中用到。该方法接受一个单一的可选的参数 cursorClass。如果提供了该参数，则它必须是一个扩展自 sqlite3. cursor 的自定义的 cursor 类。

（三）cursor. execute（sql[,optional parameters]）

该函数执行一个 SQL 语句。该 SQL 语句可以被参数化（即使用占位符代替 SQL 文本），sqlite3 模块支持两种类型的占位符：问号和命名占位符（命名样式）。

例如：cursor. execute（"insert into grade values(?,?)",（"数学成绩","100"））

（四）connection. close()

该函数关闭数据库连接。请注意，这不会自动调用 commit()。如果之前未调用 commit()方法，就直接关闭数据库连接，所做的所有更改将全部丢失！

（五）connection. total_changes()

该函数返回自数据库连接打开以来被修改、插入或删除的数据库总行数。

（六）connection. commit()

该函数提交当前的事务。如果未调用该函数，那么自上一次调用 commit()以来所做的任何动作对其他数据库连接来说是不可见的。

（七）connection. rollback()

该函数回滚自上一次调用 commit()以来对数据库所做的更改。

三、SQLite 数据库操作

（一）连接数据库

SQLite 可使用 sqlite3 模块与 Python 进行集成。sqlite3 模块是由 Gerhard Haring 编写的。不需要单独安装该模块，因为 Python 2.5. x 以上版本默认自带了该模块。

视频3-6

为了使用 sqlite3 模块，首先必须创建一个表示数据库的连接对象，然后可以有选择地创建光标对象，这将帮助执行所有的 SQL 语句。

图 3－17 的示例代码显示了如何连接到一个现有的数据库。如果数据库不存在，那么它就会被创建，最后将返回一个数据库对象。

```
1  import sqlite3
2  # Python 代码显示了如何连接到一个现有的数据库。如果数据库不存
   在，那么它就会被创建，最后将返回一个数据库对象
3  conn = sqlite3.connect('test.db')
4  print("数据库打开成功")
```

图 3 - 17　连接或创建数据库 test. db

运行结果如图 3 - 18 所示。

```
import sqlite3
# Python 代码显示了如何连接到一个现有的数据库。如果数据库不
存在，那么它就会被创建，最后将返回一个数据库对象
conn = sqlite3.connect('test.db')
print("数据库打开成功")

数据库打开成功
```

图 3 - 18　查看图 3 - 17 代码执行结果

（二）创建表

SQLite 的 CREATE TABLE 语句用于在任何给定的数据库创建一个新表。创建基本表，涉及命名表、定义列及每一列的数据类型，基本语法如图 3 - 19 所示。

```
1▾ CREATE TABLE database_name.table_name(
2     column1 datatype  PRIMARY KEY(one or more columns),
3     column2 datatype,
4     column3 datatype,
5     .....
6     columnN datatype,);
```

图 3 - 19　CREATE TABLE 语法

CREATE TABLE 是告诉数据库系统创建一个新表的关键字。CREATE TABLE 语句后跟着表唯一的名称或标识。

图 3 - 20 的示例代码将用于在前述创建的数据库中创建一个表。

运行结果如图 3 - 21 所示。

（三）INSERT 操作

SQLite 的 INSERT INTO 语句用于向数据库的某个表中添加新的数据行，有两种

```
1   import sqlite3
2
3   conn = sqlite3.connect('test.db')
4   print ("数据库打开成功")
5   # 创建光标对象
6   c = conn.cursor()
7   # 执行sql语句
8 ▾ c.execute('''CREATE TABLE COMPANY
9           (ID INT PRIMARY KEY     NOT NULL,
10          NAME            TEXT    NOT NULL,
11          AGE             INT     NOT NULL,
12          ADDRESS         CHAR(50),
13          SALARY          REAL);''')
14  print ("数据表创建成功")
15  conn.commit()
16  conn.close()
```

图 3 – 20　在数据库 test. db 中创建表 COMPANY

```
import sqlite3

conn = sqlite3.connect('test.db')
print ("数据库打开成功")
# 创建光标对象
c = conn.cursor()
# 执行sql语句
c.execute('''CREATE TABLE COMPANY
        (ID INT PRIMARY KEY     NOT NULL,
        NAME            TEXT    NOT NULL,
        AGE             INT     NOT NULL,
        ADDRESS         CHAR(50),
        SALARY          REAL);''')
print ("数据表创建成功")
conn.commit()
conn.close()

数据库打开成功
数据表创建成功
```

图 3 – 21　查看图 3 – 20 代码执行结果

基本语法，如图 3 – 22 和图 3 – 23 所示。

```
1   INSERT INTO TABLE_NAME [(column1, column2,
    column3,...columnN)]
2   VALUES (value1, value2, value3,...valueN);
3   #在这里, column1, column2,...columnN 是要插入数据的表中
    的列的名称。
```

图 3 – 22　INSERT INTO 语法 1

```
1   INSERT INTO TABLE_NAME VALUES
    (value1,value2,value3,...valueN);
```

图 3 – 23   **INSERT INTO 语法 2**

如果要为表中的所有列添加值，也可以不指定列名称，但要确保值的顺序与列在表中的顺序一致，如图 3 – 23 所示。

图 3 – 24 的示例代码显示了如何在创建的 COMPANY 表中创建记录。

```
1   import sqlite3
2
3   conn = sqlite3.connect('test.db')
4   c = conn.cursor()
5   print ("数据库打开成功")
6
7   c.execute("INSERT INTO COMPANY
    (ID,NAME,AGE,ADDRESS,SALARY) \
8          VALUES (1, 'Paul', 32, 'California', 20000.00 )")
9
10  c.execute("INSERT INTO COMPANY
    (ID,NAME,AGE,ADDRESS,SALARY) \
11         VALUES (2, 'Allen', 25, 'Texas', 15000.00 )")
12
13  c.execute("INSERT INTO COMPANY
    (ID,NAME,AGE,ADDRESS,SALARY) \
14         VALUES (3, 'Teddy', 23, 'Norway', 20000.00 )")
15
16  c.execute("INSERT INTO COMPANY
    (ID,NAME,AGE,ADDRESS,SALARY) \
17         VALUES (4, 'Mark', 25, 'Rich—Mond ', 65000.00 )")
18
19  conn.commit()
20  print ("数据插入成功")
21  conn.close()
```

图 3 – 24   **在数据库 test. db 的表 COMPANY 中创建记录**

运行结果如图 3 – 25 所示。

可以通过 Pandas 的 read_sql_query 读取数据库内容，示例代码如图 3 – 26 所示。

```
import sqlite3

conn = sqlite3.connect('test.db')
c = conn.cursor()
print ("数据库打开成功")

c.execute("INSERT INTO COMPANY
(ID,NAME,AGE,ADDRESS,SALARY) \
      VALUES (1, 'Paul', 32, 'California', 20000.00 )")

c.execute("INSERT INTO COMPANY
(ID,NAME,AGE,ADDRESS,SALARY) \
      VALUES (2, 'Allen', 25, 'Texas', 15000.00 )")

c.execute("INSERT INTO COMPANY
(ID,NAME,AGE,ADDRESS,SALARY) \
      VALUES (3, 'Teddy', 23, 'Norway', 20000.00 )")

c.execute("INSERT INTO COMPANY
(ID,NAME,AGE,ADDRESS,SALARY) \
      VALUES (4, 'Mark', 25, 'Rich-Mond ', 65000.00 )")

conn.commit()
print ("数据插入成功")
conn.close()

数据库打开成功
数据插入成功
```

图 3-25　查看图 3-24 代码执行结果

```
1  import sqlite3
2  import pandas as pd
3  # Create your connection.
4  cnx = sqlite3.connect('test.db')
5
6  df = pd.read_sql_query("SELECT * FROM COMPANY", cnx)
7  df
```

图 3-26　读取数据库 test. db 的表 COMPANY 中所有记录

运行结果如图 3-27 所示。

	ID	NAME	AGE	ADDRESS	SALARY
0	1	Paul	32	California	20000.0
1	2	Allen	25	Texas	15000.0
2	3	Teddy	23	Norway	20000.0
3	4	Mark	25	Rich-Mond	65000.0

图 3-27　查看图 3-27 代码执行结果

可以看到，表 COMPANY 中的员工记录已被添加。

也可以选择文件列表中"test. db"，右击，选择"Download"将数据库下载至计算机本地，然后打开"Navicat"软件（需安装），连接"test. db"数据库，双击"COMPANY"即可打开数据库，结果如图 3-28 所示。

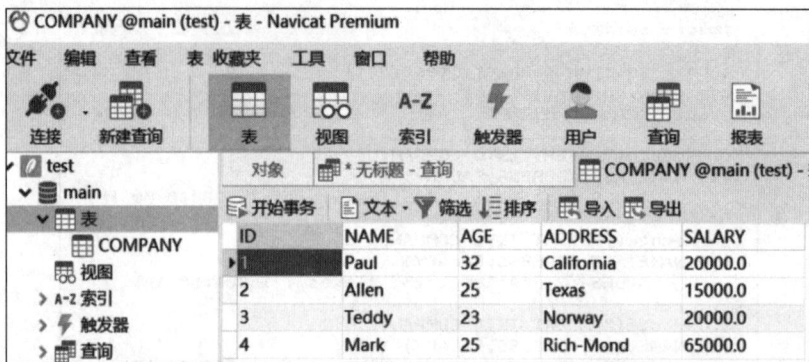

图 3 – 28   通过 Navicat 软件打开数据库 test. db 的表 COMPANY

（四）SELECT 操作

SQLite 的 SELECT 语句用于从 SQLite 数据库表中检索数据，以结果表的形式返回数据，这些结果表也被称为结果集，基本语法如图 3 – 29 所示。

视频3-7

```
1  SELECT column1, column2, columnN FROM table_name;
2  #在这里，column1, column2...是表的字段，它们的值即是您要获
   取的。如果您想获取所有可用的字段，那么可以使用下面的语法：
3  SELECT * FROM table_name;
```

图 3 – 29   SELECT 语法

图 3 – 30 的示例代码显示了如何从前面创建的 COMPANY 表中获取并显示记录。

```
1   import sqlite3
2
3   conn = sqlite3.connect('test.db')
4   c = conn.cursor()
5   print("数据库打开成功")
6
7   cursor = c.execute("SELECT id, name, address, salary
    from COMPANY")
8 ▼ for row in cursor:
9       print("ID = ", row[0])
10      print("NAME = ", row[1])
11      print("ADDRESS = ", row[2])
12      print("SALARY = ", row[3])
13      print("\n")
14
15  print("数据操作成功")
16  conn.close()
```

图 3 – 30   获取数据库 test. db 的表 COMPANY 中相关记录

运行结果如图 3 - 31 所示。

```
数据库打开成功
ID =  1
NAME =  Paul
ADDRESS =  California
SALARY =  20000.0


ID =  2
NAME =  Allen
ADDRESS =  Texas
SALARY =  15000.0


ID =  3
NAME =  Teddy
ADDRESS =  Norway
SALARY =  20000.0


ID =  4
NAME =  Mark
ADDRESS =  Rich-Mond
SALARY =  65000.0


数据操作成功
```

图 3 - 31 查看图 3 - 30 代码执行结果

（五）UPDATE 操作

SQLite 的 UPDATE 语句用于修改表中已有的记录。可以使用带有 WHERE 子句的 UPDATE 语句来更新选定行，否则所有的行都会被更新，基本语法如图 3 - 32 所示。

```
1  UPDATE table_name
2  SET column1 = value1, column2 = value2,..., columnN
   = valueN
3  WHERE [condition];
```

图 3 - 32 UPDATE 语法

图 3 - 33 的示例代码显示了如何使用 UPDATE 语句来更新 COMPANY 表中的记录。

```
1   import sqlite3
2
3   conn = sqlite3.connect('test.db')
4   c = conn.cursor()
5   print("数据库打开成功")
6
7   c.execute("UPDATE COMPANY set SALARY = 25000.00
    where NAME='Paul';")
8   conn.commit()
9
10  print("数据操作成功")
11  conn.close()
```

图 3 – 33   将数据库 test. db 的表 COMPANY 中员工 Paul 的工资修改为 25000

运行结果如图 3 – 34 所示。

```
import sqlite3

conn = sqlite3.connect('test.db')
c = conn.cursor()
print("数据库打开成功")

c.execute("UPDATE COMPANY set SALARY = 25000.00 where
NAME='Paul';")
conn.commit()

print("数据操作成功")
conn.close()

数据库打开成功
数据操作成功
```

图 3 – 34   查看图 3 – 33 代码执行结果

通过 Pandas 读取数据库文件，代码如图 3 – 35 所示。

```
1   import sqlite3
2   import pandas as pd
3   # Create your connection.
4   cnx = sqlite3.connect('test.db')
5
6   df = pd.read_sql_query("SELECT * FROM COMPANY", cnx)
7   df
```

图 3 – 35   读取数据库 test. db 的表 COMPANY 中所有记录

运行结果如图 3-36 所示。

```
import sqlite3
import pandas as pd
# Create your connection.
cnx = sqlite3.connect('test.db')
df = pd.read_sql_query("SELECT * FROM
COMPANY", cnx)
df
```

	ID	NAME	AGE	ADDRESS	SALARY
0	1	Paul	32	California	25000.0
1	2	Allen	25	Texas	15000.0
2	3	Teddy	23	Norway	20000.0
3	4	Mark	25	Rich-Mond	65000.0

图 3-36 查看图 3-35 代码执行结果

可以看到，Paul 的工资已经修改为 25000 元。

也可以选择文件列表中"test. db"，右击，选择"Download"将数据库下载至计算机本地，然后打开"Navicat"软件（需安装），连接"test. db"数据库，双击"COMPANY"即可打开数据库，结果如图 3-37 所示。

ID	NAME	AGE	ADDRESS	SALARY
	1 Paul		32 California	25000.0
	2 Allen		25 Texas	15000.0
	3 Teddy		23 Norway	20000.0
	4 Mark		25 Rich-Mond	65000.0

图 3-37 通过 Navicat 软件打开数据库 test. db 的表 COMPANY

（六）DELETE 操作

SQLite 的 DELETE 语句用于删除表中已有的记录。可以使用带有 WHERE 子句的 DELETE 语句来删除选定行，否则所有的记录都会被删除，基本语法如图 3-38 所示。

```
1  DELETE FROM table_name
2  WHERE [condition];
```

图 3-38 DELETE 语法

图 3-39 的示例代码显示了如何使用 DELETE 语句删除指定记录，然后从 COMPANY 表中获取并显示剩余的记录。

```
1    import sqlite3
2
3    conn = sqlite3.connect('test.db')
4    c = conn.cursor()
5    print("数据库打开成功")
6    # 删除名字为Paul这条记录
7    c.execute("DELETE from COMPANY where
     NAME='Paul';")
8    conn.commit()
9    # 查询删除信息后表中的数据
10   cursor = conn.execute("SELECT id, name,
     address, salary  from COMPANY")
11▼  for row in cursor:
12       print("ID = ", row[0])
13       print("NAME = ", row[1])
14       print("ADDRESS = ", row[2])
15       print("SALARY = ", row[3])
16       print("\n")
17
18   print("数据操作成功")
19   conn.close()
```

图 3 - 39　删除数据库 **test. db** 的表 COMPANY 中员工 **Paul** 的记录

运行结果如图 3 - 40 所示。

```
数据库打开成功
ID =  2
NAME =  Allen
ADDRESS =  Texas
SALARY =  15000.0


ID =  3
NAME =  Teddy
ADDRESS =  Norway
SALARY =  20000.0


ID =  4
NAME =  Mark
ADDRESS =  Rich-Mond
SALARY =  65000.0


数据操作成功
```

图 3 - 40　查看图 3 - 39 代码执行结果

通过 Pandas 读取数据库文件，代码如图 3 – 41 所示。

```
1  import sqlite3
2  import pandas as pd
3  # Create your connection.
4  cnx = sqlite3.connect('test.db')
5
6  df = pd.read_sql_query("SELECT * FROM COMPANY", cnx)
7  df
```

图 3 – 41 读取数据库 test. db 的表 COMPANY 中所有记录

运行结果如图 3 – 42 所示。

```
import sqlite3
import pandas as pd
# Create your connection.
cnx = sqlite3.connect('test.db')

df = pd.read_sql_query("SELECT * FROM COMPANY", cnx)
df
```

	ID	NAME	AGE	ADDRESS	SALARY
0	2	Allen	25	Texas	15000.0
1	3	Teddy	23	Norway	20000.0
2	4	Mark	25	Rich-Mond	65000.0

图 3 – 42 查看图 3 – 41 代码执行结果

可以看到，Paul 的记录已被删除。

也可以选择文件列表中"test. db"，右击，选择"Download"将数据库下载至计算机本地，然后打开"Navicat"软件（需安装），连接"test. db"数据库，双击"COMPANY"即可打开数据库，结果如图 3 – 43 所示。

ID	NAME	AGE	ADDRESS	SALARY
2	Allen	25	Texas	15000.0
3	Teddy	23	Norway	20000.0
4	Mark	25	Rich-Mond	65000.0

图 3 – 43 通过 Navicat 软件打开数据库 test. db 的表 COMPANY

技能训练

1. 通过 Python 代码编辑器使用 SQLite 模块，将情境导入中的三人基本工资按照第一行为姓名、第二行为基本工资的顺序写入 SQLite 数据库，并将文件命名为"新人基本工资数据表 . db"。

2. 下载并通过 Navicat 打开"新人基本工资数据表.db"。

拓展学习

思政小课堂

任务 3-3　爬取简单网页

情境导入

小李在学习 Python 简单网页爬取相关知识以后，觉得爬虫技术对于日常工作有很大的帮助，可以帮助自己解决从网络上获取信息的难题，于是决定对所学简单网页爬取的相关内容学以致用，尝试通过 Python 代码编辑器编辑代码的形式，爬取海天味业的股票代码和股票名称。

任务目标

知识目标：
理解网络爬虫的含义、网络爬虫的原理及 Web 前端基础的内容。

技能目标：
利用 Requests 库、lxml 模块及 XPath 表达式等，正确完成证券简称及股票代码等信息的获取。

素养目标：
在体验爬取简单网页的同时，培养执着专注、精益求精的工匠精神。

4 学时。

相关知识

一、网络爬虫概述

（一）网络爬虫的概念

网络爬虫（又称网页蜘蛛、网络机器人等）是一种按照一定的规则、自动抓取网络数据的程序或者脚本。

爬虫技术曾经被广泛地应用于互联网搜索引擎。使用过互联网和浏览器的人都知道，网页中除了供用户阅读的文字信息之外，还包含一些超链接。网络爬虫系统正是通过网页中的超链接信息不断获得网页上的其他页面。

网络数据采集的过程就像一个爬虫或者蜘蛛在网络上漫游，所以才被形象地称为网络爬虫或者网络蜘蛛（图 3-44）。

图 3-44 网络爬虫

（二）网络爬虫的应用

网络爬虫的应用领域十分广泛，如图 3-45 所示。

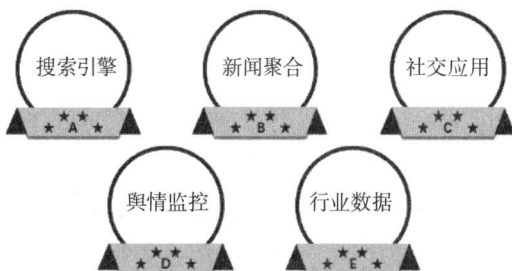

图 3-45 网络爬虫的应用领域

(三) 网络爬虫的原理

网络爬虫的基本原理是用户（客户端）向服务器发送访问请求，服务器接收到客户端请求后，验证请求的有效性，然后向客户端发送相应内容，客户端接收并将内容展示出来。

简单来说，爬虫就是模拟用户浏览网页的操作，通过模拟浏览器向网站发送请求，获取资源后提取有用的数据并保存。原则上只要浏览器能做到的事情，爬虫都能做到。

网络爬虫可以爬取的数据主要有图 3-46 所示的几种类型。

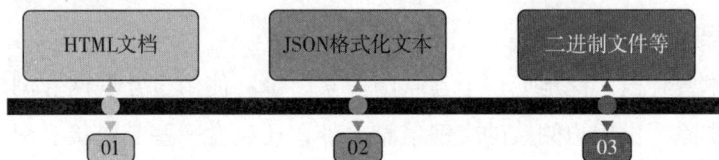

图 3-46　网络爬虫可以爬取的数据类型

(四) 爬虫的基本工作流程

爬虫的基本工作流程如图 3-47 所示。

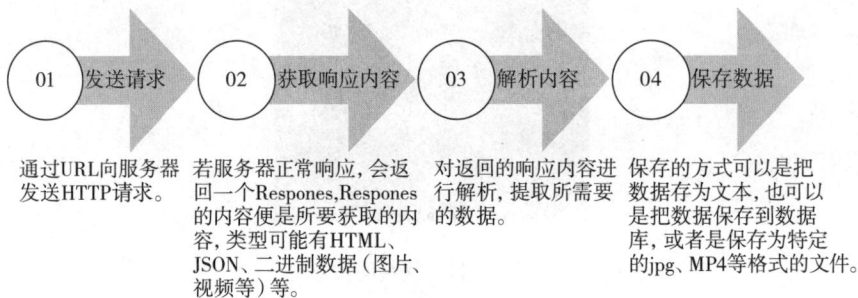

图 3-47　爬虫的基本工作流程

(五) HTTP

用户在访问网页时，服务器把网页传给浏览器，实际上就是把网页的 HTML 代码发送给浏览器，让浏览器显示出来，而浏览器和服务器之间的传输协议即是 HTTP（超文本传输协议）。

视频3-9

HTTP 是互联网上应用最为广泛的一种网络协议，所有网页文件都必须遵守这一协议，设计 HTTP 最初的目的就是提供一种发布和接收 HTML 页面的方法。

HTTP 是一种基于"请求与响应"模式的、无状态的应用层协议，如图 3 - 48 所示，采用 URL（统一资源定位符）作为定位网络资源的标识符。

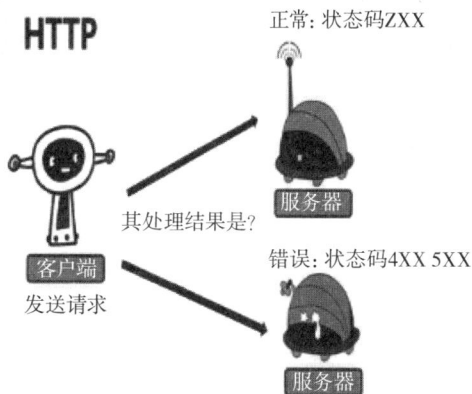

图 3 - 48　HTTP 模式

（六）URL

URL 就是平时我们所说的网址（图 3 - 49）。URL 是对互联网上资源位置和访问方法的一种简洁的表示，是互联网上标准资源的地址。互联网上的每个文件都有一个唯一的 URL，它包含的信息指出文件的位置以及浏览器应该怎么处理它。

图 3 - 49　网址

在互联网的历史上，统一资源定位符的发明是一个非常基础的步骤，它的语法是一般的、可扩展的，它使用 ASCII 代码的一部分来标识互联网的地址。一般统一资源定位符的开始标志着一个计算机网络所使用的网络协议。

统一资源定位符是统一资源标识符（URI）的一个子类，用于确定一个资源并指出其位置。URL 不仅确定一个资源，还指明了它在哪里、如何访问该资源。URL 由几个部分组成，包括协议、服务器名称、路径和文件名等。

二、简单网页爬取

（一）Web 前端基础——HTML

HTML 不是编程语言，是一种表示网页信息的符号标记语言，用来描述网页。

Web 浏览器的作用是读取 HTML 文档，并以网页的形式显示它们，浏览器不会显示 HTML 标记，而使用标记来解释页面内容。

HTML 的特点包括以下方面。

（1）可以设置文本格式，比如标题、字号、文本颜色、段落等。

（2）可以创建列表。

（3）可以插入图像和媒体。

（4）可以建立表格。

（5）超链接，可以使用鼠标单击超链接来实现页面之间跳转。

下面从 HTML 的基本结构、文档设置标记、表格三个方面讲解。

1. HTML 的基本结构

首先用浏览器访问百度网站，如图 3–50 所示。

图 3–50　百度首页

鼠标右击选择查看源代码，如图 3–51 所示。

```
<!DOCTYPE html>
<!--STATUS OK-->
<html>
<head>
    <meta http-equiv="Content-Type" content="text/html;charset=utf-8">
    <meta http-equiv="X-UA-Compatible" content="IE=edge,chrome=1">
    <meta content="always" name="referrer">
    <meta name="theme-color" content="#ffffff">
    <meta name="description" content="全球领先的中文搜索引擎、致力于让网民更便捷地获取信息，找到所求。百度超过千亿的中文网页数据库，可以瞬间找到相关的搜索结果。">
    <link rel="shortcut icon" href="https://www.baidu.com/favicon.ico" type="image/x-icon"/>
    <link rel="search" type="application/opensearchdescription+xml" href="/content-search.xml" title="百度搜索"/>
    <link rel="icon" sizes="any" mask href="https://www.baidu.com/favicon.ico">
    <link rel="dns-prefetch" href="//dss0.bdstatic.com"/>
    <link rel="dns-prefetch" href="//dss1.bdstatic.com"/>
    <link rel="dns-prefetch" href="//ss1.bdstatic.com"/>
    <link rel="dns-prefetch" href="//sp0.baidu.com"/>
    <link rel="dns-prefetch" href="//sp1.baidu.com"/>
    <link rel="dns-prefetch" href="//sp2.baidu.com"/>
    <link rel="dns-prefetch" href="//pss.bdstatic.com"/>
    <link rel="apple-touch-icon-precomposed" href="https://psstatic.cdn.bcebos.com/video/wiseindex/aa6eef91f8b5b1a33b454c401_1660835115000.png">
    <title>百度一下，你就知道</title>
    <style index="newi" type="text/css">
#form .bdsug {
    top:39px
}

.bdsug {
    display: none;
    position: absolute;
    width: 535px;
    background: #fff;
    border: 1px solid #ccc !important;
    _overflow: hidden;
    box-shadow: 1px 1px 3px #ededed;
    -webkit-box-shadow: 1px 1px 3px #ededed;
    -moz-box-shadow: 1px 1px 3px #ededed;
    -o-box-shadow:1px 1px 3px #ededed
}

.bdsug li {
    width: 519px;
    color: #000;
```

图 3–51　百度首页源代码

从百度首页的源代码中可以分析出 HTML 的基本结构。

（1） < html > 内容 </html >。HTML 文档由 < html > </html > 标记包裹，这对标记分别位于网页的最前端和最后端，以 < html > 为文档开始，</html > 为文档的结束。

（2） < head > 内容 </head >。HTML 文件头标记，用来包含文件的基本信息，比如网页的标题和关键字，也可以嵌套 < title > </title >、< style > </style > 等标记。注：< head > </head >标记内的内容不会在浏览器中显示。

（3） < title > 内容 </title >。HTML 文件标题标记，显示在浏览器窗口的左上方。

（4） < meta > 内容 </meta >。页面的元信息，比如：针对搜索引擎和更新频度的描述和关键词，必须放到 < head > </head >标记中。

（5） < body > 内容 </body >。网页的主体内容，在此标记之间可以包含 < p > </p >、< h1 > </h1 >、< br > </br > 等标记，这部分的内容是浏览器主要展示的内容。

2. 文档设置标记

文档设置标记分为格式标记和文本标记。

（1） 格式标记包括以下内容。

< br >：强制换行标记，让后面的文字、图片、表格等，显示在下一行。

< p >：换段落标记。

< center >：居中对齐标记，让段落或者是文字相对父标记居中显示。

< pre >：预格式化标记，保留预先编排好的格式。

< ul >：无序列表标记，声明这个列表没有序号。

< ol >：有序列表标记，可以显示特定的一些顺序。

< li >：列表项目标记，每个列表项目使用一个 < li > 标记。

< dl > < dt > < dd >：定义型列表，对这个列表条目进行简短说明。

< hr >：水平分割线标记，可以用作段落之间的分割线。

< div >：分区显示标记，也称为层标记，常用来编排一大段的 HTML，也可以用于将表格格式化，可以多层嵌套使用。

接下来通过一个 HTML 文档来演示格式标记的使用，如图 3 - 52 所示。

```
1 ▾  <html>
2 ▾  <head>
3 ▾      <title>介绍文档设置</title>
4        <meta charset="UTF-8">
5    </head>
6 ▾  <body>
7        文档设置标记<br>
8 ▾      <p>这个段落(一)</p>
9 ▾      <p>这个段落(二)</p>
10       <hr>
11 ▾     <center>居中标记(一)</center>
12 ▾     <center>居中标记(二)</center>
13       <hr>
14 ▾     <pre>
15       床前明月光，疑是地上霜。
16       举头望明月，低头思故乡。
17       </pre>
18       <hr>
19 ▾     <ul>
20 ▾         <li>苹果</li>
21 ▾         <li>橘子</li>
22       </ul>
23
24 ▾     <ol type="A">
25 ▾         <li>奔驰</li>
26 ▾         <li>宝马</li>
27       </ol>
28 ▾     <d1>
29 ▾         <dt>计算机</dt>
30 ▾         <dd>用来计算的仪器……</dd>
31       </d1>
32 ▾     <div>
33 ▾         <h3>W3C</h3>
34       </div>
35   </body>
36   </html>
```

图 3 – 52　HTML 格式标记

在浏览器中打开运行，效果如图 3 – 53 所示。

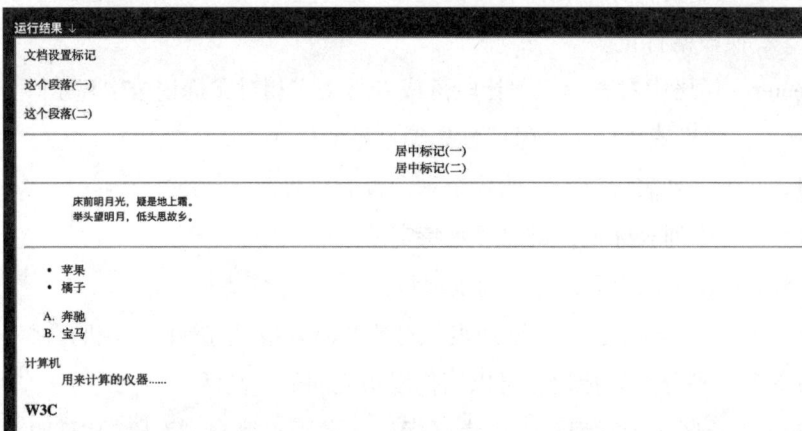

图 3 – 53　查看图 3 – 52 代码执行结果

（2）文本标记包括以下内容。

< hn > ：标题标记，共有 6 个级别，n 的范围为 1 ~ 6，不同的级别对应不同显示大小。

<font>：字体设置标记，用来设置字体，一般有三个常用属性：size（字体大小），color（颜色），face（字体）。

<b>：粗字体标记。

<i>：斜字体标记。

<sub>：文字下标字体标记。

<sup>：文字上标字体标记。

<cite>：引用方式的字体，通常是斜体。

<em>：表示强调，通常为斜字体。

<strong>：表示强调，通常显示为粗字体。

<small>：小型字体标记。

<big>：大型字体标记。

<u>：下划线字体标记。

接下来通过一个 HTML 文档来演示文本标记的使用，如图 3 – 54 所示。

```html
1  <html>
2  <head>
3      <title>介绍文档设置</title>
4      <meta charset="UTF-8">
5  </head>
6  <body>
7      Hn标题标记----------->
8      <br>
9          <h1>Python 爬虫</h1>
10         <h2>Python 爬虫</h2>
11     font标题标记----------->
12     <font size="1">床前明月光</font>
13     <font size="2" color="red" face="宋体">床前明月光</font>
14     <br>
15     i标记斜体----------->
16     <i>疑是地上霜</i>
17     <br>
18     sub下标标记----------->
19     举头望明月<sub>举头望明月</sub>
20     <br>
21     sup上标标记----------->
22     低头思故乡<sup>低头思故乡</sup>
23     <br>
24     cite引用标记----------->
25     低头思故乡<cite>低头思故乡</cite>
26     <br>
27     em标记表示强调----------->
28     低头思故乡<em>低头思故乡</em>
29     <br>
30     strong标记表示强调,加粗----------->
31     低头思故乡<strong>低头思故乡</strong>
32     <br>
33     small标记可以显示小一号字体，可以嵌套使用----------->
34     低头思故乡<small>低头思故乡</small>
35     <br>
36     big标记显示大一号的字体----------->
37     低头思故乡<big>低头思故乡</big>
38     <br>
39     u标记显示下划线----------->
40     低头思故乡<u>低头思故乡</u>
41 </body>
42 </html>
```

图 3 – 54　HTML 文本标记

在浏览器中打开运行,效果如图 3 – 55 所示。

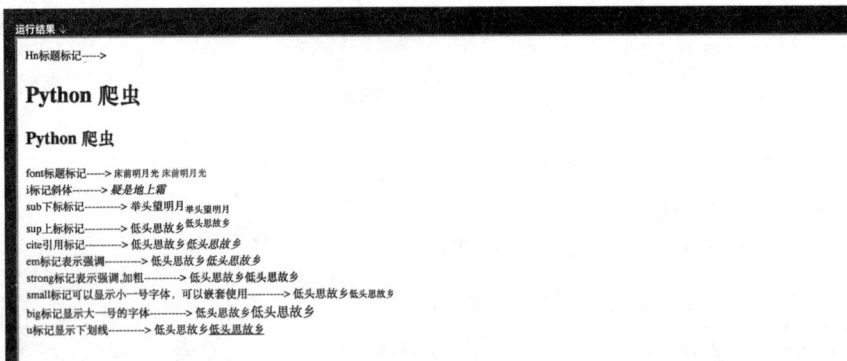

图 3 – 55   查看图 3 – 54 代码执行结果

3. 表格

表格的基本结构包括 < table > 、 < tr > 、 < th > 和 < td > 等标记。

(1) < table > 标记。其基本格式为 < table 属性 1 = "属性值 1", …, 属性, n = "属性值 n" > 表格内容 </table >,有以下常见属性:

Width:表示表格的宽度,属性值可以是像素(px)也可以是父级元素的百分比(%)。

Height:表示表格的高度,属性值可以是像素(px)也可以是父级元素的百分比(%)。

Border:表示表格外边框的宽度。

Align:表示表格的显示位置,left 居左显示,center 居中显示,right 居右显示。

Cellspacing:单元格之间的距离,默认值是 2px,单位为像素。

Cellpadding:单元格内容与单元格边框的间距,单位为像素。

Frame:用来控制表格边框最外层的 4 条框线。

(2) < tr > 标记。其用来定义表格的行,对于每个表格行,都由一对 < tr > </tr > 标记表示,每行 < tr > 标记内可以嵌套多个 < td > 或 < th > 标记,常见属性包括:

Bgcolor:设置背景颜色。

Valign:设置垂直方向对齐方式,格式为 valign = "值"。值为 bottom 时,表示靠底部对齐,值为 top 时,表示靠顶对齐,值为 middle 时,表示居中对齐。

Align:设置水平方向对齐方式,格式为 align = "值",值为 left 时,表示靠左对齐,值为 right 时,表示靠右对齐。

（3）< th >和< td >标记。两者都是单元格的标记，必须嵌套在< tr >标记内，成对出现。< th >是表头标记，通常位于首行或首列，< td >是数据标记，表示该单元格具体数据。两者的标记属性都是一样的，常用属性如下。

Bgcolor：设置背景颜色。

Align：设置单元格对齐方式。

Valign：设置单元格垂直对齐方式。

Width：设置单元格宽度。

Height：设置单元格高度。

Rowspan：设置单元格所占行数。

Colspan：设置单元格所占列数。

下面通过一个 HTML 文档来演示表格的使用，如图 3 – 56 所示。

```html
<html>
<head>
    <title>学生信息表</title>
    <meta charset="UTF-8">
</head>
<body>
    <table width="960" align="center" border="1" rules="all" cellpadding=15>
    <tr>
        <th>学号</th>
        <th>班级</th>
        <th>姓名</th>
        <th>年龄</th>
        <th>籍贯</th>
    </tr>
    <tr>
        <th>1500001</th>
        <th> (1) 班</th>
        <th>张三</th>
        <th>16</th>
        <th>上海</th>
    </tr>
    <tr>
        <th>1500011</th>
        <th> (2) 班</th>
        <th>李四</th>
        <th>16</th>
        <th bgcolor="# ccc">上海</th>
    </tr>

    </table>
</body>
</html>
```

图 3 – 56　HTML 表格标记

在浏览器中打开运行，效果如图 3 – 57 所示。

（二）Web 前端基础——CSS

CSS 指层叠样式表，描述了如何在屏幕、纸张或其他媒体上显示 HTML 元素，

113

学号	班级	姓名	年龄	籍贯
1500001	(1) 班	张三	16	上海
1500011	(2) 班	李四	16	上海

图 3 - 57   查看图 3 - 56 代码执行结果

其中层叠就是多个样式可以作用在同一个 HTML 元素上，同时生效。CSS 必须结合 HTML 标记使用，其主要是用来修饰和美化相关标记的。

1. CSS 三种用法

（1）内联样式表。CSS 代码直接写在现有的 HTML 标记中，直接使用 style 属性改变样式。

例如：< div style = "color：red" > Hollo World </div > 。

（2）嵌入样式表。CSS 代码写在 < style type = "text/css" > </style > 标记之间，一般情况嵌入式 CSS 写在 < head > </head > 之间。

（3）外部样式表。CSS 代码写在一个单独的外部文件中，这个 CSS 样式文件以 ".CSS" 为扩展名，在 < head > 内使用 < link > 标记将 CSS 样式文件链接到 HTML 文件内。

例如：< link rel = "stylesheet" herf = "style. css" > </link > 。

2. CSS 规则

（1）选择器。其通常指的是需要修改样式的 HTML 元素，每条声明由一个属性和一个值组成。

例如：. intro{ background - color：yellow；} 。

（2）属性。希望设置的样式属性，属性和值由冒号分开。

例如：h1{color；blue；font - size；12px} 。

3. CSS 定义方式

根据选择器的定义，可将 CSS 的定义分成以下三种方式。

（1）HTML 标记定义。语法：标记名 {}。

例如：h1{background - color：yellow；}//为所有的 h1 元素设置样式。

（2）ID 选择器定义。语法：#id 名 {}。

例如：#top {} //为 id 为 top 的元素设置样式。

（3）类选择器定义。语法：. class 名 {}。

例如：. box ｛｝ //为所有的 class 值为 box 的元素设置样式。

4. CSS 属性

介绍完选择器，接着说一下 CSS 中一些常见的属性：颜色属性、字体属性、背景属性、文本属性。

（1）颜色属性。其用来定义文本的颜色，可以使用以下方式定义颜色。

颜色名称：如 color：green。

十六进制：如 color：#ff6600。

RGB 方式：如 color：rgb（255，255，255），红（R）、绿（G）、蓝（B）的取值范围均为 0 ~ 255。

RGBA 方式：如 color：rgba（255，255，255，1），A（Alpha 的色彩空间透明度）取值为 0 或 1。

（2）字体属性。可以使用字体属性定义文本形式，有如下方法。

font – size：定义字体大小，如 font – size：14px。

font – family：定义字体，如 font – family：宋体。

font – weight：定义字体加粗，可以使用名称，如 normal（默认值）、hold（粗）、holder（更粗），还可以使用数字，如 100、200、300 ~ 900。

（3）背景属性。可以使用背景属性定义背景颜色、背景图片、背景重复方式和背景位置，内容如下。

background – color：用来定义背景的颜色。

background – image：用来定义背景图片，如：background – image：url（图片路径）。

background – repeat：用来定义背景重复方式，如：background – repeat：repeat，表示整体重复平铺。

background – position：用来定义背景位置，如：横向 background – position：left，纵向 background – position：top。

（4）文本属性。可以使用文本属性设置文本对齐方式、文本行高、首行缩进等。其具体如下。

text – align：设置文本对齐方式，属性值可以取 left、center、right。

line – height：设置文本行高，属性值可以取具体的值，也可以取百分比。

text – indent：代表首行缩进，属性值使用 px。

以上讲解了关于 CSS 爬虫用到的基本知识，接下来通过一个综合的例子对知识点进行说明，HTML 文档如图 3 – 58 所示。

```
1  <!DOCTYPE html>
2  <html>
3  <head>
4  <style>
5  h1 {
6    background-color: #6495ed;  /*----设置背景颜色----*/
7    color: red; /*----设置字体颜色----*/
8    text-align: center; /*----文字居中----*/
9    font-size:40px;  /*----字体大小----*/
10 }
11 div {
12    background-color: #6495ed;
13 }
14 p.tc{
15    color: rgb(0,255,0);
16 }
17 p {
18   background-color:#e0ffff;
19   text-indent:50px; /*----段落首行缩进----*/
20   font-family:"宋体"; /*----设置字体----*/
21 }
22 </style>
23 </head>
24 <body>
25 <h1>Hello World!</h1>
26 <div>这些段落是通过 CSS 设置样式的。
27 <p class="tc">该段落有自己的背景颜色</p>
28 </div>
29 <p>床前明月光，疑是地上霜，举头望明月，低头思故乡。</p>
30 </body>
31 </html>
32   通过将上述文档复制到代码编辑器中，点
```

图 3 - 58　使用嵌套 CSS 的 HTML 文档

在浏览器中打开文档，效果如图 3 - 59 所示。

图 3 - 59　查看图 3 - 58 代码执行结果

（三）Web 前端基础——XPath

XPath 是一种在 XML 文档中查询信息的语言，被用于在 XML 文档中通过路径表达式的形式来指定元素。在 Python 爬虫开发中，经常使用 XPath 来提取网页中的信息，因此 XPath 非常重要。接下来从节点、语法两个方面说明 XPath 的使用。

1. XPath 节点

在 XPath 中，XML 文档是被作为节点树来对待的，有 7 种类型的节点：元素、属性、文本、命名空间、处理指令、注释以及文档（根）节点。树的根被称为文档节点或者根节点。以图 3 - 60 的 XML 文档为例进行说明。

```
1   <?xml version="1.0" encoding="ISO-8859-1"?>
2 ▼ <CATALOG>
3 ▼     <PLANT>
4           <COMMON>Bloodroot</COMMON>
5           <BOTANICAL lang="en">Sanguinaria canadensis</BOTANICAL>
6           <ZONE>4</ZONE>
7           <LIGHT>Mostly Shady</LIGHT>
8           <PRICE>$2.44</PRICE>
9           <AVAILABILITY>031599</AVAILABILITY>
10      </PLANT>
11  </CATALOG>
```

图 3 - 60　XML 文档（用于阐述节点）

图 3 - 60 所示的 XML 文档中的节点包括：＜CATALOG＞（文档节点），＜COMMON＞（元素节点），lang = "en"（属性节点），Bloodroot（文本节点）。另外这些节点存在一定的关系，包括父（Parent）、子（Children）、同胞（Sibling）、先辈（Ancestor）、后代（Descendant）。在图 3 - 60 所示的文档中：

（1）PLANT 元素是 COMMON、BOTANICAL、ZONE、LIGHT、PRICE、AVAILABILITY 元素的父节点。

（2）COMMON、BOTANICAL、ZONE、LIGHT、PRICE、AVAILABILITY 都是 PLANT 元素的子节点。

（3）COMMON、BOTANICAL、ZONE、LIGHT、PRICE、AVAILABILITY 都是同胞节点，拥有相同的父节点。

（4）COMMON 元素的先辈元素是 PLANT 元素和 CATALOG 元素，也就是此节点的父节点和父的父节点。

（5）CATALOG 的后代是 PLANT 元素和 COMMON、BOTANICAL、ZONE、LIGHT、PRICE、AVAILABILITY 元素，也就是此节点的子节点和子的子节点。

2. XPath 语法

XPath 使用路径表达式来选取 XML 文档中的节点或节点集。节点是沿着路径或者步来选取的。如何选取节点，以 XML 文档为例进行说明，如图 3 - 61 所示。

XML 文档节点选取的常用路径表达式如表 3 - 6 所示。

```
1    <?xml version="1.0" encoding="ISO-8859-1"?>
2 ▾  <CATALOG>
3 ▾      <PLANT>
4           <COMMON>Bloodroot</COMMON>
5           <BOTANICAL lang="en">Sanguinaria canadensis</BOTANICAL>
6           <ZONE>4</ZONE>
7           <LIGHT>Mostly Shady</LIGHT>
8           <PRICE>2.44</PRICE>
9           <AVAILABILITY>031599</AVAILABILITY>
10      </PLANT>
11 ▾     <PLANT>
12          <COMMON>Columbine</COMMON>
13          <BOTANICAL lang="en">Aquilegia canadensis</BOTANICAL>
14          <ZONE>3</ZONE>
15          <LIGHT>Mostly Shady</LIGHT>
16          <PRICE>9.37</PRICE>
17          <AVAILABILITY>030699</AVAILABILITY>
18      </PLANT>
19   </CATALOG>
```

图 3 - 61　XML 文档（用于阐述语法）

表 3 - 6　XML 文档节点选取的常用路径表达式

表达式	描述
nodename	选取此节点的所有子节点
/	从根节点选取
//	选择任意位置的某个节点
.	选取当前节点
..	选取当前节点的父节点
@	选取属性

通过表 3 - 6 的路径表达式，我们尝试着对图 3 - 61 所示的文档进行节点选取，以表格的形式进行说明，XML 文档中选取符合条件节点的方式如表 3 - 7 所示。

表 3 - 7　XML 文档中选取符合条件的节点 1

效果	路径表达式
选取 CATALOG 元素的所有子节点	CATALOG
选取根元素 CATALOG	/CATALOG
选取属于 CATALOG 的子元素的所有 PLANT 元素	CATALOG/PLANT
选取所有 PLANT 子元素，而不管它们在文档中的位置	//PLANT
选择属于 CATALOG 元素的后代的所有 PLANT 元素，而不管它们位于 CATALOG 之下的什么位置	CATALOG//PLANT
选取名为 lang 的所有属性	//@ lang

除了表3-7选取的所有符合条件的节点，还可以选择某个特定的节点，或者包含某一个值的节点，就是需要用到谓语，谓语被嵌套在方括号中，XML文档中选取符合条件节点的另一种方式如表3-8所示。

表3-8 XML文档中选取符合条件的节点2

效果	路径表达式
选择属于CATALOG元素的第一个PLANT子元素	/CATALOG/PLANT［1］
选择属于CATALOG元素的最后一个PLANT子元素	/CATALOG/PLANT［last()］
选择最前面的两个属于CATALOG元素的子元素的PLANT元素	/CATALOG/PLANT［position()<3］
选取所有包含lang属性的BOTANICAL元素	//BOTANICAL［@lang="en"］
选取CATALOG元素的所有PLANT元素，且其中PRICE元素的值大于5	/CATALOG/PLANT［PRICE>5］

在进行节点选取的时候还可以使用通配符"*"选取匹配位置的元素，同时使用操作符"|"一次选取多条路径，这种XML文档中选取符合条件节点的方式如表3-9所示。

表3-9 XML文档中选取符合条件的节点3

效果	路径表示
选取CATALOG元素的所有子元素	/CATALOG/*
选取文档中的所有元素	//*
选取所有带有属性的BOTANICAL元素	//BOTANICAL［@*］
选取PLANT元素的所有ZONE和PRICE元素	//PLANT/ZONE|//PLANT/PRICE

技能训练

通过编辑Python代码爬取海天味业对应的股票代码和股票名称。

拓展学习

拓展学习3-3

任务 3-4 采集网页数据

情境导入

小李在学习 Python 简单网页爬取及网页数据采集相关知识以后，对网络爬虫非常感兴趣，结合自己所从事的工作岗位，认为可以通过网络爬虫爬取上市公司的财务报表等相关财务资料或者其他网络信息来帮助自己提升职业技能，于是决定通过爬取上市公司海天味业 2016—2020 年的资产负债表来检验一下自己对网络爬虫的掌握程度。

视频3-11

任务目标

知识目标：

掌握 Requests 库的含义和基本使用方法、BeautifulSoup 模块的使用方法和对象种类、遍历文档树和搜索文档树的方法、CSS 选择器的使用方法及 lxml 的 XPath 解析方法。

技能目标：

利用 csv 模块、Requests 库、for 循环及 Pandas 的 read_excel() 等方法，正确完成上市公司财务报表的获取及读取等操作。

素养目标：

在体验采集网页数据的同时，培养一丝不苟、追求卓越的工匠精神。

建议学时

6 学时。

相关知识

网页上汇集了大量有价值的财经数据信息，指定上市公司公告发布的网站有交易所网站、上海证券报、巨潮资讯。正确地理解网页是准确爬取网页数据的基础，应当了解网页数据抓取流程与浏览器开发者调试工具，了解 Web 交互原理，学习 Requests 库的 get、post 函数的应用，学习 response 对象的相关函数、属性，并根据自己的兴趣爱好安装自己想要的系统包。

一、Requests 库概述

（一）Requests 库简介

Requests 库是一个简洁且简单的处理 HTTP 请求的第三方库，它的最大优点是程序编写过程更接近正常 URL 访问过程。这个库建立在 Python 语言的 urllib3 库的基础上（图 3 - 62），类似这种在其他函数库之上再封装功能、提供更友好函数的方式在 Python 语言中十分常见。在 Python 生态圈里，任何人都有通过技术创新或体验创新发表意见和展示才华的机会。

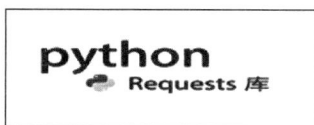

图 3 - 62 建立在 Python 基础上的 Requests 库

Requests 库支持非常丰富的链接访问功能，包括国际域名和 URL 获取、HTTP 长连接和连接缓存、HTTP 会话和 Cookie 保持、浏览器使用风格的 SSL（安全套接层）验证、基本的摘要认证、有效的键值对和 Cookie 记录、自动解压缩、自动内容解码、文件分块上传、HTTP（S）代理功能、连接超时处理、流数据下载等。

（二）Requests 库基本使用方法

Python 中 Requests 实现 HTTP 请求的方式，是爬虫开发中最为常用的方式，Requests 实现 HTTP 请求非常简单，操作更加人性化，主要有以下几种基本方法。

1. 实现一个 HTTP 的请求

Requests 模块可以支持 HTTP 中的全部请求方式，HTTP 请求方式例如：get、post、put、delete、head、option，其中以 get 和 post 请求最为常用，使用方法以 get 和 post 为例，get 请求示例如图 3 - 63 所示。

```
1  import requests
2  res=requests.get('https://www.baidu.com')
3  print(res.content)
```

图 3 - 63 通过 requests. get 请求百度首页

执行结果如图 3 - 64 所示。

post 请求与 get 请求不同，post 方法使用 data 参数传递客户数据，示例如图 3 - 65所示。

```
import requests
res=requests.get('https://www.baidu.com')
print(res.content)
```

b'<!DOCTYPE html>\r\n<!--STATUS OK--><html> <head><meta http-equiv=content-type content=text/html;charset=utf-8><meta http-equiv=X-UA-Compatible content=IE=Edge><meta content=always name=referrer><link rel=stylesheet type=text/css href=https://ss1.bdstatic.com/5eN1bjq8AAUYm2zgoY3K/r/www/cache/bdorz/baidu.min.css><title>\xe7\x99\xbe\xe5\xba\xa6\xe4\xb8\x80\xe4\xb8\x8b\xef\xbc\x8c\xe4\xbd\xa0\xe5\xb0\xb1\xe7\x9f\xa5\xe9\x81\x93</title></head> <body link=#0000cc> <div id=wrapper> <div id=head> <div class=head_wrapper> <div class=s_form> <div class=s_form_wrapper> <div id=lg> <img hidefocus=true src=//www.baidu.com/img/bd_logo1.png width=270 height=129> </div> <form id=form name=f action=//www.baidu.com/s class=fm> <input type=hidden name=bdorz_come value=1> <input type=hidden name=ie value=utf-8> <input type=hidden name=f value=8> <input type=hidden name=rsv_bp value=1> <input type=hidden name=rsv_idx value=1> <input type=hidden name=tn value=baidu><span class="bg s_ipt_wr"><input id=kw name=wd class=s_ipt value maxlength=255 autocomplete=off autofocus=autofocus></span><span class="bg s_btn_wr"><input type=submit id=su value=\xe7\x99\xbe\xe5\xba\xa6\xe4\xb8\x80\xe4\xb8\x8b class="bg s_btn" autofocus></span> </form> </div> </div> <div id=u1> <a href=http://news.baidu.com name=tj_trnews class=mnav>\xe6\x96\xb0\xe9\x97\xbb</a> <a href=https://www.hao123.com name=tj_trhao123 class=mnav>hao123</a> <a href=http://map.baidu.com name=tj_trmap class=mnav>\xe5\x9c\xb0\xe5\x9b\xbe</a> <a href=http://v.baidu.com name=tj_trvideo class=mnav>\xe8\xa7\x86\xe9\xa2\x91</a> <a href=http://tieba.baidu.com name=tj_trtieba class=mnav>\xe8\xb4\xb4\xe5\x90\xa7</a> <noscript> <a href=http://www.baidu.com/bdorz/login.gif?login&tpl=mn&u=http%3A%2F%2Fwww.baidu.com%2f%3fbdorz_come%3d1 name=tj_login class=lb>\xe7\x99\xbb\xe5\xbd\x95</a> </noscript> <script>document.write('<a href="http://www.baidu.com/bdorz/login.gif?login&tpl=mn&u='+ encodeURIComponent(window.location.href+ (window.location.search === "" ? "?" : "&")+ "bdorz_come=1")+ '" name="tj_login" class="lb">\xe7\x99\xbb\xe5\xbd\x95</a>');\r\n   </script> <a href=//www.baidu.com/more/ name=tj_briicon class=bri style="display: block;">\xe6\x9b\xb4\xe5\xa4\x9a\xe4\xba\xa7\xe5\x93\x81</a> </div> </div> </div> <div id=ftCon> <div id=ftConw> <p id=lh> <a href=http://home.baidu.com>\xe5\x85\xb3\xe4\xba\x8e\xe7\x99\xbe\xe5\xba\xa6</a> <a href=http://ir.baidu.com>About Baidu</a> </p> <p id=cp>©2017 Baidu <a href=http://www.baidu.com/duty/>\xe4\xbd\xbf\xe7\x94\xa8\xe7\x99\xbe\xe5\xba\xa6\xe5\x89\x8d\xe5\xbf\x85\xe8\xaf\xbb</a> <a href=http://jianyi.baidu.com/ class=cp-feedback>\xe6\x84\x8f\xe8\xa7\x81\xe5\x8f\x8d\xe9\xa6\x88</a> \xe4\xba\xacICP\xe8\xaf\x81030173\xe5\x8f\xb7 <img src=//www.baidu.com/img/gs.gif> </p> </div> </div> </div> </body> </html>\r\n'

图 3-64　查看图 3-63 代码执行结果

```
1  #说明，因涉及账号、密码等保密性要求，这只是一个简单示例，明白原理即可
2  import requests
3  # 定义要发送的数据
4  req = {'key': 'value'}
5  # 发送POST请求，并以表单形式发送数据
6  res = requests.post('https://www.example.com/login', data=req)
7  # 打印响应内容
8  print(res.content)
```

图 3-65　通过 requests.post 请求网页示例

2. HTTP 请求的响应与编码

响应是服务端返回给用户展示的数据，requests 模块获取 HTTP 响应的主要方法为 .text 和 .content，示例如图 3-66 所示。

```
1  import requests
2  res=requests.get("https://www.baidu.com")
3  print("content---->"+str(res.content))
4  print("text---->"+res.text)
5  print("encoding---->"+res.encoding)
6  #res.encoding="utf-8"    # 设置编码格式为UTF-8（注：解决乱码问题）
7  print("text---->"+res.text)
8  #其中res.content返回的是字节形式，res.text返回的是文本形式，
   res.encoding返回的是根据HTTP头猜测的网页编码格式。
```

图 3-66　获取百度首页响应

在输出结果中，控制台看到的 res. text 内容为乱码，如图 3 - 67 所示。

```
import requests
res=requests.get("https://www.baidu.com")
print("content---->"+str(res.content))
print("text---->"+res.text)
print("encoding---->"+res.encoding)
#res.encoding="utf-8"    # 设置编码格式为UTF-8 (注：解决乱码问题)
print("text---->"+res.text)
#其内res.content返回的是字节形式，res.text返回的是文本形式，res.encoding返回的是根据HTTP头猜测的网页编码格式。

content---->b'!DOCTYPE html>\r\n<!--STATUS OK-->html> <head><meta http-equiv=content-type content=text/html;charset=utf-
8><meta http-equiv=X-UA-Compatible content=IE=Edge><meta content=always name=referrer><link rel=stylesheet type=text/css h
ref=https://ss1.bdstatic.com/5eN1bjq8AAUYm2zgoY3K/r/www/cache/bdorz/baidu.min.css><title>\xe7\x99\xbe\xba\xa6\xe4\xb8\
x80\xe4\xb8\x8b\xef\xbc\x8c\xe4\xbd\xa0\xe5\xb0\xb1\xe7\x9f\xa5\xe9\x81\x93</title></head> <body link=#0000cc> <div id=wra
pper> <div id=head> <div class=head_wrapper> <div class=s_form> <div class=s_form_wrapper> <div id=lg> <img hidefocus=true
src=//www.baidu.com/img/bd_logo1.png width=270 height=129> </div> <form id=form name=f action=//www.baidu.com/s class=fm>
<input type=hidden name=bdorz_come value=1> <input type=hidden name=ie value=utf-8> <input type=hidden name=f value=8> <in
put type=hidden name=rsv_bp value=1> <input type=hidden name=rsv_idx value=1> <input type=hidden name=tn value=baidu><span
class="bg s_ipt_wr"><input id=kw name=wd class=s_ipt value maxlength=255 autocomplete=off autofocus=autofocus></span><span
class="bg s_btn_wr"><input type=submit id=su value=\xe7\x99\xbe\xa6\xe4\xb8\x80\xe4\xb8\x8b class="bg s_btn" autof
ocus></span> </form> </div> </div> <div id=u1> <a href=http://news.baidu.com name=tj_trnews class=mnav>\xe5\x96\xb0\xe9\x9
7\xbb</a> <a href=https://www.hao123.com name=tj_trhao123 class=mnav>hao123</a> <a href=http://map.baidu.com name=tj_trmap
class=mnav>\xe5\x9c\xb0\xe5\x9b\xbe</a> <a href=http://v.baidu.com name=tj_trvideo class=mnav>\xe8\xa7\x86\xe9\xa2\x91</a>
<a href=http://tieba.baidu.com name=tj_trtieba class=mnav>\xe8\xb4\xb4\xe5\x90\xa7</a> <noscript> <a href=http://www.baidu
.com/bdorz/login.gif?login&amp;tpl=mn&amp;u=http%3A%2F%2Fwww.baidu.com%2f%3fbdorz_come%3d1 name=tj_login class=lb>\xe7\x99
\xbb\xe5\xbd\x95</a> </noscript> <script>document.write('<a href="http://www.baidu.com/bdorz/login.gif?login&tpl=mn&u='+
encodeURIComponent(window.location.href+ (window.location.search === "" ? "?" : "&")+ "bdorz_come=1")+ '" name="tj_login"
class=\x99\xbb\x95</a>');\r\n                                          </script> <a href=//www.baidu.com/more/ name=tj_briicon cla
ss=bri style="display: block;">\xe6\x9b\xb4\xe5\xa4\x9a\xe4\xba\xa7\xe5\x93\x81</a> </div> </div> </div> <div id=ftCon> <d
iv id=ftConw> <p id=lh> <a href=http://home.baidu.com>\xe5\x85\xb3\xe4\xba\x8e\xe7\x99\xbe\xe5\xba\xa6</a> <a href=http://
ir.baidu.com>About Baidu</a> </p> <p id=cp>&copy;2017 Baidu <a href=http://www.baidu.com/duty/>\xe4\xbd\xbf\xe7
\x94\xa8\xe7\x99\xbe\xe5\xba\xa6\xe5\x89\x8d\xe5\xbf\x85\xe8\xaf\xbb</a>  <a href=http://jianyi.baidu.com/ class=cp-fe
edback>\xe6\x84\x8f\xe8\xa7\x81\xe5\x8f\x8d\xe9\xa6\x88</a> \xe4\xba\xacICP\xe8\xaf\x81\x81030173\xe5\x8f\xb7  <img
src=//www.baidu.com/img/gs.gif> </p> </div> </div> </div> </body> </html>\r\n'
text---->!DOCTYPE html>
<!--STATUS OK--><html> <head><meta http-equiv=content-type content=text/html;charset=utf-8><meta http-equiv=X-UA-Compatibl
e content=IE=Edge><meta content=always name=referrer><link rel=stylesheet type=text/css href=https://ss1.bdstatic.com/5eN1
bjq8AAUYm2zgoY3K/r/www/cache/bdorz/baidu.min.css><title>ç™¾åº¦ä¸€ä¸‹ï¼Œä½ å°±çŸ¥é“</title></head> <body link=#0000cc> <di
v id=wrapper> <div id=head> <div class=head_wrapper> <div class=s_form> <div class=s_form_wrapper> <div id=lg> <img hidefo
cus=true src=//www.baidu.com/img/bd_logo1.png width=270 height=129> </div> <form id=form name=f action=//www.baidu.com/s
class=fm> <input type=hidden name=bdorz_come value=1> <input type=hidden name=ie value=utf-8> <input type=hidden name=f va
lue=8> <input type=hidden name=rsv_bp value=1> <input type=hidden name=rsv_idx value=1> <input type=hidden name=tn value=b
aidu><span class="bg s_ipt_wr"><input id=kw name=wd class=s_ipt value maxlength=255 autocomplete=off autofocus=autofocus></
span><span class="bg s_btn_wr"><input type=submit id=su value=ç™¾åº¦ä¸€ä¸‹ class="bg s_btn" autofocus></span> </form> </d
```

图 3 - 67 查看图 3 - 66 代码执行结果

产生这种问题是由于 requests 猜测编码错误，解析文本出现乱码。requests 也提供了解决方案，可以自行设置编码格式，res. encoding = "utf - 8"，解决乱码问题，示例如图 3 - 68 所示。

```
1  import requests
2  res=requests.get("https://www.baidu.com")
3  print("content---->"+str(res.content))
4  print("text---->"+res.text)
5  print("encoding---->"+res.encoding)
6  res.encoding="utf-8"    # 设置编码格式为UTF-8 (注：解决乱码问题)
7  print("text---->"+res.text)
```

图 3 - 68 设置编码格式解决乱码问题

运行结果如图 3 - 69 所示。

```
encoding---->ISO-8859-1
text---->!DOCTYPE html>
<!--STATUS OK--><html> <head><meta http-equiv=content-type content=text/html;charset=utf-8><meta http-equiv=X-UA-Compatibl
e content=IE=Edge><meta content=always name=referrer><link rel=stylesheet type=text/css href=https://ss1.bdstatic.com/5eN1
bjq8AAUYm2zgoY3K/r/www/cache/bdorz/baidu.min.css><title>百度一下，你就知道</title></head> <body link=#0000cc> <div id=wrapper
> <div id=head> <div class=head_wrapper> <div class=s_form> <div class=s_form_wrapper> <div id=lg> <img hidefocus=true src
=//www.baidu.com/img/bd_logo1.png width=270 height=129> </div> <form id=form name=f action=//www.baidu.com/s class=fm> <in
put type=hidden name=bdorz_come value=1> <input type=hidden name=ie value=utf-8> <input type=hidden name=f value=8> <input
type=hidden name=rsv_bp value=1> <input type=hidden name=rsv_idx value=1> <input type=hidden name=tn value=baidu><span cla
ss="bg s_ipt_wr"><input id=kw name=wd class=s_ipt value maxlength=255 autocomplete=off autofocus=autofocus></span><span cl
ass="bg s_btn_wr"><input type=submit id=su value=百度一下 class="bg s_btn" autofocus></span> </form> </div> </div> <div id=
u1> <a href=http://news.baidu.com name=tj_trnews class=mnav>新闻</a> <a href=https://www.hao123.com name=tj_trhao123 class=
mnav>hao123</a> <a href=http://map.baidu.com name=tj_trmap class=mnav>地图</a> <a href=http://v.baidu.com name=tj_trvideo c
lass=mnav>视频</a> <a href=http://tieba.baidu.com name=tj_trtieba class=mnav>贴吧</a> <noscript> <a href=http://www.baidu.c
om/bdorz/login.gif?login&amp;tpl=mn&amp;u=http%3A%2F%2Fwww.baidu.com%2f%3fbdorz_come%3d1 name=tj_login class=lb>登录</a> </
noscript> <script>document.write('<a href="http://www.baidu.com/bdorz/login.gif?login&tpl=mn&u='+ encodeURIComponent(windo
w.location.href+ (window.location.search === "" ? "?" : "&")+ "bdorz_come=1")+ '" name="tj_login" class="lb">登录</a>');
              </script> <a href=//www.baidu.com/more/ name=tj_briicon class=bri style="display: block;">更多产品</a> </di
v> </div> </div> <div id=ftCon> <div id=ftConw> <p id=lh> <a href=http://home.baidu.com>关于百度</a> <a href=http://ir.baid
u.com>About Baidu</a> </p> <p id=cp>&copy;2017 Baidu <a href=http://www.baidu.com/duty/>使用百度前必读</a>  <
a href=http://jianyi.baidu.com/ class=cp-feedback>意见反馈</a> 京ICP证030173号  <img src=//www.baidu.com/img/gs.gi
f> </p> </div> </div> </div> </body> </html>
```

图 3 - 69 查看图 3 - 68 代码执行结果

3. HTTP 请求头处理

requests 模块处理 HTTP 请求头非常简单，只需在请求方法 get()或 post()中，添加 headers 参数即可，以 get()方法为例，如图 3 - 70 所示。

```
1  import requests
2  user_agent="Mozilla/5.0 (Windows NT 10.0; Win64; x64)
   AppleWebKit/537.36 (KHTML, like Gecko) Chrome/97.0.4692.99
   Safari/537.36"
3  header={"user-agent":user_agent}
4  res = requests.get("https://www.baidu.com",headers=header)
5  print(res.content)
```

图 3 - 70　requests 处理 HTTP 请求头

获取响应码使用 requests 中的 status_code 字段，获取响应头使用 requests 中的 headers 字段，示例如图 3 - 71 所示。

```
1  import requests
2  user_agent="Mozilla/5.0 (Windows NT 10.0; Win64; x64)
   AppleWebKit/537.36 (KHTML, like Gecko) Chrome/97.0.4692.99
   Safari/537.36"
3  header={"user-agent":user_agent}
4  res = requests.get("https://www.baidu.com",headers=header)
5  if res.status_code == requests.code.ok:
6      print(res.status_code) #响应码
7      print(res.headers.get('content-type'))
8  else:
9      print("请求响应异常")
```

图 3 - 71　requests 获取响应码

4. Cookie 处理

Cookie 的主要用途是存储用户在特定网站上的认证信息，以便后期浏览网站。可以使用自定义 Cookie 实现自动认证过程，只需在请求方法 get()、post()中添加 Cookies 参数即可，示例如图 3 - 72 所示。

```
1  import requests
2  user_agent="Mozilla/5.0 (Windows NT 10.0; Win64; x64)
   AppleWebKit/537.36 (KHTML, like Gecko) Chrome/97.0.4692.99
   Safari/537.36"
3  header={"user-agent":user_agent}
4  cookies=dict(name='diye',age='10')
5  r=request.get('https://www.xxx.com',headers=header,cookies=cookies)
6  print(r.content)
```

图 3 - 72　requests 使用自定义 Cookie 实现自动认证

另外有一种高级的方式，能够自动处理 Cookie。有时候我们不关心 Cookie 值是多少，只希望每次访问的时候，自动带上 Cookie 的值，像浏览器一样。requests 提供了一个 session 的概念，即可以使用 session 会话对象跨请求保持某些参数，比如使用 session 成功地登录了某个网站，则再次使用该 session 对象请求该网站的其他网页都会默认使用该 session 之前使用的 Cookie 等参数，示例如图 3-73 所示。

```
1  import requests
2  loginUrl="https://www.xxxx.com/login"
3  s=requests.Session()
4  res=s.get(loginUrl,allow_redirects=true)
5  datas={"name":"xxx","password":"xxx"}
6  res=s.post(loginUrl,data=datas,allow_redirects=true)
7  print(res.text)
```

图 3-73　requests 使用 session 会话对象跨请求保持某些参数

上述程序，先为请求分配一个 session，在发送 post 请求时带上 session，系统可以正常返回内容，否则直接调用 post 请求，系统会把你当成非法用户。

二、BeautifulSoup 模块概述

（一）BeautifulSoup 简介

BeautifulSoup 是一个可以从 HTML 或 XML 文件中提取数据的 Python 库。它能够通过使用人性化的转换器实现常用的文档导航、查找、修改功能，在 Python 爬虫开发中，主要用到 BeautifulSoup 的查找、提取功能。

BeautifulSoup4 模块是第三方模块，需要额外进行安装，一般有两种安装方式。

（1）使用 pip 进行安装，安装命令为：pip install beautifulsoup4。

（2）通过下载源码的方式进行安装。

下载链接是：https：//pypi. python. org/pypi/beautifulsoup4/。

运行下面命令即可完成安装：python setup install。

BeautifulSoup 支持 Python 标准库中的 HTML 解析器，同时还支持一些第三方的解析器，其中一个是 lxml。由于 lxml 解析速度比标准库中的 HTML 解析器快很多，所以在开发前，我们提前安装 lxml 库，安装方法同 BeautifulSoup4。

（二）BeautifulSoup 的使用

安装完 BeautifulSoup 后，接下来讲解 BeautifulSoup 的使用。

首先导入 bs4 库：from bs4 import BeautifulSoup，接下来使用 requests 模块请求网页，然后进行解析，以百度为例，示例如图 3-74 所示。

```
1   import requests
2   from bs4 import BeautifulSoup
3   res = requests.get("https://www.baidu.com")
4   res.encoding="utf-8"
5   soup=BeautifulSoup(res.text,'lxml',from_encoding='utf-8')
6   print(soup.prettify())
```

图 3 − 74　请求百度首页并进行解析

运行结果如图 3 − 75 所示。

```
import requests
from bs4 import BeautifulSoup
res = requests.get("https://www.baidu.com")
res.encoding="utf-8"
soup=BeautifulSoup(res.text,'lxml',from_encoding='utf-8')
print(soup.prettify())

<!DOCTYPE html>
<!--STATUS OK-->
<html>
 <head>
  <meta content="text/html;charset=utf-8" http-equiv="content-type"/>
  <meta content="IE=Edge" http-equiv="X-UA-Compatible"/>
  <meta content="always" name="referrer"/>
  <link href="https://ss1.bdstatic.com/5eN1bjq8AAUYm2zgoY3K/r/www/cache/bdorz/baid
u.min.css" rel="stylesheet" type="text/css"/>
  <title>
   百度一下，你就知道
  </title>
 </head>
 <body link="#0000cc">
  <div id="wrapper">
   <div id="head">
    <div class="head_wrapper">
     <div class="s_form">
      <div class="s_form_wrapper">
       <div id="lg">
        <img height="129" hidefocus="true" src="//www.baidu.com/img/bd_logo1.png"
width="270"/>
       </div>
       <form action="//www.baidu.com/s" class="fm" id="form" name="f">
        <input name="bdorz_come" type="hidden" value="1"/>
```

图 3 − 75　查看图 3 − 74 代码执行结果

BeautifulSoup 选择最合适的解析器来解析 requests 返回来的文档，如果手动指定解析器，那么 BeautifulSoup 会选择指定的解析器来解析文档。

（三）BeautifulSoup 对象种类

BeautifulSoup 将复杂的 HTML 文档转换成简单的树形结构，每个节点都是 Python 对象，所有节点对象主要归纳为三种。

1. Tag 对象

Tag 对象与 HTML 或 XML 原生文档中的 Tag 含义相同，是标记的意思。例如 < title >The Document story </title > 中的 title 标记和其中的内容被称为 Tag 对象，示例如图 3 − 76 所示。

```
1   import requests
2   from bs4 import BeautifulSoup
3   res = requests.get("https://www.baidu.com")
4   res.encoding="utf-8"
5   soup=BeautifulSoup(res.text,'lxml',from_encoding='utf-8')
6   print(soup.a) #抽取<a>标签
7   print(soup.title) # 抽取<title>标签
```

图 3 - 76   BeautifulSoup 抽取 Tag 对象

运行结果如图 3 - 77 所示。

```
import requests
from bs4 import BeautifulSoup
res = requests.get("https://www.baidu.com")
res.encoding = "utf-8"
soup = BeautifulSoup(res.text,'lxml',from_encoding = 'utf-8')
print(soup.a) #抽取<a>标签
print(soup.title) # 抽取<title>标签

<a class="mnav" href="http://news.baidu.com" name="tj_trnews">新闻</a>
<title>百度一下，你就知道</title>
```

图 3 - 77   查看图 3 - 76 代码执行结果

从上面的例子中可以看到，使用 soup. < Tag > 就可以获取这些 Tag 的内容，另外 Tag 对象有两个重要的属性：name 和 attributes。每个 Tag 都有自己的名字，可以通过 . name 来获取，示例如图 3 - 78 所示。

```
1   print(soup.a.name)
2   print(soup.title.name)
```

图 3 - 78   BeautifulSoup 获取 Tag 名

运行结果如图 3 - 79 所示。

```
print(soup.a.name)
print(soup.title.name)

a
title
```

图 3 - 79   查看图 3 - 78 代码执行结果

Tag 不仅可以获取 name，还可以修改 name，修改之后将影响所有通过当前 BeautifulSoup 对象生成的 HTML 文档，示例如图 3 - 80 所示。

127

```
1   soup.title.name="newtitle"
2   print(soup.newtitle.name)
3   print(soup.title.name)
```

图 3 – 80　BeautifulSoup 修改 Tag 名

运行结果如图 3 – 81 所示。

```
soup.title.name="newtitle"
print(soup.newtitle.name)
print(soup.title.name)

newtitle
-----------------------------------------------------------------------------
AttributeError                              Traceback (most recent call last)
/tmp/ipykernel_65/2525135295.py in <module>
      1 soup.title.name="newtitle"
      2 print(soup.newtitle.name)
----> 3 print(soup.title.name)

AttributeError: 'NoneType' object has no attribute 'name'
```

图 3 – 81　查看图 3 – 80 代码执行结果

这里已经将 < title > 标记成功修改为 < newtitle > 。

Tag 对象除了 name 属性外，还有其他属性，操作方法与字典相同，示例如图 3 – 82所示。

```
1   print(soup.a.get("class"))
2   print(soup.a.get("href"))
```

图 3 – 82　BeautifulSoup 获取 Tag 指定属性值

运行结果如图 3 – 83 所示。

```
print(soup.a.get("class"))
print(soup.a.get("href"))

['mnav']
http://news.baidu.com
```

图 3 – 83　查看图 3 – 82 代码执行结果

也可以使用 "." 获取属性，比如：. attrs，用于获取 Tag 中所有属性，示例如图 3 – 84 所示。

```
1   print(soup.a.attrs)
```

图 3 – 84　BeautifulSoup 获取 Tag 所有属性及值

运行结果如图 3 - 85 所示。

```
print(soup.a.attrs)
{'href': 'http://news.baidu.com', 'name': 'tj_trnews', 'class': ['mnav']}
```

图 3 - 85   查看图 3 - 84 代码执行结果

和 name 一样，我们可以对标记中的这些属性和属性的值进行修改，示例如图 3 - 86所示。

```
1  soup.a['class']="link"
2  print(soup.a.get("class"))
```

图 3 - 86   BeautifulSoup 修改 Tag 属性的值

运行结果如图 3 - 87 所示。

```
soup.a['class']="link"
print(soup.a.get("class"))

link
```

图 3 - 87   查看图 3 - 86 代码执行结果

2. NavigableString

BeautifulSoup 用 NavigableString 类包装 Tag 中的文本信息，如果想要获取 Tag 内部的文字，只需要用 . string，示例如图 3 - 88 所示。

```
1  import requests
2  from bs4 import BeautifulSoup
3  res = requests.get("https://www.baidu.com")
4  res.encoding="utf-8"
5  soup=BeautifulSoup(res.text,'lxml',from_encoding='utf-8')
6  print(soup.a.string)
7  print(type(soup.a.string))
```

图 3 - 88   BeautifulSoup 获取 Tag 内部文字

运行结果如图 3 - 89 所示。

```
import requests
from bs4 import BeautifulSoup
res = requests.get("https://www.baidu.com")
res.encoding="utf-8"
soup=BeautifulSoup(res.text,'lxml',from_encoding='utf-8')
print(soup.a.string)
print(type(soup.a.string))

新闻
<class 'bs4.element.NavigableString'>
```

图 3 - 89   查看图 3 - 88 代码执行结果

3. BeautifulSoup

BeautifulSoup 对象表示的是一个文档的全部内容。可以简单把它作为特殊的 Tag，同时也具有 Tag 对应的属性，使用方法与 Tag 对象相同。

三、BeautifulSoup 模块——遍历文档树

BeautifulSoup 会将 HTML 转化为文档树进行搜索，节点为树结构的重要概念，Tag 操作属性如表 3 – 10 所示。

表 3 – 10　Tag 操作属性

操作属性	描述
. contents	将 Tag 标记直接子节点以列表的方式输出
. children	返回 Tag 标记元素节点的迭代器
. parent	返回 Tag 标记元素节点的父节点
. next_ sibling	返回 Tag 标记元素节点的下一个兄弟节点
. previous_ siling	返回 Tag 标记元素节点的上一个兄弟节点
. next_ element	返回 Tag 标记元素节点的后一个节点，与兄弟节点不同，是针对当前层次的所有节点
. previous_ element	返回 Tag 标记元素节点的前一个节点，与兄弟节点不同，是针对当前层次的所有节点

获取直接子节点可以使用 . contents 和 . children 两个属性。. contents 获取的直接子节点以列表方式返回，可以列表的方法对节点进行筛选和操作。. children 属性返回迭代器，操作与 . contents 属性相似，这里以 . contents 为例，示例如图 3 – 90 所示。

```
1   import requests
2   import sys
3   from bs4 import BeautifulSoup
4   res = requests.get("https://www.baidu.com")
5   res.encoding="utf-8"
6   soup=BeautifulSoup(res.text,'lxml',from_encoding='utf-8')
7   print(".contents的数据类型是:{}".format(type(soup.head.contents)))
8   print("head元素的直接子节点有:{}".format(str(soup.head.contents)))
9   for t in soup.head.contents:   #遍历contents
10      if t.name == "title": #筛选需要的数据
11          print("title标题的内容是:{}".format(t.string))
```

图 3 – 90　BeautifulSoup 通过遍历文档树对 Tag 进行筛选和操作

运行结果如图 3 – 91 所示。

```
import requests
import sys
from bs4 import BeautifulSoup
res = requests.get("https://www.baidu.com")
res.encoding="utf-8"
soup=BeautifulSoup(res.text,'lxml',from_encoding='utf-8')
print(".contents的数据类型是:{}".format(type(soup.head.contents)))
print("head元素的直接子节点有:{}".format(str(soup.head.contents)))
for t in soup.head.contents:    #遍历contents
    if t.name == "title": #筛选需要的数据
        print("title标题的内容是:{}".format(t.string))

.contents的数据类型是:<class 'list'>
head元素的直接子节点有:[<meta content="text/html;charset=utf-8" http-equiv="content-type"/>, <meta content="IE=Edge" http-equiv="X-UA-Compatible"/>, <meta content="always" name="referrer"/>, <link href="https://ss1.bdstatic.com/5eN1bjq8AAUYm2zgoY3K/r/www/cache/bdorz/baidu.min.css" rel="stylesheet" type="text/css"/>, <title>百度一下，你就知道</title>]
title标题的内容是:百度一下，你就知道
```

图 3 - 91   查看图 3 - 90 代码执行结果

在获取到子节点后，需要考虑如何获取子节点内部的文字，除了前面提到的
. string 属性外，. strings 属性可以获取多个子节点内部的文字，还可以循环遍历筛选
数据，示例如图 3 - 92 所示。

```
1  print(".strings的数据类是:{}".format(type(soup.head.strings)))
2  for t in soup.head.strings:
3      print(t)
```

图 3 - 92   BeautifulSoup 遍历文档树后获取多个子节点内部文字

运行结果如图 3 - 93 所示。

```
print(".strings的数据类是:{}".format(type(soup.head.strings)))
for t in soup.head.strings:
    print(t)

.strings的数据类是:<class 'generator'>
百度一下，你就知道
```

图 3 - 93   查看图 3 - 92 代码执行结果

遍历文档树中 Tag 元素的父节点、兄弟节点和前后节点，使用格式基本上与子
节点相同。

四、BeautifulSoup 模块——搜索文档树

BeautifulSoup 定义了很多搜索函数，这里重点介绍 find_all 函数，其他函数用法

类似。find_all 函数，用于搜索当前 Tag 的所有子节点，并判断是否符合过滤器的条件，格式如下。

find_all(name,attrs,recursive,text,kwargs)

find_all 函数中各个参数有不同的功能，接下来讲解函数中的常用参数：name、kwargs 和 text。

（一）name 参数

name 参数可以查找所有名字为 name 的 Tag 对象，name 参数可以是字符串、正则表达式、列表、True。

在搜索函数中传入字符串，BeautifulSoup 会查找与字符串完全匹配的内容，返回内容为列表，以上面提到的百度为例，示例如图 3-94 所示。

```
1  import re #引入正则表达式模块
2  import sys
3  from bs4 import BeautifulSoup
4  res = requests.get("https://www.baidu.com")
5  res.encoding="utf-8"
6  soup=BeautifulSoup(res.text,'lxml',from_encoding='utf-8')
7  meta = soup.find_all("meta")
8  print("搜索的meta标签后的类型是:{}".format(type(meta)))
9  print("搜索的meta标签后的内容是:{}".format(meta))
```

图 3-94　BeautifulSoup 的 find_all 函数 name 参数为字符串

运行结果如图 3-95 所示。

```
import re #引入正则表达式模块
import sys
from bs4 import BeautifulSoup
res = requests.get("https://www.baidu.com")
res.encoding="utf-8"
soup=BeautifulSoup(res.text,'lxml',from_encoding='utf-8')
meta = soup.find_all("meta")
print("搜索的meta标签后的类型是:{}".format(type(meta)))
print("搜索的meta标签后的内容是:{}".format(meta))

搜索的meta标签后的类型是:<class 'bs4.element.ResultSet'>
搜索的meta标签后的内容是:[<meta content="text/html;charset=utf-8" http-
equiv="content-type"/>, <meta content="IE=Edge" http-equiv="X-UA-Com
patible"/>, <meta content="always" name="referrer"/>]
```

图 3-95　查看图 3-94 代码执行结果

如果传入正则表达式作为参数，BeautifulSoup 会通过正则表达式的 match() 函数来匹配内容，该方法通常使用 re 中的 compile 将正则表达式转换为模型对象，返回内容为列表。BeautifulSoup 会将正则表达式编译为一个正则表达式对象

（re. compile），然后使用这个对象进行匹配。这样做的好处是可以提高匹配效率，因为正则表达式对象可以被重复使用，避免了每次都需要重新编译正则表达式，示例如图 3 - 96 所示。

```
1  meta = soup.find_all(re.compile("^meta"))
2  meta
```

图 3 - 96　BeautifulSoup 的 find_all 函数 name 参数为正则表达式

运行结果如图 3 - 97 所示。

```
meta = soup.find_all(re.compile("^meta"))
meta

[<meta content="text/html;charset=utf-8" http-equiv="content-type"/>,
 <meta content="IE=Edge" http-equiv="X-UA-Compatible"/>,
 <meta content="always" name="referrer"/>]
```

图 3 - 97　查看图 3 - 96 代码执行结果

如果传入参数为列表，BeautifulSoup 将返回与列表中任意元素匹配的内容，示例如图 3 - 98 所示。

```
1  meta = soup.find_all(["meta",'title'])
2  meta
```

图 3 - 98　BeautifulSoup 的 find_all 函数 name 参数为列表

运行结果如图 3 - 99 所示。

```
meta = soup.find_all(["meta",'title'])
meta

[<meta content="text/html;charset=utf-8" http-equiv="content-type"/>,
 <meta content="IE=Edge" http-equiv="X-UA-Compatible"/>,
 <meta content="always" name="referrer"/>,
 <title>百度一下，你就知道</title>]
```

图 3 - 99　查看图 3 - 98 代码执行结果

如果传入的参数为 True，True 可以匹配任何值，但不包括字符串对象。如果上述过滤器都不能满足要求，还可以自定义参数，示例如图 3 - 100 所示。

```
1▾  def hasA(tag):
2       return tag.has_attr("href") and tag.has_attr("name")
3   meta = soup.find_all(hasA)
4   print("meta搜索到的内容为:{}".format(meta))
```

图 3 – 100   BeautifulSoup 的 find_ all 函数 name 参数为自定义

运行结果如图 3 – 101 所示。

```
def hasA(tag):
    return tag.has_attr("href") and tag.has_attr("name")
meta = soup.find_all(hasA)
print("meta搜索到的内容为:{}".format(meta))
```

meta搜索到的内容为:[<a class="mnav" href="http://news.baidu.com" name="tj_trnews">新
闻</a>, <a class="mnav" href="https://www.hao123.com" name="tj_trhao123">hao123</a>,
<a class="mnav" href="http://map.baidu.com" name="tj_trmap">地图</a>, <a class="mna
v" href="http://v.baidu.com" name="tj_trvideo">视频</a>, <a class="mnav" href="htt
p://tieba.baidu.com" name="tj_trtieba">贴吧</a>, <a class="lb" href="http://www.baid
u.com/bdorz/login.gif?login&tpl=mn&u=http%3A%2F%2Fwww.baidu.com%2f%3fbdorz_c
ome%3d1" name="tj_login">登录</a>, <a class="bri" href="//www.baidu.com/more/" name
="tj_briicon" style="display: block;">更多产品</a>]

图 3 – 101   查看图 3 – 100 代码执行结果

（二）kwargs 参数

kwargs 参数在 Python 中表示 key_value 参数。搜索时会把该参数当作指定的 Tag 属性来搜索。搜索指定的 Tag 属性时，可以使用的参数值包括字符串、正则表达式、列表、True。

以上述百度为例，查找属性 id 为 "wrapper"，示例如图 3 – 102 所示。

```
1   import requests
2   import sys
3   import re
4   from bs4 import BeautifulSoup
5   res = requests.get("https://www.baidu.com")
6   res.encoding="utf-8"
7   soup=BeautifulSoup(res.text,'lxml',from_encoding='utf-8')
8   print(soup.find_all(id="wrapper"))
```

图 3 – 102   BeautifulSoup 的 find_ all 函数 kwargs 参数为字符串

运行结果如图 3 – 103 所示。

```
import requests
import sys
import re
from bs4 import BeautifulSoup
res = requests.get("https://www.baidu.com")
res.encoding="utf-8"
soup=BeautifulSoup(res.text,'lxml',from_encoding='utf-8')
print(soup.find_all(id="wrapper"))
```

```
[<div id="wrapper"> <div id="head"> <div class="head_wrapper"> <div class="s_for
m"> <div class="s_form_wrapper"> <div id="lg"> <img height="129" hidefocus="tru
e" src="//www.baidu.com/img/bd_logo1.png" width="270"> </div> <form action="//w
ww.baidu.com/s" class="fm" id="form" name="f"> <input name="bdorz_come" type="hi
dden" value="1"/> <input name="ie" type="hidden" value="utf-8"/> <input name="f"
type="hidden" value="8"/> <input name="rsv_bp" type="hidden" value="1"/> <input
name="rsv_idx" type="hidden" value="1"/> <input name="tn" type="hidden" value="b
aidu"/><span class="bg s_ipt_wr"><input autocomplete="off" autofocus="autofocus"
class="s_ipt" id="kw" maxlength="255" name="wd" value=""/></span><span class="bg
s_btn_wr"><input autofocus="" class="bg s_btn" id="su" type="submit" value="百度
一下"/></span> </form> </div> </div> <div id="u1"> <a class="mnav" href="http://
news.baidu.com" name="tj_trnews">新闻</a> <a class="mnav" href="https://www.hao1
23.com" name="tj_trhao123">hao123</a> <a class="mnav" href="http://map.baidu.co
m" name="tj_trmap">地图</a> <a class="mnav" href="http://v.baidu.com" name="tj_t
rvideo">视频</a> <a class="mnav" href="http://tieba.baidu.com" name="tj_trtieba"
>贴吧</a> <noscript> <a class="lb" href="http://www.baidu.com/bdorz/login.gif?lo
gin&amp;tpl=mn&amp;u=http%3A%2F%2Fwww.baidu.com%2f%3fbdorz_come%3d1" name="tj_lo
gin">登录</a> </noscript> <script>document.write('<a href="http://www.baidu.com/
bdorz/login.gif?login&tpl=mn&u='+ encodeURIComponent(window.location.href+ (wind
ow.location.search === "" ? "?" : "&")+ "bdorz_come=1")+ '" name="tj_login" clas
s="lb">登录</a>');
                </script> <a class="bri" href="//www.baidu.com/more/" name="tj_b
riicon" style="display: block;">更多产品</a> </div> </div> </div> <div id="ftCon
"> <div id="ftConw"> <p id="lh"> <a href="http://home.baidu.com">关于百度</a> <a h
ref="http://ir.baidu.com">About Baidu</a> </p> <p id="cp">©2017 Baidu <a href="h
ttp://www.baidu.com/duty/">使用百度前必读</a> <a class="cp-feedback" href="htt
p://jianyi.baidu.com/">意见反馈</a> 京ICP证030173号  <img src="//www.baidu.com/im
g/gs.gif"/> </p> </div> </div> </div>]
```

图 3 - 103   查看图 3 - 102 代码执行结果

通过上述结果可以看到，如果设置参数 id = "wrapper"，BeautifulSoup 会搜索每个包含属性 id = "wrapper" 的 Tag。

还可以使用正则表达式，通过正则匹配，搜索包含特定属性的 Tag，返回一个列表，示例如图 3 - 104 所示。

```
1   print(soup.find_all(src=re.compile("baidu")))
```

图 3 - 104   BeautifulSoup 的 find_ all 函数 kwargs 参数为正则表达式

运行结果如图 3 - 105 所示。

```
print(soup.find_all(src=re.compile("baidu")))

[<img height="129" hidefocus="true" src="//www.baidu.com/img/bd_logo1.png" width="270"/>, <img src
="//www.baidu.com/img/gs.gif"/>]
```

图 3 - 105   查看图 3 - 104 代码执行结果

如果筛选包含某个属性的固定 Tag，可以使用组合属性方式，示例如图 3 - 106 所示。

```
1   print(soup.find_all("a",class_="mnav",href=re.compile("baidu")))
```

图 3 – 106   BeautifulSoup 的 find_all 函数 kwargs 参数为组合属性方式

运行结果如图 3 – 107 所示。

```
print(soup.find_all("a",class_="mnav",href=re.compile("baidu")))

[<a class="mnav" href="http://news.baidu.com" name="tj_trnews">新闻
</a>, <a class="mnav" href="http://map.baidu.com" name="tj_trmap">地
图</a>, <a class="mnav" href="http://v.baidu.com" name="tj_trvideo">
视频</a>, <a class="mnav" href="http://tieba.baidu.com" name="tj_trt
ieba">贴吧</a>]
```

图 3 – 107   查看图 3 – 106 代码执行结果

需要注意的是，Tag 中的 class 属性，在 Python 中是关键字，不能直接使用，需要在 class 后面加下画线代替。

（三）text 参数

通过 text 参数可以搜索文档中 Tag. string 属性与 text 值相同的 Tag 对象。与 name 参数的可选值一样，text 参数接收字符串、正则表达式、列表、True。

示例如图 3 – 108 所示。

```
1   print(soup.find_all("a",text="登录"))
```

图 3 – 108   BeautifulSoup 的 find_all 函数 text 参数为字符串

运行结果如图 3 – 109 所示。

```
print(soup.find_all("a",text="登录"))
[<a class="lb" href="http://www.baidu.com/bdorz/login.gif?login&amp;tpl=mn&amp;u=http%3A%2F%2Fww
w.baidu.com%2f%3fbdorz_come%3d1" name="tj_login">登录</a>]
```

图 3 – 109   查看图 3 – 108 代码执行结果

text 参数除了用于搜索字符串，还可配合其他参数混合使用，筛选出符合需求的 Tag。如果筛选的结果过多，搜索过程会很慢，可以使用 limit 参数限制返回结果的数量，示例如图 3 – 110 所示。

```
1  print(soup.find_all("a",text="登录",limit=2))
```

图 3 – 110　BeautifulSoup 的 find_all 函数 text 参数混合使用

运行结果如图 3 – 111 所示。

```
print(soup.find_all("a",text="登录",limit=2))

[<a class="lb" href="http://www.baidu.com/bdorz/login.gif?login&amp;
tpl=mn&amp;u=http%3A%2F%2Fwww.baidu.com%2f%3fbdorz_come%3d1" name="t
j_login">登录</a>]
```

图 3 – 111　查看图 3 – 110 代码执行结果

以上将 find_all 函数的主要参数基本讲解完毕，其他函数的使用方法和这个类似，BeautifulSoup 其他搜索函数的使用方法如表 3 – 11 所示。

表 3 – 11　BeautifulSoup 其他搜索函数的使用方法

函数	功能介绍
find (name, attrs, recursive, text, * * kwargs)	其与 find_all() 函数唯一的区别是 find_all() 函数的返回结果是所有满足要求的值组成的列表，而 find() 函数直接返回 find_all() 搜索结果中的第一个值
find_parents (name, attrs, recursive, text, * * kwargs) find_parent (name, attrs, recursive, text, * * kwargs)	find_parents 和 find_parent 函数用来搜索当前节点的父节点，两者的区别是：find_parents 返回所有符合条件的父节点，find_parent 只返回匹配的第一个
find_next_siblings(name, attrs, recursive, text, * * kwargs) find_next_sibling (name, attrs, recursive, text, * * kwargs)	find_next_siblings 和 find_next_sibling 函数返回符合条件的后面兄弟节点。两者的区别是：find_next_siblings 会返回所有符合条件的兄弟节点，find_next_sibling 只会返回匹配的第一个
find_previous_siblings(name, attrs, recursive, text, * * kwargs) find_previous_sibling (name, attrs, recursive, text, * * kwargs)	这两个函数都是返回当前 Tag 的前面兄弟节点，两者的区别是：find_previous_siblings 函数返回所有符合条件的前面的兄弟节点，find_previous_sibling 函数返回第一个符合条件的兄弟节点

五、BeautifulSoup 模块——CSS 选择器

BeautifulSoup 是一个强大的 Python 库，用于从 HTML 和 XML 文件中提取数据，它支持使用 CSS 选择器来高效地查找和操作文档中的元素，通过 CSS 可以定位元素位置。在写 CSS 时，标记名不用任何修饰，类名前加 "."，id 名前加 "#"，在这里我们也可以利用类似的方法筛选元素，用到的方法是 soup. select()，返回的是 list。

通过标记名称可以直接查找、逐层查找，也可以找到某个标记的直接子标记和

兄弟标记，以前述百度为例，示例如图 3 – 112 所示。

```
1   import requests
2   import sys
3   import re
4   from bs4 import BeautifulSoup
5   res= requests.get("https://www.baidu.com")
6   res.encoding="utf-8"
7   soup=BeautifulSoup(res.text,'lxml',from_encoding='utf-8')
8   print(soup.select("form")) #直接查找form标记
9   print(soup.select("form span input")) # 逐层 查找 input标记
10  print(soup.select("div#u1 > a")) #查找id为u1下的所有a标签
11  print(soup.select("#u1 + .mnav")) #查找紧跟着id为u1之后class=mnav的子标
    记
```

图 3 – 112　BeautifulSoup 的 CSS 选择器使用 1

运行结果如图 3 – 113 所示。

图 3 – 113　查看图 3 – 112 代码执行结果

除了上述通用的方法，还可以使用 CSS 的类名和某个 Tag 的属性值来进行查找，示例如图 3 – 114 所示。

```
1   print(soup.select(".mnav"))   # 根据类型查找
2   print(soup.select("img[hidefocus=\"true\"]")) #根据Tag属性值查找
```

图 3 – 114　BeautifulSoup 的 CSS 选择器使用 2

运行结果如图 3 – 115 所示。

六、BeautifulSoup 模块——lxml 的 XPath 解析

BeautifulSoup 可以将 lxml 作为默认的解析器，同样 lxml 也可以单独使用，下面比较一下这两者之间的优缺点。

```
print(soup.select(".mnav"))   # 根据类型查找
print(soup.select("img[hidefocus=\"true\"]")) #根据Tag属性值查找

[<a class="mnav" href="http://news.baidu.com" name="tj_trnews">新闻</
a>, <a class="mnav" href="https://www.hao123.com" name="tj_trhao123"
>hao123</a>, <a class="mnav" href="http://map.baidu.com" name="tj_tr
map">地图</a>, <a class="mnav" href="http://v.baidu.com" name="tj_trv
ideo">视频</a>, <a class="mnav" href="http://tieba.baidu.com" name="t
j_trtieba">贴吧</a>]
[<img height="129" hidefocus="true" src="//www.baidu.com/img/bd_logo
1.png" width="270"/>]
```

图 3 − 115 查看图 3 − 114 代码执行结果

BeautifulSoup 与 lxml 的原理不一样，BeautifulSoup 是基于 dom 结构的，会载入整个文档，解析整个 dom 树，因此时间和内存的开销会更大。而 lxml 是使用 XPath 技术查询和处理 HTML/XML 文档的库，只遍历局部，所以更快。现在 BeautifulSoup 支持 lxml 解析。

BeautifulSoup 用起来简单，API（应用程序接口）人性化，支持 CSS 选择器，相对于 lxml 解析器，开发效率会更高。但也不是绝对的，如果你熟练使用 XPath 的话，使用 lxml 是更好的选择。

前面已经讲了 XPath 的用法，所以直接介绍如何使用 lxml 库来解析网页，示例如图 3 − 116 所示。

```
1  import requests
2  import sys
3  import re
4  from lxml import etree
5  res = requests.get("https://www.baidu.com")
6  res.encoding="utf-8"
7  html=etree.HTML(res.text)
8  img=html.xpath("//div[@id=\"head\"]/div/div/div/div/img")
9  print(img)
```

图 3 − 116 使用 lxml 库解析百度首页

运行结果如图 3 − 117 所示。

```
import requests
import sys
import re
from lxml import etree
res = requests.get("https://www.baidu.com")
res.encoding="utf-8"
html=etree.HTML(res.text)
img=html.xpath("//div[@id=\"head\"]/div/div/div/div/img")
print(img)

[<Element img at 0x7fc1e43e4440>]
```

图 3 − 117 查看图 3 − 116 代码执行结果

技能训练

　　请通过 Python 代码编辑器中给定的爬取贵州茅台资产负债表代码，将对应股票代码修改为海天味业的股票代码，并将文件命名为"海天味业资产负债表 . csv"，爬取并下载海天味业 2019—2023 年的资产负债表（年度报表）。

　　说明：海天味业的股票代码为"603288"。

拓展学习

即测即练

课后拓展阅读

思政小课堂

项目 4　预处理数据

财经大数据应用基础 Python 数据预处理是运用 Python 语言及其相关库，如 Pandas、NumPy 等，对财经领域的大规模数据进行清洗、转换、整合和初步分析的过程。通过这一步骤，原始数据被转化为结构化的、可用于进一步统计分析或机器学习建模的格式。数据清洗包括处理缺失值、异常值、重复数据等，数据转换则涉及数据类型变更、标准化处理以及特征构造等。这些预处理工作为后续的财经分析、预测模型构建及决策支持提供了坚实的数据基础。

项目提要

本项目主要介绍使用 NumPy 数值计算、Pandas 数据结构以及 Pandas 函数调用。

项目思维导图

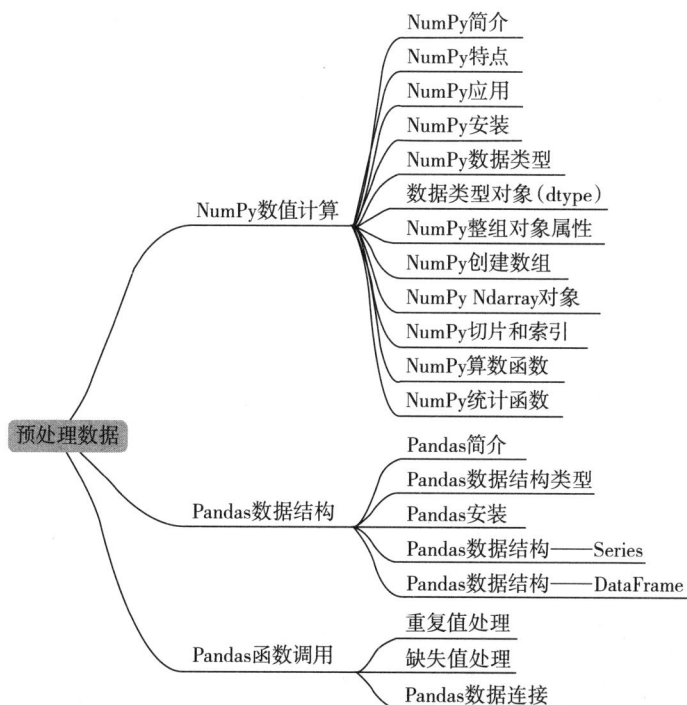

建议学时

12 学时。

任务4-1   NumPy 数值计算

情境导入

随着全球经济一体化进程的加快，中联信合资产有限责任公司的
跨国业务也随之增多，2021 年公司的收入主要有四种币种，分别为美
元、英镑、欧元和人民币，对应的收入金额和对人民币汇率如表4-1
所示。

视频4-1

表4-1   2021 年公司收入金额汇总表

币种	美元	英镑	欧元	人民币
收入金额/万	13 500	11 250	12 800	81 285.25
对人民币汇率	6.665 1	8.222 0	7.032 3	1.000 0

根据任务资料，计算公司总收入金额（人民币）、收入最多和最少部分分别为
哪一种币及对应的人民币金额。

任务目标

知识目标：

1. 掌握 NumPy 库的使用方法。

2. 使用 NumPy 对数据进行操作。

技能目标：

能按照数据清洗的方法，正确完成数据清洗。

素养目标：

培养学生严谨细致的工作态度。

建议学时

6 学时。

相关知识

一、NumPy 简介

NumPy 是 Python 语言的一个扩展程序库，支持大量的维度数组与矩阵运算，此外也针对数组运算提供大量的数学函数库。

NumPy 的前身 Numeric 最早是由 Jim Hugunin 与其它协作者共同开发。2005 年，特拉维斯·奥列芬特（Travis Oliphant）在 Numeric 中结合了另一个同性质的程序库 Numarray 的特色，并加入了其他扩展而开发了 NumPy。NumPy 为开放源代码并且由许多协作者共同维护开发。

NumPy 是一个运行速度非常快的数学库，主要用于数组计算，包含以下方面。

（1）一个强大的 N 维数组对象 ndarray，具有矢量算术运算和复杂广播能力的快速且节省空间的多维数组。

（2）用于集成由 C、C++、Fortran 等语言类库的 C 语言 API。

（3）线性代数、随机数生成以及傅里叶变换功能。

（4）用于对整组数据进行快速运算的标准数学函数（无须编写循环），支持大量的数据运算。

（5）是众多机器学习框架的基础库。

二、NumPy 特点

（一）强大的 N 维数组

NumPy 的矢量化、索引和广播概念快速且通用，是当今阵列计算的事实标准。

（二）数值计算工具

NumPy 提供全面的数学函数、随机数生成器、线性代数例程、傅里叶变换等。

（三）高性能

NumPy 的核心是经过良好优化的 C 语言代码，所以使用 NumPy 可以享受 Python 的灵活性和编译代码的速度。

（四）使用方便

NumPy 的高级语法使任何背景或经验水平的程序员都可以使用，并提高工作效率。

三、NumPy 应用

NumPy 通常与 SciPy（Scientific Python）和 Matplotlib 一起使用，这种组合广泛

用于替代 MatLab，是一个强大的科学计算环境，有助于我们通过 Python 学习数据科学或者机器学习。

SciPy 是一个开源的 Python 算法库和数学工具包。SciPy 包含的模块有最优化、线性代数、积分、插值、特殊函数、快速傅里叶变换、信号处理和图像处理、常微分方程求解和其他科学与工程中常用的计算。

Matplotlib 是 Python 编程语言及其数值数学扩展包 NumPy 的可视化操作界面。它为利用通用的图形用户界面工具包，如 Tkinter，wxPython，Qt 或 GTK + 向应用程序嵌入式绘图提供了应用程序接口。

四、NumPy 安装

安装 NumPy 最简单的方法就是使用 Python 包管理器 pip 来安装，打开命令提示符窗口，并输入以下命令：pip install NumPy，安装过程如图 4 - 1 所示。

```
E:\Python>pip install numpy
Looking in indexes: https://pypi.mirrors.ustc.edu.cn/simple/
Collecting numpy
  Downloading https://mirrors.bfsu.edu.cn/pypi/web/packages/6a/03/ae6c3c307f9c5c
.23.5-cp310-cp310-win_amd64.whl (14.6 MB)
   ---------------------------------------- 14.6/14.6 MB 6.4 MB/s eta 0:00:00
Installing collected packages: numpy
Successfully installed numpy-1.23.5

[notice] A new release of pip available: 22.2.2 -> 22.3.1
[notice] To update, run: python.exe -m pip install --upgrade pip
```

图 4 - 1   NumPy 安装

测试是否安装成功：

#引入 NumPy

from numpy import *

#生成对角矩阵

eye（4）

运行结果如图 4 - 2 所示。

```
>>> from numpy import *
>>> eye(4)
array([[1., 0., 0., 0.],
       [0., 1., 0., 0.],
       [0., 0., 1., 0.],
       [0., 0., 0., 1.]])
```

图 4 - 2   验证 NumPy 是否安装成功

五、NumPy 数据类型

NumPy 支持的数据类型比 Python 内置的类型要多很多，基本上可以和 C 语言的数据类型对应上，其中部分类型对应为 Python 内置的类型。常用 NumPy 基本数据类型如表 4－2 所示。

表 4－2　常用 NumPy 基本数据类型

名称	描述
bool	布尔型数据类型（True 或者 False）
int	默认的整数类型（类似于 C 语言中的 long，int32 或 int64）
intc	与 C 的 int 类型一样，一般是 int32 或 int64
intp	用于索引的整数类型（类似于 C 的 ssize_ t，一般情况下仍然是 int32 或 int64）
int8	字节（−128to127）
int16	整数（−32768to32767）
int32	整数（−2147483648to2147483647）
int64	整数（−9223372036854775808to9223372036854775807）
uint8	无符号整数（0to255）
uint16	无符号整数（0to65535）
uint32	无符号整数（0to4294967295）
uint64	无符号整数（0to18446744073709551615）
float	float64 类型的简写
float16	半精度浮点数，包括：1 个符号位，5 个指数位，10 个尾数位
float32	单精度浮点数，包括：1 个符号位，8 个指数位，23 个尾数位
float64	双精度浮点数，包括：1 个符号位，11 个指数位，52 个尾数位
complex	complex128 类型的简写，即 128 位复数
complex64	复数，表示双 32 位浮点数（实数部分和虚数部分）
complex128	复数，表示双 64 位浮点数（实数部分和虚数部分）

六、数据类型对象（dtype）

数据类型对象（numpy. dtype 类的实例）用来描述与数组对应的内存区域是如何使用，它描述了数据的以下几个方面。

（1）数据的类型（整数、浮点数或者 Python 对象）。

（2）数据的大小（例如，整数使用多少个字节存储）。

（3）数据的字节顺序（小端法或大端法）。

（4）在结构化类型的情况下，字段的名称、每个字段的数据类型和每个字段所取的内存块的部分。

（5）如果数据类型是子数组，那么它的形状和数据类型是什么。

字节顺序是通过对数据类型预先设定 < 或 > 来决定的。< 意味着小端法（最小值存储在最小的地址，即低位组放在最前面）。> 意味着大端法（最重要的字节存储在最小的地址，即高位组放在最前面）。

dtype 对象其语法格式为：

numpy. dtype(object，align，copy)

dtype 参数说明如表 4 - 3 所示。

表 4 - 3　dtype 参数说明

参数	说明
object	要转换为的数据类型对象
align	如果为 true，填充字段使其类似 C 的结构体
copy	复制 dtype 对象，如果为 false，则是对内置数据类型对象的引用

单纯理解起来较为困难，通过以下几个示例帮助理解。

实例一

import numpy as np

使用标量类型

dt = np. dtype(np. int32)

print(dt)

输出结果为：int32，如图 4 - 3 所示。

```
>>> import numpy as np
>>> dt = np.dtype(np.int32)
>>> print(dt)
int32
```

图 4 - 3　实例一运行结果

实例二

import numpy as np

int8，int16，int32，int64 四种数据类型可以使用字符串 'i1'，'i2'，'i4'，'i8'代替

dt = np. dtype('i4')

print(dt)

输出结果为：int32，如图 4 - 4 所示。

```
>>> import numpy as np
... # int8, int16, int32, int64 四种数据类型可以使用字符串 'i1','i2','i4','i8' 代替
... dt = np.dtype('i4')
... print(dt)
int32
```

图 4 - 4　实例二运行结果

下面实例展示结构化数据类型的使用，类型字段和对应的实际类型将被创建。

实例三

```
# 首先创建结构化数据类型
import numpy as np
dt = np.dtype([('age', np.int8)])
print(dt)
```

输出结果为:[('age','i1')]，如图4-5所示。

```
... # 首先创建结构化数据类型
... import numpy as np
... dt = np.dtype([('age',np.int8)])
... print(dt)
...
[('age', 'i1')]
```

图4-5　实例三运行结果

实例四

```
# 类型字段名可以用于存取实际的 age 列
import numpy as np
dt = np.dtype([('age',np.int8)])
a = np.array([(10,),(20,),(30,)],dtype = dt)
print(a['age'])
```

输出结果为:[10 20 30]

下面的示例定义一个结构化数据类型 student,包含字符串字段 name、整数字段 age 及浮点字段 marks,并将这个 dtype 应用到 ndarray 对象。

实例五

```
import numpy as np
student = np.dtype([('name','S20'),('age','i1'),('marks','f4')])
a = np.array([('A',16,15),('B',17,14),('C',18,9)],dtype = student)
print(a)
```

输出结果为:[('A',16,15),('B',17,14),('C',18,9)]

七、NumPy 数组对象属性

(一) NumPy 数组对象属性概述

NumPy 数组的维数称为秩（rank），秩就是轴的数量，即数组的维度，一维数组的秩为 1, 二维数组的秩为 2, 以此类推。

在 NumPy 中, 每一个线性的数组称为一个轴 (axis), 也就是维度 (dimension)。比如说, 二维数组相当于是两个一维数组, 其中第一个一维数组中每个元素又是一个一维数组。所以一维数组就是 NumPy 中的轴 (axis), 第一个轴相当于是底层数组, 第二个轴是底层数组里的数组。而轴的数量——秩, 就是数组的维数。

很多时候可以声明 axis。axis = 0, 表示沿着第 0 轴进行操作, 即对每一列进行操作; axis = 1, 表示沿着第 1 轴进行操作, 即对每一行进行操作, 数组对象属性如图 4 - 6 所示。

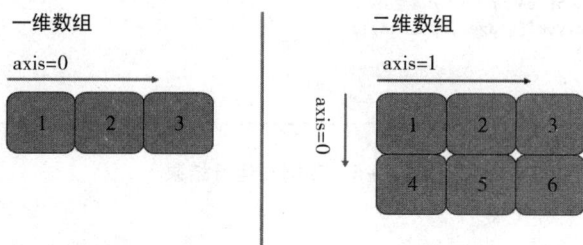

图 4 - 6 数组对象属性

NumPy 的数组中比较重要的 ndarray 对象属性如表 4 - 4 所示。

表 4 - 4 NumPy 的数组中比较重要的 ndarray 对象属性

属性	说明
ndarray. ndim	秩, 即轴的数量或维度的数量
ndarray. shape	数组的维度, 对于矩阵, n 行 m 列
ndarray. size	数组元素的总个数, 相当于 . shape 中 "n * m" 的值
ndarray. dtype	ndarray 对象的元素类型
ndarray. itemsize	ndarray 对象中每个元素的大小, 以字节为单位
ndarray. flags	ndarray 对象的内存信息
ndarray. real	ndarray 元素的实部
ndarray. imag	ndarray 元素的虚部
ndarray. data	包含实际数组元素的缓冲区, 由于一般通过数组的索引获取元素, 所以通常不需要使用这个属性

（二）ndarray. ndim

ndarray. ndim 用于返回数组的维数, 等于秩。示例如下：

实例六

import numpy as np

```
a = np. arange(24)
print(a. ndim)
# a 现只有一个维度
# 现在调整其大小
b = a. reshape(2,4,3)
# b 现在拥有三个维度
print(b. ndim)
```

输出结果为：

1

3

实例六运行结果如图 4 - 7 所示。

```
>>> import numpy as np
... a = np.arange(24)
... print (a.ndim)
... # a 现只有一个维度
... # 现在调整其大小
... b = a.reshape(2,4,3)
... # b 现在拥有三个维度
... print (b.ndim)
1
3
```

图 4 - 7 实例六运行结果

（三） ndarray. shape

ndarray. shape 表示数组的维度，返回一个元组，这个元组的长度就是维度的数目，即 ndim 属性（秩）。比如，一个二维数组，其维度表示"行数"和"列数"示例如下：

实例七

```
import numpy as np
a = np. array([[1,2,3],[4,5,6]])
print(a. shape)
```

输出结果为：（2，3）

实例七运行结果如图 4 - 8 所示。

ndarray. shape 也可以用于调整数组大小，示例如下：

实例八

```
import numpy as np
a = np. array([[1,2,3],[4,5,6]])
```

```
>>> import numpy as np
...
... a = np.array([[1, 2, 3], [4, 5, 6]])
... print(a.shape)
...
(2, 3)
```

图 4 – 8   实例七运行结果

a. shape = (3,2)

print(a)

输出结果为：

[[1 2]

[3 4]

[5 6]]

实例八运行结果如图 4 – 9 所示。

```
>>> import numpy as np
... a = np.array([[1,2,3],[4,5,6]])
... a.shape =  (3,2)
... print (a)
[[1 2]
 [3 4]
 [5 6]]
```

图 4 – 9   实例八运行结果

NumPy 也提供了 reshape 函数来调整数组大小，示例如下：

实例九

import numpy as np

a = np. array([[1,2,3],[4,5,6]])

b = a. reshape(3,2)

print(b)

输出结果为：

[[1 2]

[3 4]

[5 6]]

实例九运行结果如图 4 – 10 所示。

八、NumPy 创建数组

ndarray 数组除了可以使用底层 ndarray 构造器来创建外，也可以通过以下几种

```
>>> import numpy as np
... a = np.array([[1, 2, 3], [4, 5, 6]])
... b = a.reshape(3, 2)
... print(b)
[[1 2]
 [3 4]
 [5 6]]
```

图 4 - 10 实例九运行结果

方式来创建。

（1）通过 numpy. empty 方法创建一个指定形状（shape）、数据类型（dtype）且未初始化的数组。

（2）通过 numpy. zeros 方法创建指定大小的数组，数组元素以 0 来填充。

（3）通过 numpy. ones 方法创建指定形状的数组，数组元素以 1 来填充。

（一） numpy. empty 方法

numpy. empty 方法用来创建一个指定形状、数据类型且未初始化的数组，语法格式为：

numpy. empty(shape, dtype = float, order = 'C')

empty 方法参数说明如表 4 - 5 所示。

表 4 - 5 empty 方法参数说明

参数	描述
shape	数组形状
dtype	数据类型，可选
order	有 "C" 和 "F" 两个选项，分别代表行优先和列优先，在计算机内存中的存储元素的顺序

下面是一个创建空数组的实例：

实例十

import numpy as np

$x = np. empty([3,2], dtype = int)$

print(x)

输出结果为：

[[540876897 1630433390]

[1735287154 875702373]

[658729 508]]

注意：数组元素为随机值，因为它们未初始化。

（二）numpy. zeros 方法

numpy. zeros 方法创建指定大小的数组，数组元素以 0 来填充，语法格式为：

numpy. zeros(shape, dtype = float, order = 'C')

参数说明同 numpy. empty 方法，此处不再赘述，可参考表 4 – 5 所示。下面是使用 numpy. zeros 方法创建数组的实例。

实例十一

import numpy as np

默认为浮点数

x = np. zeros(5)

print(x)

#设置类型为整数

y = np. zeros((5,), dtype = int)

print(y)

#自定义类型

z = np. zeros((2,2), dtype = [('x','i4'),('y','i4')])

print(z)

输出结果为：

[0. 0. 0. 0. 0.]

[0 0 0 0 0]

[[(0,0)(0,0)]

[(0,0)(0,0)]]

（三）numpy. ones 方法

numpy. ones 方法创建指定形状的数组，数组元素以 1 来填充，语法格式为：

numpy. ones （shape, dtype = None, order = 'C'）

参数说明同 numpy. empty 方法，此处不再赘述，可参考表 4 – 5 所示。下面是使用 numpy. ones 方法创建数组的实例。

实例十二

import numpy as np

默认为浮点数

x = np. ones(5)

print(x)

自定义类型

x = np. ones([2,2] ,dtype = int)

print(x)

输出结果为:

[1. 1. 1. 1. 1.]

[[1 1]

[1 1]]

(四) NumPy 从已有的数组创建数组

根据已有的数组创建 ndarray 对象有三种方法,分别为:

(1) numpy. asarray,类似 numpy. array,但 numpy. asarray 参数只有三个,比 numpy. array 少两个,语法格式为:

numpy. asarray(a,dtype = None,order = None)

asarray 方法参数说明如表 4 - 6 所示。

表 4 - 6　asarray 方法参数说明

参数	描述
a	任意形式的输入参数,可以是列表、列表的元组、元组、元组的元组、元组的列表、多维数组
dtype	数据类型,可选
order	可选,有 "C" 和 "F" 两个选项,分别代表行优先和列优先,在计算机内存中的存储元素的顺序

(2) numpy. frombuffer,该方法用于实现动态数组,numpy. frombuffer 接受 buffer 输入参数,以流的形式读入转化成 ndarray 对象,语法格式为:

numpy. frombuffer(buffer,dtype = float,count = - 1,offset = 0)

frombuffer 方法参数说明如表 4 - 7 所示。

表 4 - 7　frombuffer 方法参数说明

参数	描述
buffer	可以是任意对象,会以流的形式读入
dtype	返回数组的数据类型,可选
count	读取的数据数量,默认为 - 1,读取所有数据
offset	读取的起始位置,默认为 0

(3) numpy. fromiter,该方法从可迭代对象中建立 ndarray 对象,返回一维数组,语法格式为:

$$numpy.\ fromiter(\,iterable\,,dtype\,,count = -1\,)$$

fromiter 方法参数说明如表 4 - 8 所示。

表 4 - 8　fromiter 方法参数说明

参数	描述
iterable	可迭代对象
dtype	返回数组的数据类型
count	读取的数据数量，默认为 - 1，读取所有数据

九、NumPy Ndarray 对象

（一）NumPy Ndarray 简介

NumPy 最重要的一个特点是其 N 维数组对象 ndarray，它是一系列同类型数据的集合，以 0 下标为开始进行集合中元素的索引。

ndarray 对象是用于存放同类型元素的多维数组。

ndarray 中的每个元素在内存中都有相同存储大小的区域。

（二）Ndarray 内部组成

（1）一个指向数据（内存或内存映射文件中的一块数据）的指针。

（2）数据类型或 dtype，描述在数组中的固定大小值的格子。

（3）一个表示数组形状（shape）的元组，表示各维度大小的元组。

（4）一个跨度元组（stride），其中的整数指的是为了前进到当前维度下一个元素需要"跨过"的字节数，如图 4 - 11 所示。

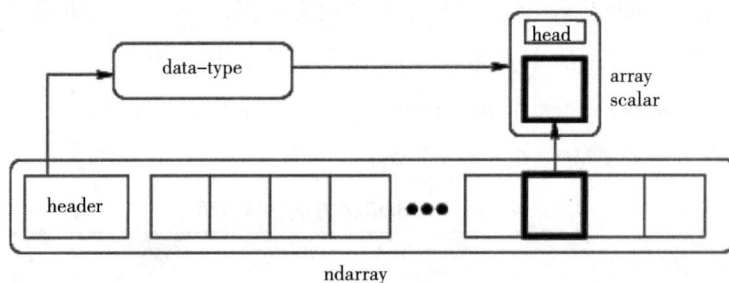

图 4 - 11　ndarray 的内部结构

（三）创建 ndarray

创建一个 ndarray 只需调用 NumPy 的 array 函数即可，语法格式为：

$$numpy.\ array(\,object\,,dtype = None\,,copy = True\,,order = None\,,subok = False\,,ndmin = 0\,)$$

array 参数说明如表 4 - 9 所示。

表 4 - 9 array 参数说明

名称	描述
object	数组或嵌套的数列
dtype	数组元素的数据类型，可选
copy	对象是否需要复制，可选
order	创建数组的样式，C 为行方向，F 为列方向，A 为任意方向（默认）
subok	默认返回一个与基类类型一致的数组
ndmin	指定生成数组的最小维度

接下来可以通过以下实例帮助我们更好地理解。

实例十三

import numpy as np

a = np. array([1,2,3])

print(a)

运行结果：[1 2 3]

实例十四

多于一个维度

import numpy as np

a = np. array([[1, 2], [3, 4]])

print (a)

运行结果：[[1 2]

[3 4]]

实例十五

最小维度

import numpy as np

a = np. array([1,2,3,4,5],ndmin = 2)

print(a)

运行结果：[[1 2 3 4 5]]

实例十六

dtype 参数

import numpy as np

a = np. array([1, 2, 3],dtype = complex)

print(a)

运行结果为:

[1. +0. j 2. +0. j 3. +0. j]

ndarray 对象由计算机内存的连续一维部分组成,并结合索引模式,将每个元素映射到内存块中的一个位置。内存块以行顺序(C 样式)或列顺序(Fortran 或 Mat-Lab 风格,即前述的 F 样式)来保存元素。

十、NumPy 切片和索引

ndarray 对象的内容可以通过索引或切片来访问和修改,与 Python 中 list 的切片操作一样。

ndarray 数组可以基于 0 ~ n 的下标进行索引,切片对象可以通过内置的 slice 函数,并设置 start、stop 及 step 参数进行,从原数组中切割出一个新数组。示例如下:

```
import numpy as np
a = np. arange(10)
s = slice(2,7,2)    # 从索引 2 开始到索引 7 停止,间隔为 2
print(a[s])
```

输出结果为:

[2 4 6]

我们也可以通过冒号分隔切片参数 start: stop: step 来进行切片操作,示例如下:

```
import numpy as np
a = np. arange(10)
b = a[2:7:2]    # 从索引 2 开始到索引 7 停止,间隔为 2
print(b)
```

输出结果为:

[2 4 6]

多维数组同样适用上述索引提取方法,示例如下:

```
import numpy as np
a = np. array([[1,2,3],[3,4,5],[4,5,6]])
print(a)# 从某个索引处开始切割
print('从数组索引 a[1:] 处开始切割')
```

print(a[1:])

输出结果为:

[[1 2 3]

[3 4 5]

[4 5 6]]

从数组索引 a[1:]处开始切割

[[3 4 5]

[4 5 6]]

切片还可以包括省略号 …,来使选择元组的长度与数组的维度相同。如果在行位置使用省略号,它将返回包含行中元素的 ndarray,示例如下:

```
import numpy as np
a = np. array([[1,2,3],[3,4,5],[4,5,6]])
print(a[... ,1])    # 第 2 列元素
print(a[1,... ])    # 第 2 行元素
print(a[... ,1:])    # 第 2 列及剩下的所有元素
```

输出结果为:

[2 4 5]

[3 4 5]

[[2 3]

[4 5]

[5 6]]

除了切片以外,ndarray 可以使用 astype 方法对数据进行类型转换、数据替换等,示例如下:

```
import numpy as np
a = np. array([1,2,3,4])
print("A 的数据类型为:",a. dtype)
b = a. astype(np. float64)
print("B 的数据类型为:",b. dtype)
c = b. astype(np. int64)
print("C 的数据类型为:",c. dtype)
```

输出结果为:

A 的数据类型为:int32

B 的数据类型为：float64

C 的数据类型为：int64

十一、NumPy 算数函数

（一）基本算数函数

NumPy 算术函数包含简单的加减乘除：add()，subtract()，multiply()和 divide()。

需要注意的是数组必须具有相同的形状或符合数组广播规则，示例如下：

```
import numpy as np

a = np. arange(9, dtype = np. float_). reshape(3,3)

print('第一个数组:')

print(a)

print('\n')

print('第二个数组:')

b = np. array([10,10,10])

print(b)

print('\n')

print('两个数组相加:')

print(np. add(a,b))

print('\n')

print('两个数组相减:')

print(np. subtract(a,b))

print('\n')

print('两个数组相乘:')

print(np. multiply(a,b))

print('\n')

print('两个数组相除:')

print(np. divide(a,b))
```

输出结果为：

第一个数组：

[[0. 1. 2.]

[3. 4. 5.]

[6. 7. 8.]]

第二个数组：

[10 10 10]

两个数组相加：

[[10. 11. 12.]

[13. 14. 15.]

[16. 17. 18.]]

两个数组相减：

[[-10. -9. -8.]

[-7. -6. -5.]

[-4. -3. -2.]]

两个数组相乘：

[[0. 10. 20.]

[30. 40. 50.]

[60. 70. 80.]]

两个数组相除：

[[0. 0.1 0.2]

[0.3 0.4 0.5]

[0.6 0.7 0.8]]

（二）numpy.power()函数

numpy.power()函数将第一个输入数组中的元素作为底数，计算它与第二个输入数组中相应元素的幂，示例如下：

```
import numpy as np
a = np.array([10,100,1000])
print('我们的数组是:')
print(a)
print('\n')
print('调用 power 函数:')
print(np.power(a,2))
print('\n')
print('第二个数组:')
b = np.array([1,2,3])
print(b)
```

print('\n')

print('再次调用 power 函数:')

print(np. power(a,b))

输出结果为:

我们的数组是:

[10 100 1000]

调用 power 函数:

[100 10000 1000000]

第二个数组:

[1 2 3]

再次调用 power 函数:

[10 10000 1000000000]

除上述的数学函数的例子,NumPy 还支持非常多的数学函数。

十二、NumPy 统计函数

NumPy 提供了很多统计函数,用于从数组中查找最小元素、最大元素、百分位标准差和方差等。

(一) numpy. amin() 和 numpy. amax() 函数

numpy. amin()用于计算数组中的元素沿指定轴的最小值。

numpy. amax() 用于计算数组中的元素沿指定轴的最大值。

示例如下:

```
import numpy as np
a = np. array([[3,7,5],[8,4,3],[2,4,9]])
print(a)
print('\n')
print('调用 amin()函数:')
print(np. amin(a,1))
print('\n')
print('再次调用 amin()函数:')
print(np. amin(a,0))
print('\n')
print('调用 amax()函数:')
```

print(np. amax(a))

print('\n')

print('再次调用 amax()函数:')

print(np. amax(a, axis = 0))

输出结果为:

[[3 7 5]

[8 4 3]

[2 4 9]]

调用 amin()函数:

[3 3 2]

再次调用 amin()函数:

[2 4 3]

调用 amax()函数:

9

再次调用 amax()函数:

[8 7 9]

(二) numpy. ptp()函数

numpy. ptp()函数计算数组中元素最大值与最小值的差（最大值 - 最小值），示例如下:

```
import numpy as np
a = np. array([[3,7,5],[8,4,3],[2,4,9]])
print( a)
print( '\n')
print( '调用 ptp()函数:')
print( np. ptp( a) )
print( '\n')
print( '沿轴 1 调用 ptp()函数:')
print( np. ptp( a, axis = 1) )
print( '\n')
print( '沿轴 0 调用 ptp()函数:')
print( np. ptp( a, axis = 0) )
```

输出结果为:

[[3 7 5]

[8 4 3]

[2 4 9]]

调用 ptp()函数:7

沿轴 1 调用 ptp()函数:[4 5 7]

沿轴 0 调用 ptp()函数:[6 3 6]

(三) numpy. median()函数

numpy. median()函数用于计算数组 a 中元素的中位数(中值),示例如下:

import numpy as np

a = np. array([[30,65,70],[80,95,10],[50,90,60]])

print(a)

print('\n')

print('调用 median()函数:')

print(np. median(a))

print('\n')

print('沿轴 0 调用 median()函数:')

print(np. median(a,axis =0))

print('\n')

print('沿轴 1 调用 median()函数:')

print(np. median(a,axis =1))

输出结果为:

[[30 65 70]

[80 95 10]

[50 90 60]]

调用 median()函数:65. 0

沿轴 0 调用 median()函数:[50. 90. 60.]

沿轴 1 调用 median()函数:[65. 80. 60.]

(四) numpy. mean()函数

numpy. mean()函数返回数组中元素的算术平均值。如果提供了轴,则沿其计算,算术平均值是沿轴的元素的总和除以元素的数量,示例如下:

```
import numpy as np
a = np.array([[1,2,3],[3,4,5],[4,5,6]])
print(a)
print('\n')
print('调用 mean()函数:')
print(np.mean(a))
print('\n')
print('沿轴 0 调用 mean()函数:')
print(np.mean(a,axis=0))
print('\n')
print('沿轴 1 调用 mean()函数:')
print(np.mean(a,axis=1))
```

输出结果为：

[[1 2 3]

[3 4 5]

[4 5 6]]

调用 mean()函数: 3.6666666666666665

沿轴 0 调用 mean()函数: [2.66666667 3.66666667 4.66666667]

沿轴 1 调用 mean()函数: [2. 4. 5.]

技能训练

NumPy 中提供了各种排序相关功能，通过查阅相关资料，对数组进行排序。

任务4-2 Pandas 数据结构

情境导入

中联信合资产有限责任公司部分固定资产相关财务信息如表4-10所示，现在财务部需要计算各项固定资产的期末净值，各项固定资产均采用直线法计提折旧，于是让财务部小李计算一下各项固定资产的期末净值。

视频4-2

表 4 – 10　中联信合资产有限责任公司部分固定资产相关财务信息

资产名称	资产原值	残值率	残值额	限期/月	累计折旧	本月折旧
联想电脑	4 000	0.05	200	60	316.65	63.33
碎纸机	3 000	0.05	150	60	237.50	47.50
空调	2 500	0.05	125	60	197.90	39.58
小轿车	300 000	0.05	15 000	120	4 750.00	2 375.00

小李正在学习 Python 总 Pandas 数据结构的相关内容，认为可以通过 Pandas 将表 4 – 10 的相关资料创建一个 DataFrame，并根据创建的 DataFrame 添加"期末净值"列的方式计算各项固定资产净值。

任务目标

知识目标：

1. 掌握 Pandas 库的使用方法。

2. 了解 Pandas 两种数据结构。

技能目标：

能够正确选择使用 Pandas 中的两种数据结构。

素养目标：

培养学生专注、创新、精益求精的工匠精神。

建议学时

2 学时。

相关知识

一、Pandas 简介

Pandas 是一个开放源码、BSD（伯克利软件套件）许可的库，提供高性能、易于使用的数据结构和数据分析的扩展程序库，可以把它理解为数据工具箱，用于数据分析。Pandas 的优点在于，它纳入了大量的数据库和数据模型，提供了高效地操作大型数据集所需要的工具，对各种数据进行运算操作，如归并、再成形、选择，还有数据清洗和数据加工特征。因此，使用它处理数据会更加简单、便捷。经过多年的发展与完善后，Pandas 目前已被广泛应用在学术、金融、统计学等各个数据分析领域。

Pandas 与 NumPy 两者之间的区别在于其作用不同，简单来说，Pandas 是专门为处理表格和混杂数据而设计的，而 NumPy 更适合处理统一的数值组数据。

二、Pandas 数据结构类型

Pandas 的主要数据结构是 Series 与 DataFrame，这两种数据结构足以处理金融、统计、社会科学、工程等领域里的大多数典型用例。

Series 是一种类似于一维数组的对象，它由一组数据（各种 NumPy 数据类型）以及一组与之相关的数据标签（即索引）组成。

DataFrame 用于存储和操作二维标签化的数据结构（即表格型数据）。它的强大功能、灵活性以及易用性，使其成为数据分析领域的重要工具。在 DataFrame 中，我们可以拥有行（index）和列（columns），每个单元格可以包含任何数据类型。

Pandas 引入规则为：import pandas as pd。

三、Pandas 安装

安装 Pandas 最简单的方法就是使用 Python 包管理器 pip 来安装，打开命令提示符窗口，并输入以下命令：pip install Pandas，安装过程如图 4-12 所示。

```
E:\Python>pip install pandas
Looking in indexes: https://pypi.mirrors.ustc.edu.cn/simple/
Collecting pandas
  Downloading https://mirrors.bfsu.edu.cn/pypi/web/packages/ff/2f/f7a9deb154eabd2e99cf1bcccefb3c7529d126cb2b551070dc8226a96282/pandas-
1.5.2-cp310-cp310-win_amd64.whl (10.4 MB)
                                          10.4/10.4 MB 9.3 MB/s eta 0:00:00
Collecting pytz>=2020.1
  Downloading https://mirrors.bfsu.edu.cn/pypi/web/packages/85/ac/92f998fc52a70afd7f6b788142632afb27cd60c8c782d1452b7466603332/pytz-20
22.6-py2.py3-none-any.whl (498 kB)
                                          498.1/498.1 kB 2.0 MB/s eta 0:00:00
Requirement already satisfied: numpy>=1.21.0 in c:\program files\python310\lib\site-packages (from pandas) (1.23.5)
Requirement already satisfied: python-dateutil>=2.8.1 in c:\program files\python310\lib\site-packages (from pandas) (2.8.2)
Requirement already satisfied: six>=1.5 in c:\program files\python310\lib\site-packages (from python-dateutil>=2.8.1->pandas) (1.16.0)

Installing collected packages: pytz, pandas
Successfully installed pandas-1.5.2 pytz-2022.6

[notice] A new release of pip available: 22.2.2 -> 22.3.1
[notice] To update, run: python.exe -m pip install --upgrade pip
```

图 4-12　Pandas 安装

测试是否安装成功：

#引入 Pandas

import pandas

查看版本

pandas. __ version__

'1.5.2'

运行结果如图 4-13 所示。

```
>>> import pandas
>>> pandas.__version__
'1.5.2'
```

图 4 – 13   验证 Pandas

四、Pandas 数据结构——Series

(一) Series 简介

Pandas Series 类似表格中的一个列（column），类似于一维数组，可以保存任何数据类型。

Series 由索引（index）和列组成，函数如下：

pandas. Series(data,index,dtype,name,copy)

pandas. Series 参数说明如表 4 – 11 所示。

表 4 – 11   pandas. Series 参数说明

参数	描述
data	一组数据（ndarray 类型）
index	数据索引标签，如果不指定，默认从 0 开始
dtype	数据类型，默认会自己判断
name	设置名称
copy	复制数据，默认为 False

(二) 创建一个简单的 Series

实例一

import pandas as pd

a = [4, 5, 6]

num = pd. Series(a)

print(num)

输出结果如图 4 – 14 所示。

0   4

1   5

2   6

dtype: int64

从图 4 – 14 可知，如果没有指定索引，索引值就从 0 开始，我们可以根据索引值读取数据。

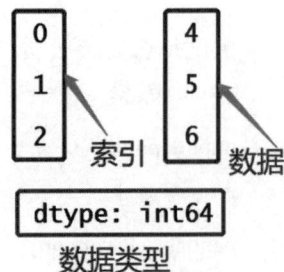

图 4 – 14   输出结果（实例一）

```
import pandas as pd
a = [4,5,6]
num = pd. Series(a)
print(num[1])
```

输出结果为：5

（三）指定索引值创建 Series

实例二

```
import pandas as pd
a = [1,2,3]
#自定义索引
num = pd. Series(a,index = ["A","B","C"])
print(num)
```

输出结果如图 4 - 15 所示。

```
A    1
B    2
C    3
dtype: int64
```

根据索引值读取数据。

```
import pandas as pd
a = [1,2,3]
#自定义索引
num = pd. Series(a,index = ["A","B","C"])
#指定索引查找
print(num["B"])
```

输出结果为：2

（四）使用 key/value 对象创建 Series

实例三

```
import pandas as pd
#指定索引值
sites = {1: "A",2: "B",3: "C"}
num = pd. Series(sites)
```

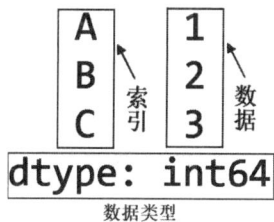

图 4 - 15 输出结果（实例二）

print(num)

输出结果如下:

1   A

2   B

3   C

dtype:object

从上述结果可知,字典的 key 变成了索引值。

如果我们只需要字典中的一部分数据,只需要指定需要数据的索引即可,如下实例:

```
import pandas as pd
#指定索引值
sites = {1: "A",2: "B",3: "C"}
#指定需要数据的索引
num = pd. Series(sites,index = [1,2])
print(num)
#根据索引值查找数据
print(num[1])
```

输出结果如下:

1   A

2   B

dtype:object

A

五、Pandas 数据结构——DataFrame

(一) DataFrame 简介

DataFrame 是 Pandas 中的另一个核心数据结构,用于表示二维表格型数据,它含有一组有序的列,每列可以是不同的值类型(数值、字符串、布尔型值),DataFrame 既有行索引也有列索引,它可以被看作由 Series 组成的字典(共同用一个索引),提供了各种功能来进行数据访问、筛选、分割、合并、重塑、聚合以及转换等操作,如图 4 - 16、图 4 - 17 所示。

DataFrame 由其同名函数创建,语法为:

pandas. DataFrame(data,index,columns,dtype,copy)

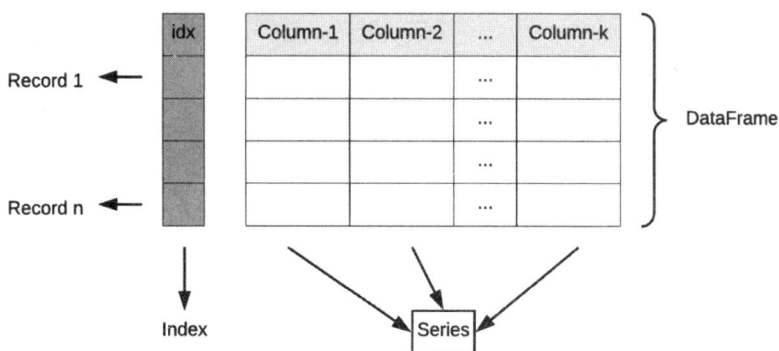

图 4 – 16　DataFrame 数据结构 1

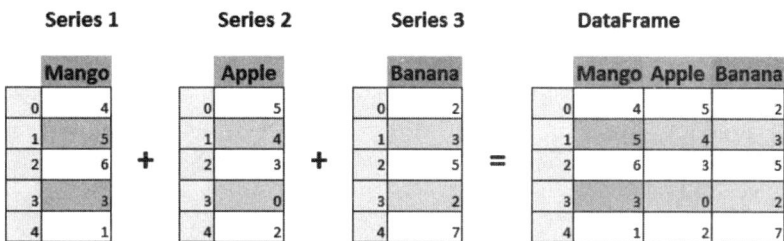

图 4 – 17　DataFrame 数据结构 2

pandas. DataFrame 参数说明如表 4 – 12 所示。

表 4 – 12　pandas. DataFrame 参数说明

参数	说明
data	一组数据（ndarray、series，map，lists，dict 等类型）
dtype	数据类型
index	索引值，或者可以称为行标签
columns	列标签，默认为 RangeIndex（0，1，2，…，n）
copy	复制数据，默认为 False

（二）通过列表创建 DataFrame

实例四

import pandas as pd

#创建列表数据

x = [["刘强","男","19"],["李丽","女","18"],["赵新","男","20"]]

#创建 DataFrame

namelist = pd. DataFrame(x ,columns = ["姓名","性别","年龄"])

print(namelist)

输出结果如下：

　　姓名　性别　年龄

0　刘强　男　19

1　李丽　女　18

2　赵新　男　20

（三）通过字典创建 DataFrame

实例五

#创建字典数据

x = {'姓名':["刘强","李丽","赵新"],'性别':["男","女","男"],'年龄':
["19","18","20"]}

#创建 DataFrame

namelist = pd. DataFrame(x)

print(namelist)

输出结果如下：

　　姓名　性别　年龄

0　刘强　男　19

1　李丽　女　18

2　赵新　男　20

（四）通过 loc 属性返回指定行的数据

Pandas 可以使用 loc 属性返回指定行的数据，如果没有设置索引，第一行索引
为 0，第二行索引为 1，以此类推。

实例六

import pandas as pd

#创建字典数据

x = {'姓名':["刘强","李丽","赵新"],'性别':["男","女","男"],'年龄':
["19","18","20"]}

#创建 DataFrame

namelist = pd. DataFrame(x)

#返回第一行

print("第一行的数据是:\n",namelist. loc[0])

#返回第一行和第二行

print("第一行和第二行的数据是:\n",namelist.loc[[0,1]])

输出结果如下:

第一行的数据是:

姓名 刘强

性别 男

年龄 19

Name:0,dtype:object

第一行和第二行的数据是:

　　姓名 性别 年龄

0 刘强 男 19

1 李丽 女 18

技能训练

根据表4-10所给资料创建 DataFrame,再根据创建的 DataFrame 添加"期末净值"列。

(注:期末净值=资产原值-累计折旧)

任务4-3　Pandas 函数调用

情境导入

中联信合资产有限责任公司财务部每年年末都需要将本公司相关财务指标与行业财务指标进行对比分析,以期更好地帮助企业经营管理者作出经济决策,但财务部每年获得的上市公司财务报表均含有空值,不便于分析,因此财务部经理让小李将财务报表中的空值替换为0。

视频4-3

小李学习了 Pandas 数据结构和函数调用的相关知识,认为可以通过 Pandas 将财务报表中的空值替换为0,因此便决定首先将"资产负债表2020"中的空值替换为0。

任务目标

知识目标:

掌握缺失值、异常值和重复值的处理。

技能目标：

能根据需要完成数据读写、选择、整理与描述，以及数据分组、分割、合并和变形等数据处理工作。

素养目标：

通过数据清洗方法的掌握，培养学生数据必须真实的观念。

建议学时

4 学时。

相关知识

一、重复值处理

对于重复值的处理，首先可以检验是否存在重复值，然后再将重复值删除。

视频4-4

Pandas 提供了两个专门处理重复值的函数，分别是 duplicated()函数和 drop_duplicates()函数。

duplicated()：查找重复项。

drop_duplicates()：删除重复项。

（一） duplicated()函数

duplicated()函数：用于查找重复项，返回布尔值，将重复项标记为 True，非重复项标记为 False，语法格式如下：

DataFrame. duplicated(subset = None, keep = 'first')

duplicated()函数常用参数如表 4 – 13 所示。

表 4 – 13　duplicated()函数常用参数

常用参数	说明
subset	根据特定列识别重复项，默认使用所有列
keep	确定要标记的重复项，可选'first'、'last'、False，默认为'first'，表示标记除第一次出现的重复值，'last'表示标记除最后一次出现的重复项，False 表示标记所有重复项

示例如下：

import pandas as pd

person = {"time":['2020 年 9 月 26 日','2021 年 4 月 18 日','2022 年 8 月 19 日','2022 年 8 月 19 日','2007 年 5 月 29 日'],"num":[30,40,23,23,50]} df = pd. DataFrame(person)

print(df. duplicated( ))

输出结果如下:

0　　　False

1　　　False

2　　　False

3　　　　True

4　　　False

dtype: bool

（二）drop_duplicates( )函数

drop_duplicates( )函数:返回删除重复行的 DataFrame。语法格式如下:

DataFrame. drop_duplicates(subset = None, keep = ′first′, inplace = False, ignore_index = False)

drop_duplicates( )函数参数说明如表4 – 14 所示。

表4 – 14　**drop_ duplicates**( )函数常用参数

常用参数	说明
subset	根据特定列识别重复项,默认使用所有列
keep	确定要标记的重复项,可选′first′、′last′、False,默认为′first′,表示标记除第一次出现的重复值,′last′表示标记除最后一次出现的重复项,False 表示标记所有重复项
inplace	默认为 False,True 表示直接在原数据上删除
Ignore_index	重建索引,默认为 False

示例如下:

import pandas as pd

person = { "time": [′2020 年 9 月 26 日′,′2021 年 4 月 18 日′,′2022 年 8 月 19 日′,′2022 年 8 月 19 日′,′2007 年 5 月 29 日′],

　　"num": [30,40,23,23,50]}

df = pd. DataFrame(person)

print("未删除重复数据:\n" ,df)

#删除重复数据

df. drop_duplicates(inplace = True)

print("删除重复数据后:\n" ,df)

输出结果如下:

未删除重复数据：

	time	num
0	2020 年 9 月 26 日	30
1	2021 年 4 月 18 日	40
2	2022 年 8 月 19 日	23
3	2022 年 8 月 19 日	23
4	2007 年 5 月 29 日	50

删除重复数据后：

	time	num
0	2020 年 9 月 26 日	30
1	2021 年 4 月 18 日	40
2	2022 年 8 月 19 日	23
4	2007 年 5 月 29 日	50

二、缺失值处理

在处理缺失值之前可以先检查缺失值数量，然后根据数据分析要求，选择以下常用方法进行处理。

（1）删除数据：根据缺失比例删除行、列。

（2）使用默认值填充：可用空字符串或数值 0 替换。

（3）实用估算值填充：采用平均值、中位数等进行数值替换。

处理缺失值常用函数如下。

（1）isna()函数。

（2）dropna()函数。

（3）fillna()函数。

（一）isna()函数

isna()函数：检测缺失值，返回布尔值，缺失值被映射为 True，非缺失值被映射为 False。isna()函数常用方法如表 4 – 15 所示。

表 4 – 15   isna()函数常用方法

方法	说明
df. isna()	查看缺失值位置
df. isna(). any()	判断某一列是否有缺失值
df. isna(). sum()	统计每列缺失值数量

续表

方法	说明
df.isna().sum().sum()	统计 DataFrame 中缺失值合计数
Series.value_counts()	统计 Series 中不同元素出现的次数，在 DataFrame 中使用时，需要指定对哪一列或行使用

示例如下：

以"数据清洗.xls"为例，数据清洗如表 4-16 所示。

表 4-16　数据清洗

期间	存货	货币资金	其他资产	短期借款	应付账款	应付薪酬
1 月	70 000	60 000	NaN	￥50 000	80 000.0	70 000.0
2 月	NaN	NaN	NaN	NaN	NaN	NaN
3 月	65 000	73 000	NaN	￥80 000	90 000.0	70 000.0
3 月	65 000	73 000	NaN	￥80 000	90 000.0	70 000.0
4 月	78 000	77 000	NaN	￥80 000	95 000.0	70 000.0
5 月	80 000	80 000	NaN	￥70 000	90 000.0	NaN
5 月	80 000	80 000	NaN	￥70 000	90 000.0	NaN

```
#导入 numpy
import numpy as np
#导入 pandas
import pandas as pd
#读取数据清洗.xls 信息
df = pd.read_excel("数据清洗.xls")
#使用 isna()函数检测缺失值,并统计每列缺失值和非缺失值的数量
print(df.isna().apply(lambda x:x.value_counts()))
```

输出结果如图 4-18 所示。

```
        期间   存货  货币资金  其他资产  短期借款  应付账款  应付薪酬
False  7.0    6     6   NaN      6     6     4
True   NaN    1     1   7.0      1     1     3
```

图 4-18　输出结果 1

(二) dropna () 函数

dropna()函数：删除缺失值，语法格式为：

DataFrame.dropna(axis = 0, how = 'any', thresh = None, inplace = False)

dropna()函数常用参数如表 4-17 所示。

表 4 – 17　dropna()函数常用参数

常用参数	说明
axis	默认 axis = 0，表示删除包含缺失值的行，axis = 1，表示删除包含缺失值的列
how	默认 how = 'any'，表示删除含有缺失值的所有行或列，how = 'all'，表示删除全为缺失值的行或列
thresh	int，保留含有 int 个非空值的行、列
subset	对特定列进行缺失值删除
inplace	默认为 False，True 表示直接在原数据上更改

示例如下：

\#导入 numpy

import numpy as np

\#导入 pandas

import pandas as pd

\#读取数据清洗.xls 信息

df = pd. read_excel("数据清洗.xls")

print("未使用 dropna()函数时数据为:\n",df)

\#使用 dropna()函数在原数据上删除全为 NaN 的列

df. dropna(axis = 1,how = 'all',inplace = True)

print("使用 dropna()函数后数据为:\n",df)

输出结果如图 4 – 19 所示。

```
未使用dropna（）函数时数据为:
     期间     存货    货币资金   其他资产   短期借款    应付账款    应付薪酬
0    1月   70000   60000    NaN  ¥50000  80000.0  70000.0
1    2月     NaN     NaN    NaN     NaN      NaN      NaN
2    3月   65,000   73000    NaN  ¥80000  90000.0  70000.0
3    3月   65,000   73000    NaN  ¥80000  90000.0  70000.0
4    4月   78,000   77000    NaN  ¥80000  95000.0  70000.0
5    5月   80000   80 000    NaN  ¥70000  90000.0      NaN
6    5月   80000   80 000    NaN  ¥70000  90000.0      NaN
使用dropna（）函数后数据为:
     期间     存货    货币资金   短期借款    应付账款    应付薪酬
0    1月   70000   60000  ¥50000  80000.0  70000.0
1    2月     NaN     NaN     NaN      NaN      NaN
2    3月   65,000   73000  ¥80000  90000.0  70000.0
3    3月   65,000   73000  ¥80000  90000.0  70000.0
4    4月   78,000   77000  ¥80000  95000.0  70000.0
5    5月   80000   80 000  ¥70000  90000.0      NaN
6    5月   80000   80 000  ¥70000  90000.0      NaN
```

图 4 – 19　输出结果 2

（三）fillna()函数

fillna()函数:使用指定的方法填充 NA/NaN 值。语法格式为:

DataFrame. fillna(value = None, method = None, axis = None, inplace = False, limit =

None, downcast = None)

fillna() 函数常用参数如表 4 - 18 所示。

表 4 - 18　fillna() 函数常用参数

常用参数	说明
value	用于填充的值:数值、字符串、变量、字典、Series、DataFrame,不能使用列表
method	填充方法默认为 None,ffill 表示用前面数据填充,bfill 表示用后面值填充
axis	填充缺失值所沿的轴,默认为 None
inplace	默认为 False,True 表示直接在原数据上更改
limit	限制填充次数

示例如下:

#导入 numpy

import numpy as np

#导入 pandas

import pandas as pd

#读取数据清洗.xls 信息

df = pd. read_excel("数据清洗.xls")

print("未使用 fillna() 函数时数据为:\n", df)

#使用 fillna() 函数以 0 值填充所有缺失值

df0 = df. fillna(0)

print("使用 fillna() 函数以 0 值填充所有缺失值后数据为:\n", df0)

输出结果如图 4 - 20 所示。

```
"C:\Program Files\Python310\python.exe" E:/Python/Pandas.py
未使用fillna ( ) 函数时数据为:
      期间        存货      货币资金   其他资产   短期借款       应付账款      应付薪酬
0    1月    70000     60000     NaN    ¥50000    80000.0    70000.0
1    2月      NaN       NaN     NaN      NaN        NaN        NaN
2    3月    65,000     73000     NaN    ¥80000    90000.0    70000.0
3    3月    65,000     73000     NaN    ¥80000    90000.0    70000.0
4    4月    78,000     77000     NaN    ¥80000    95000.0    70000.0
5    5月    80000     80 000     NaN    ¥70000    90000.0        NaN
6    5月    80000     80 000     NaN    ¥70000    90000.0        NaN
使用fillna()函数以0值填充所有缺失值后数据为:
      期间        存货      货币资金   其他资产   短期借款       应付账款      应付薪酬
0    1月    70000     60000     0.0    ¥50000    80000.0    70000.0
1    2月        0         0     0.0        0        0.0        0.0
2    3月    65,000     73000     0.0    ¥80000    90000.0    70000.0
3    3月    65,000     73000     0.0    ¥80000    90000.0    70000.0
4    4月    78,000     77000     0.0    ¥80000    95000.0    70000.0
5    5月    80000     80 000     0.0    ¥70000    90000.0        0.0
6    5月    80000     80 000     0.0    ¥70000    90000.0        0.0
```

图 4 - 20　输出结果 3

（四） astype()函数

astype()函数可以将 Pandas 对象转换为指定的数据类型。语法格式如下：

DataFrame. astype(dtype, copy = True, errors = ′raise′)

astype()函数常用参数如表 4 – 19 所示。

表 4 – 19　astype()函数常用参数

常用参数	说明
dtype	数据类型：使用 numpy. dtype 或 Python 类型将整个 Pandas 对象转换为相同类型，也可以对特定列进行转换
copy	布尔值，默认为 True，表示返回一个副本
errors	针对数据类型转换无效引发异常的处理，默认为′raise′表示允许引发异常 errors = ′ignore′抑制异常，错误时返回原始对象

在进行数据类型转换时需要注意不同数据之间的转换限制，常见情况如下所示。

（1）整数可以转换为浮点数。

（2）浮点数转换为整数时，小数部分被截断。

（3）字符串全为数字时可以转换为浮点数。

三、Pandas 数据连接

在处理日常业务时，有时需要将不同数据表中的数据按照一定的规则进行连接，再进行数据分析。

（一）数据连接方式

1. 内连接

内连接（Inner Join）只返回两个表中联结字段相等的行，在表中存在至少一组匹配数据时返回行；若无匹配数据，则不返回。

2. 左连接

左连接（Left Join）是以左表为基础，根据两表的关联条件将两表连接起来，返回包括左表中的所有记录和右表中连接字段相等的记录。

3. 右连接

右连接（Right Join）是以右表为基础，根据两表的关联条件将两表连接起来，返回包括右表中的所有记录和左表中联结字段相等的记录。

4. 全连接

全连接（Full Join）也被称为外连接（Outer Join），返回左表和右表中所有的数据。

（二）数据连接函数

Pandas 提供了 merge() 函数和 concat() 函数用于数据的连接。

1. merge() 函数

merge() 函数具有连接表的功能，可以根据两张表中的公共列将数据连接在一起。其语法格式如下：

pandas. merge(left,right,how = inner',on = None,left_on = None,right_on = None,left_index = False,right_index = False,sort = False,suffixes = ('_x','_y'),copy = True,indicator = False,validate = None)

merge() 函数常用参数如表 4 – 20 所示。

表 4 – 20　merge() 函数常用参数

常用参数	说明
left 和 right	表示要进行连接的两个不同的 DataFrame
how	表示连接方式，有 inner、left、right、outer 四种，默认为 inner
On	指的是用于连接的列索引名称，必须存在于左、右两个 DataFrame 中，如果没有指定列索引名称且其他参数也没有指定，则以两个 DataFrame 列名交集作为连接键
left on	左侧 DataFrame 中作为连接键的列名。当左、右列名不同但代表的含义相同时，可以使用该参数
right on	右侧 DataFrame 中作为连接键的列名
left index	使用左侧 DataFrame 中的行索引作为连接键
right index	使用右侧 DataFrame 中的行索引作为连接键
sort	默认为 True，对合并的数据进行排序，设置为 False 可以提升性能
suffixes	字符串值组成的元组，用于指定当左、右 DataFrame 存在相同列名时在列名后面附加的后缀名称，默认为（'x' 'y'）
copy	默认为 True，设置为 False，可以在某些特殊情况下避免将数据复制到结果数据结构中
indicator	默认为 False，是否显示每行数据的来源
validate	自动检查其合并键中是否有意外的重复项

下面对客户信息表和销售收入表进行左连接，客户信息如表 4 – 21 所示，销售收入如表 4 – 22 所示。

表 4 – 21　客 户 信 息

客户编码	客户名称	客户类别
1	北京斯达科技有限公司	重点客户
2	北京东方科技有限公司	一般客户

续表

客户编码	客户名称	客户类别
3	北京嘉华科技有限公司	重点客户
4	天津中联商贸有限公司	重点客户

表 4 - 22　销 售 收 入　　　　　　　　　　　　　　　元

客户名称	销售收入
北京斯达科技有限公司	500 000
北京东方科技有限公司	200 000
天津中联商贸有限公司	480 000

对表 4 - 21、表 4 - 22 的客户信息表、销售收入表进行左连接，示例代码如下：

```
#导入 pandas 库
import pandas as pd
#分别读取客户信息表和销售收入表
df1 = pd. read_excel('客户信息表 . xls')
df2 = pd. read_excel('销售收入表 . xls')
#根据客户名称将两张表连接在一起
df3 = pd. merge(df1 , df2 , how = 'left', on = '客户名称')
#查看连接后的 DataFrame
print(df3)
```

输出结果如图 4 - 21 所示。

```
   客户编码      客户名称      客户类别      销售收入
0     1   北京斯达科技有限公司   重点客户   500000.0
1     2   北京东方科技有限公司   一般客户   200000.0
2     3   北京嘉华科技有限公司   重点客户       NaN
3     4   天津中联商贸有限公司   重点客户   480000.0
```

图 4 - 21　输出结果 4

2. concat() 函数

concat() 函数用于沿特定轴连接两个或两个以上的 DataFrame，既可以实现纵向合并，也可以实现纵向合并，并且行列索引均可重复。

concat() 函数支持多种数据合并方式，其语法格式如下：

pandas. concat(objs , axis = 0 , join = outer' , ignore_index = False , keys = None , levels = None , names = None , verify_integrity = False , sort = None , copy = True) concat()函数常用参数如表4－23所示。

表4－23　concat()函数常用参数

参数	说明
objs	连接对象，如[df1,df2…]
axis	轴向，0代表上下合并（纵向拼接），1代表左右合并（横向拼接），默认为0
join	连接方式，分inner和outer
Ignore_ index	是否重建索引，默认为False
sort	默认为True，对合并的数据进行排序，设置为False可以提升性能

1号店营业数据表如表4－24所示，2号店营业数据表如表4－25所示，对1号店营业数据表和2号店营业数据表以纵向拼接的方式，将两家门店的营业数据合并到一起。

表4－24　1号店营业数据表

门店	期间	产品类别	销售数量	单价	销售收入
1号店	2021年	葡萄	30 000	12	360 000
1号店	2021年	苹果	45 000	6	270 000
1号店	2021年	香蕉	35 000	10	350 000

表4－25　2号店营业数据表

门店	期间	产品类别	销售数量	单价	销售收入
2号店	2021年	葡萄	30 000	12	360 000
2号店	2021年	香蕉	45 000	6	270 000
2号店	2021年	橙子	35 000	10	350 000
2号店	2021年	西瓜	60 000	8	480 000

示例代码如下：

```
#导入pandas库
import pandas as pd
#分别读取1号店和2号店的营业数据
df1 = pd. read_excel('1号店营业数据. xls')
df2 = pd. read_excel('2号店营业数据. xls')
#对2个门店的营业数据进行总行合并
df3 = pd. concat([df1,df2],axis =0,ignore_index =True,sort =False)
#查看合并后的DataFrame
print(df3)
```

输出结果如图4－22所示。

	门店	期间	产品类别	销售数量	单价	销售收入
0	1号店	2021年	葡萄	30000	12	360000
1	1号店	2021年	苹果	45000	6	270000
2	1号店	2021年	香蕉	35000	10	350000
3	2号店	2021年	葡萄	30000	12	360000
4	2号店	2021年	香蕉	45000	6	270000
5	2号店	2021年	橙子	35000	10	350000
6	2号店	2021年	西瓜	60000	8	480000

图 4 - 22　输出结果 5

技能训练

1. 使用 Pandas 读取"资产负债表 2020. xls";

2. 将值为 NaN 的单元格替换为 0.00;

3. 将"资产负债表 2020"按照"货币资金"金额由大到小进行排序,并将文件重新保存为"资产负债表 2020(新). xls";

4. 读取"资产负债表 2020(新). xls"。

即测即练

课后拓展阅读

拓展阅读4-1

拓展阅读4-2

思政小课堂

视频4-5

项目 5 数据分析与可视化

财经大数据应用中的 Python 数据分析是利用 Python 语言及其强大的数据分析库，如 Pandas、NumPy、Matplotlib 等，对财经领域的大规模数据进行处理、分析、挖掘和可视化的过程。通过 Python，财经分析师能够高效地处理海量数据，清洗和整合不同来源的信息，进行复杂的数据转换和特征工程，从而揭示数据中的内在规律和趋势。这些分析工作不仅有助于理解市场动态、评估投资风险，还能为企业的战略决策和政府的政策制定提供有力的数据支持。Python 的灵活性和丰富的生态系统使财经数据分析变得更加高效、准确和富有洞察力。

项目提要

本项目主要介绍 Python 数据分析概述及 Matplotlib 库、Pandas matplotlib 在财务成果分析中应用、Pandas matplotlib 在商务数据分析中应用、Pandas matplotlib 在金融数据分析中应用等。

项目思维导图

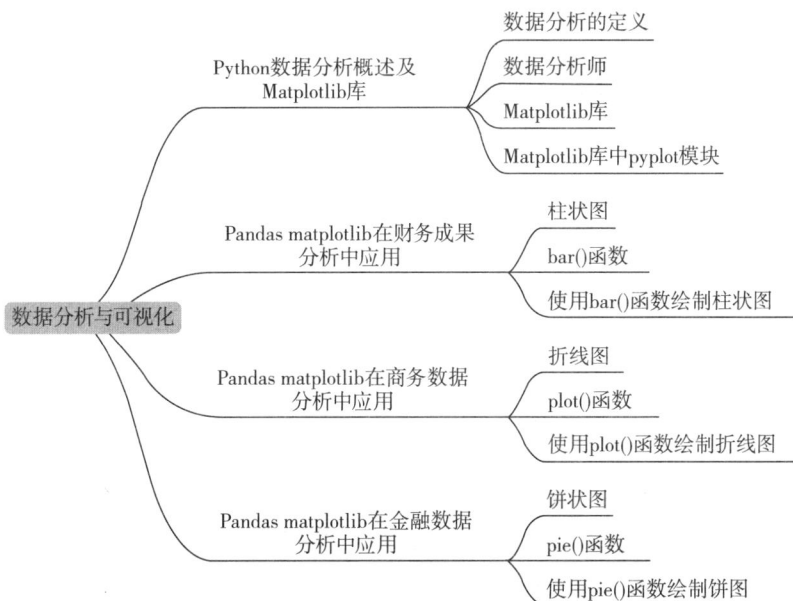

6 学时。

任务 5−1 Python 数据分析概述及 Matplotlib 库

情境导入

在中联信合资产有限责任公司，数据分析团队正忙碌地处理着来自各个业务板块的海量数据。为了更深入地理解市场趋势、优化投资策略和评估潜在风险，他们决定采用 Python 进行数据分析。

数据分析师小李，具有丰富的 Python 编程和数据分析经验。面对堆积如山的数据，小李首先利用 Pandas 库进行数据清洗和预处理，去除了重复、错误和缺失的数据，确保了数据的质量和准确性。

接下来，小李运用 NumPy 库进行数据的数值计算和转换，将原始数据转化为适合分析的形式。他还结合 Matplotlib 可视化库，绘制了各类图表和图像，帮助团队更直观地理解数据的分布和趋势。

任务目标

知识目标：

1. 了解什么是 Python 数据分析。

2. 了解什么是 Matplotlib 库。

技能目标：

1. 了解各种图表结构。

2. 掌握 Matplotlib 库的基本操作方法。

素养目标：

培养学生团队协作能力。

建议学时

2 学时。

相关知识

一、数据分析的定义

数据分析指用适当的统计、分析方法对收集来的大量数据进行分析，将它们加以汇总和理解并消化，以便开发数据的功能、发挥数据的作用。数据分析是为了提取有用信息和形成结论而对数据加以详细研究和概括总结的过程。

视频5-1

数据分析的目的是把隐藏在一大批看来杂乱无章的数据中的信息集中和提炼出来，从而找出所研究对象的内在规律。数据分析是有组织有目的地收集数据、分析数据，使之成为信息的过程。

二、数据分析师

数据分析师是数据师的一种，指的是不同行业中，专门从事行业数据收集、整理、分析，并依据数据作出行业研究、评估和预测的专业人员。数据分析师需满足以下要求。

视频5-2

（一）懂业务

从事数据分析工作的前提就是懂业务，即熟悉行业知识、公司业务及流程，最好有自己独到的见解，若脱离行业认知和公司业务背景，分析的结果只会是脱了线的风筝，没有太大的使用价值。

（二）懂管理

这一方面是搭建数据分析框架的要求，如确定分析思路就需要用到营销、管理等理论知识来指导，如果不熟悉管理理论，就很难搭建数据分析的框架，后续的数据分析也很难进行；另一方面是针对数据分析结论提出有指导意义的分析建议。

（三）懂分析

这是指掌握数据分析基本原理与一些有效的数据分析方法，并能灵活运用到实践工作中，以便有效地开展数据分析。基本的分析方法有对比分析法、分组分析法、交叉分析法、结构分析法、漏斗图分析法、综合评价分析法、因素分析法、矩阵关联分析法等。高级的分析方法有相关分析法、回归分析法、聚类分析法、判别分析法、主成分分析法、因子分析法、对应分析法、时间序列等。

（四）懂工具

这是指掌握数据分析相关的常用工具，例如熟练使用 SQL、有 Python 或 R 语言的基础等。数据分析方法是理论，而数据分析工具就是实现数据分析方法理论的工具，面对越来越庞大的数据，我们不能依靠计算器进行分析，必须依靠强大的数据分析工具完成数据分析工作。

（五）懂设计

懂设计是指运用图表有效表达数据分析师的分析观点，使分析结果一目了然。图表的设计是门大学问，如图形的选择、版式的设计、颜色的搭配等，都需要掌握一定的设计原则。

三、Matplotlib 库

Matplotlib 最早是为了可视化癫痫病人的脑皮层电图相关的信号而研发，因为在函数的设计上参考了 MATLAB，所以叫作 Matplotlib。

Matplotlib 是 Python 中最常用的可视化工具之一，可以非常方便地创建海量类型的 2D 图表和一些基本的 3D 图表，可根据数据集（DataFrame，Series）自行定义 X、Y 轴，绘制图形（如线形图、柱状图、直方图、密度图、散布图等），能够满足大部分的需要，使用 Matplotlib 生成的图形质量较高，甚至可以达到出版级别。

Matplotlib 通常与 NumPy 和 Scipy（Scientific Python）一起使用，是一个强大的科学计算环境，有助于我们通过 Python 学习数据分析或者进行机器学习。

Matplotlib 最核心的模块是 pyplot 模块，几乎所有的 2D 图形都是通过该模块绘制，pyplot 模块约定别名为：plt。

Matplotlib 库需要使用 Python 包管理器 pip 来安装，打开命令提示符窗口，并输入以下命令：pip install matplotlib，进行 Matplotlib 库的安装。

四、Matplotlib 库中 pyplot 模块

pyplot 将绘图所需要的对象构建过程封装在函数中，为用户提供了更加友好的接口。使用 pyplot 模块需要先进行引入，引入规则如下：import matplotlib. pyplot as plt。

（一）pyplot 常用图形函数

pyplot 模块提供一批预定义的绘图函数，大多数函数可以从函数名辨别其功能。pyplot 常用图形函数如表 5 - 1 所示。

表 5 - 1　**pyplot** 常用图形函数

图形函数	说明
plt. plot()	折线图
plt. bar()	柱状图
plt. pie()	饼状图
plt. hist()	直方图
plt. scatter()	散点图
plt. area()	面积图
plt. stackplot()	堆叠图
plt. boxplot()	箱线图

（二）pyplot 常用绘制函数

确定 X、Y 轴的数据及绘制图类型后，即可设置图形的标题，X、Y 轴的标签、刻度、范围等，最后添加图例。pyplot 常用绘制函数如表 5 - 2 所示。

表 5 - 2　**pyplot** 常用绘制函数

绘制函数	说明
plt. title()	设置图像标题
plt. xlable()	设置 X 轴名称
plt. ylable()	设置 Y 轴名称
plt. xlim()	设置 X 轴范围
plt. ylim()	设置 Y 轴范围
plt. xticks()	设置 X 轴刻度
plt. yticks()	设置 Y 轴刻度
plt. legend()	设置图例

（三）pyplot 常用颜色参数

颜色设置方法：color = '颜色名称'，也可以通过 RGB 对应十六进制颜色码设置颜色。pyplot 常用颜色参数如表 5 - 3 所示。

表 5 - 3　**pyplot** 常用颜色参数

Color 参数设置	颜色	对应十六进制颜色码
color = 'b'	蓝（blue）	color = '#0000FF'
color = 'g'	绿（green）	color = '#008000'
color = 'r'	红（red）	color = '#FF0000'
color = 'w'	白（white）	color = '#FFFFFF'
color = 'm'	洋红（magenta）	color = '#FF00FF'
color = 'y'	黄（yellow）	color = '#FFFF00'

续表

Color 参数设置	颜色	对应十六进制颜色码
color = 'k'	黑（black）	color = '#000000'
color = 'c'	青（cyan）	color = '#00FFFF'

（四）pyplot 设置字体

由于 Matplotlib 默认字体中没有中文，因此 Matplotlib 在默认情况下不支持中文，当我们使用中文做标签时，将会无法正常显示。

解决中文显示问题，可使用下述函数语法：

plt. rcParams['font. sans – serif'] = ['SimHei'] #运行配置参数中的字体(font)为黑体(SimHei)

（五）保存与显示图形

常用的保存与显示图形函数如表 5 – 4 所示。

表 5 – 4　常用的保存与显示图形函数

函数	说明
plt. savefig()	保存绘制的图形
plt. show()	显示图形

savefig()、show()函数是常用的保存与显示图形的方法。

示例如下：

#引入 pyplot 模块

import matplotlib. pyplot as plt

import numpy as np

#指定数据

x = np. array([1,2,3,4,5,6])

y = np. array([39500,40000,41500,41000,42000,42500])

#设置字体、标签、标题

plt. rcParams['font. sans – serif'] = ['SimHei']

plt. xlabel('月份')

plt. ylabel('营业收入(单位:亿元)')

plt. title('2023 年各月营业收入')

#绘制图形

plt. plot(x,y)

#保存图形

plt. savefig("filename. png")

#显示图形

plt. show()

运行结果如图5－1所示。

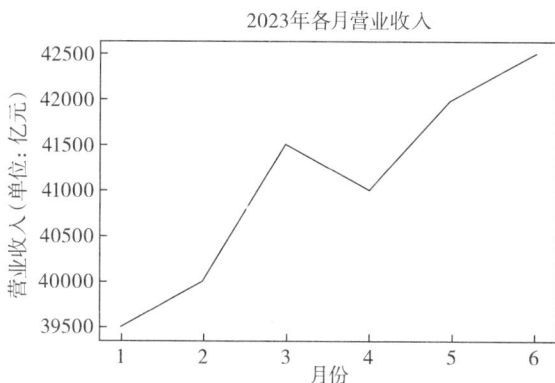

图 5 - 1　2023 年各月营业收入

如果需要保存图片，必须在 plt. show()之前调用 plt. savefig()，这是由于调用 plt. show()后会创建一个新的空白图片，在其后调用 plt. savefig()将会保存新的空白图片。

技能训练

尝试用其他方法安装 Matplotlib 库。

任务5－2　Pandas matplotlib 在财务成果分析中应用

情境导入

由于中联信合资产有限责任公司存在大量闲置资金，公司董事会决定对外投资，但不知道投资哪个行业，于是让公司财务部以流动比率为基础对各行业的偿债能力进行分析，并根据分析结果选择流动比率排名第一的行业作为拟投资行业。

视频5-3

财务部经理将这项工作交给小李来完成，并让小李根据行业分类表和资产负债表中的数据分析各行业的流动比率均值，将各行业流动比率指标均值以柱状图的形式进行可视化呈现。

知识目标：

1. 了解 Matplotlib 可视化绘图原理。

2. 掌握使用 Matplotlib 绘制柱状图的方法。

技能目标：

能够使用 Matplotlib 库绘制柱状图。

素养目标：

培养严谨认真、实事求是的科学精神。

建议学时

1 学时。

相关知识

一、柱状图

柱状图，又称长条图、柱状统计图、条图、条状图、棒形图，是一种以长方形的长度为变量的统计图表。柱状图用来比较两个或以上的价值（不同时间或者不同条件），只有一个变量，通常适用于较小的数据集分析。柱状图亦可横向排列，或用多维方式表达。

二、bar() 函数

bar() 函数主要用于绘制柱状图,其语法格式为:

$bar(x, height, width = 0.8, bottom = None, ***, align = 'center', data = None, ** kwargs)$

柱状图 bar() 函数常用参数如表 5 – 5 所示。

表 5 – 5　柱状图 bar() 函数常用参数

常用参数	说明
x	X 轴数据，接受数组、列表、元组等
height	柱状的高度，即 Y 轴数值，接受数组、列表、元组等
width	柱状的宽度，默认为 0.8
bottom	设置 Y 边界坐标轴起点
align	柱状与 X 坐标的对齐方式，默认值'center'，表示居中位置，align = 'edge'表示边缘位置

续表

常用参数	说明
data	可索引对象（如 dict、DataFrame）
color edgecolor（ec）	柱状填充颜色、图形边缘颜色
alpha	设置柱状的透明度，0.0 ~ 1.0 之间
linewidth	边框的宽度，单位为像素，默认无
label	图例内容，接受字符串

三、使用 bar() 函数绘制柱状图

中联信合科技有限公司 2023 年各产品对应的营业收入如表 5 – 6 所示，请根据表 5 – 6 数据绘制各产品营业收入柱状图。

表 5 – 6　各产品对应的营业收入　　　　　　　　　　　　　　　　　亿元

产品类别	财税	商贸	IT	社培
营业收入	15	10	13	5

示例代码如下：

```
import matplotlib. pyplot as plt
import numpy as np
#指定数据
x = np. array(["财税","商贸","IT","社培"])
y = np. array([15,10,13,5])
#设置字体、标签、标题
plt. rcParams['font. sans – serif'] = ['SimHei']
plt. xlabel('产品类别')
plt. ylabel('营业收入(单位:亿元)')
plt. title('2023 年各产品营业收入')
#指定柱状图宽度
plt. bar(x,y,width = 0. 7)
#显示图形
plt. show()
```

运行结果如图 5 – 2 所示。

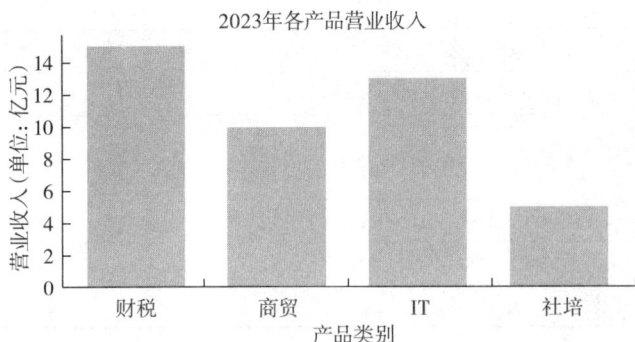

图 5 - 2   2023 年各产品营业收入

技能训练

计算各行业流动比率指标均值，并将各行业流动比率指标均值按照指标值由大到小进行排序，将排名前 5 的行业及对应指标值以柱状图的形式进行可视化呈现，并在此基础上以流动比率均值排名第一的行业作为中联信合资产有限责任公司的拟投资行业。

任务 5 - 3　Pandas matplotlib 在商务数据分析中应用

情境导入

中联信合资产有限责任公司投资了一座大型商超，商超销售的产品种类繁多，公司董事会想了解一下该商超各产品的销售收入情况，以便为更好地制定相关决策提供帮助。于是财务部经理要求小李对商超 2023 年 1—7 月各产品的销售收入情况进行统计分析，并从商超后台系统导出交易数据交给小李，由于小李学习了 Pandas matplotlib 可视化相关应用，于是便决定通过 Pandas matplotlib 对该商超各产品的销售收入进行分析，并以折线图的形式进行可视化呈现。

视频5-4

任务目标

知识目标：

掌握使用 Matplotlib 绘制折线图的方法。

技能目标:

能够使用 Matplotlib 库绘制折线图。

素养目标:

通过不同类型的数据可视化呈现，引导学生的创新思维。

建议学时

2 学时。

相关知识

一、折线图

折线图是用直线段将各数据点连接起来而组成的图形，以折线方式显示数据的变化趋势。折线图可以显示随时间（根据常用比例设置）而变化的连续数据，因此非常适用于显示在相等时间间隔下数据的趋势。在折线图中，类别数据沿水平轴均匀分布，所有值数据沿垂直轴均匀分布。

二、plot() 函数

折线图由线条组成，plot() 函数用于绘制折线图，其语法格式为:

plt. plot(x,y,scalex = True,data = None, * * kwargs)

折线图 plot() 函数常用参数如表 5 − 7 所示。

表 5 − 7　折线图 plot() 函数常用参数

常用参数	说明
x，y	表示 x，y 轴数据，接受数组、列表、元组等
scalex，scaley	是否自动缩放 x，y 轴，默认为 True
data	可索引对象，如果给定 data，则只需提供 x，y 中绘制的标签名称，如以 DataFrame 中的列作为 x，y 轴数据
color	设置折线颜色，接受字符串
marker	设置折线上标记的样式，默认 None，接受字符串
linestyle（ls）	设置线条的样式，默认实线 ′ − ′，接受字符串
linewidth（lw）	设置线条的宽度，接受数值
alpha	设置线条的透明度，0.0 ~ 1.0 之间
label	图例内容，接受字符串

常用线型参数如表 5 − 8 所示。

表5-8　常用线型参数

linestyle 参数设置	线型
linestyle = ′-′	默认实线
linestyle = ′--′	虚线
linestyle = ′-.′	点划线
linestyle = ′:′	点状线

常用标记点参数如表5-9所示。

表5-9　常用标记点参数

Marker 参数设置	标记点	Marker 参数设置	标记点
Marker = ′.′	实心点	Marker = ′+′	加号
Marker = ′s′	正方形	Marker = ′v′	一角朝下三角形
Marker = ′o′	圆圈	Marker = ′^′	一角朝上三角形
Marker = ′*′	星号	Marker = ′D′	菱形
Marker = ′p′	五边形	Marker = ′H′	六边形

三、使用 plot（）函数绘制折线图

中联信合商贸有限公司2023年1—6月对应的销售额如表5-10所示，请根据表5-10数据绘制1—6月对应的销售额折线图。

表5-10　1-6月对应销售额　　　　　　　　　　　亿元

月份	1	2	3	4	5	6
销售额	39 500	40 000	41 500	41 000	42 000	42 500

示例代码如下：

```
#引入 pyplot 模块
import matplotlib. pyplot as plt
#指定数据
x = [1,2,3,4,5,6]
y = [39500,40000,41500,41000,42000,42500]
#设置标签、标题
plt. xlabel('月份')
plt. ylabel('销售额(单位:亿元)')
plt. title('2023 年 1—6 月销售额')
#设置字体
plt. rcParams['font. sans - serif'] = ['SimHei']
```

#设置颜色、线型等

plt. plot(x , y , color = ′b′ , ls = ′ − ′ , marker = ′ + ′ , label = ′销售额′)

#显示图例

plt. legend()

#显示图形

plt. show()

运行结果如图 5 – 3 所示。

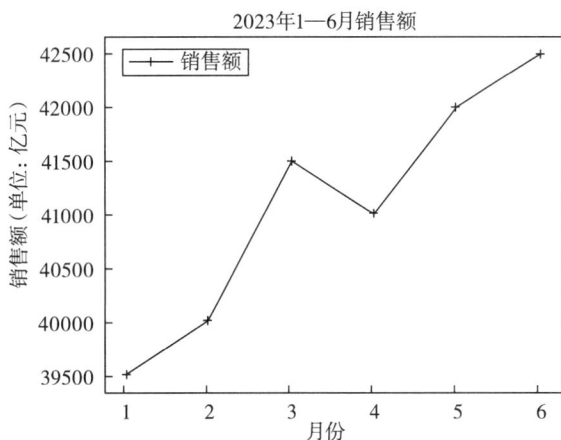

图 5 – 3　2023 年 1—6 月销售额

技能训练

请对该商超各产品的销售收入按照"产品编号"进行统计，并以折线图的形式按照各产品销售总额由大到小的顺序，选择排名前 10 的产品进行可视化呈现。

任务 5 –4　Pandas matplotlib 在金融数据分析中应用

情境导入

中联信合资产有限责任公司财务部员工小李想要购买一辆汽车，但由于手中资金不足，需要寻求贷款，通过对当地某银行的了解，发现该银行对外推出了信用贷、理财质押贷、好期贷和闪电贷 4 种贷款方式，但其对哪一种贷款方式在市场上比较受欢迎不太清楚，于是便向银行询问相关贷款信息。经过一番沟通，银行将部分有关贷款的脱敏信息交给了

视频5-5

小李。

小李经过一番数据调整之后，形成了产品分类、好期贷、理财质押贷、闪电贷和信用贷 5 个 Excel 文件，考虑到自己正在学习 Pandas matplotlib 可视化的相关内容，小李认为可以通过 Pandas matplotlib 对四种贷款产品的销售情况进行分析并实现可视化呈现。

任务目标

知识目标：

掌握使用 Matplotlib 绘制饼状图的方法。

技能目标：

能够使用 Matplotlib 库绘制饼状图。

素养目标：

通过不同类型的数据可视化呈现，引导学生的创新思维。

建议学时

1 学时。

相关知识

一、饼状图

饼状图，或称饼图，是一个划分为几个扇形的圆形统计图表。在饼图中，每个扇形的弧长（以及圆心角和面积）大小，表示该种类占总体的比例，且这些扇形合在一起刚好是一个完全的圆形。

饼图最显著的功能在于表现"占比"。习惯上，人们也用饼图来比较扇形的大小，从而获得对数据的认知。但是，由于人类对"角度"的感知力并不如"长度"，在需要准确地表达数值（尤其是当数值接近或数值很多）时，饼图常常不能胜任，建议用柱状图代替。

二、pie() 函数

Matplotlib 使用 pyplot 中的 pie() 函数来绘制饼图，语法格式如下：

matplotlib. pyplot. pie(x, explode = None, labels = None, colors = None, autopct = None, pctdistance = 0. 6, shadow = False, labeldistance = 1. 1, startangle = 0, radius = 1, counterclock = True, wedgeprops = None, textprops = None, center = 0, 0, frame = False, rotatelabels =

False，*，normalize = None，data = None）

饼图 pie() 函数常用参数如表 5 − 11 所示。

表 5 − 11 饼图 pie() 函数常用参数

常用参数	说明
x	绘图数据，饼图每一部分的比例，接受数组、列表、元组
explode	指定每一部分偏移中心的距离（以半径为1，按占半径的比例设置），接受列表或元组
labels	设置标签，接受列表或元组
colors	设置饼图颜色，接受列表或元组
autopct	设置饼图每一部分百分数格式
shadow	是否显示阴影，默认为：False
radius	设置饼图半径，默认值为1
labeldistance	标签位置相对于半径的比例，默认值为1.1
pctdistance	饼图百分数显示位置相对于半径的比例，默认值为0.6

三、使用 pie() 函数绘制饼图

示例如下：

银行各年龄段对应的存款人数如表 5 − 12 所示，请根据表中各年龄段对应的人数绘制饼状图。

表 5 − 12 银行各年龄段对应的存款人数

年龄/岁	20 ~ 29	30 ~ 39	40 ~ 49	50 ~ 59
人数/万人	3 500	2 800	2 500	1 500

示例代码如下：

```
#引入 numpy 库和 pyplot 模块
import numpy as np
import matplotlib.pyplot as plt
plt.rcParams['font.family'] = ['SimHei']#设置字体
y = np.array([3500,2800,2500,1500])
plt.pie(y,labels = ['20 - 29','30 - 39','40 - 49','50 - 59'],# 设置饼图标签
colors = ["#d5695d","#5d8ca8","#65a479","#a564c9"],# 设置饼图颜色
explode = (0,0.2,0,0),# 第二部分突出显示,值越大,距离中心越远
autopct = '%.2f%%',# 格式化输出百分比)
#设置标题
plt.title('人数占比')
```

#显示图形

plt. show()

运行结果如图5−4所示。

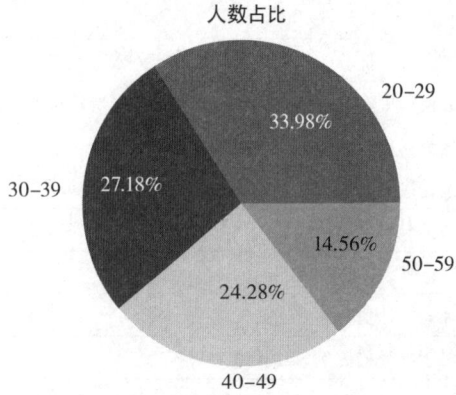

图5−4 各年龄段对应的存款人数占比

技能训练

1. 请以"产品分类"作为统计字段，对四种贷款产品的销售量占比情况以饼图的形式进行可视化呈现。

2. 根据上述分析，以销售量最多的贷款产品作为选择，小李应该采用哪种贷款方式。

即测即练

课后拓展阅读

思政小课堂

视频5-6

项目6　可视化综合呈现

数据可视化是将数据转换成图或表等，以一种更直观的方式展现和呈现。数据可视化是企业进行数据分析、数据挖掘、数据治理非常重要的方式。有效的可视化可以帮助企业用户分析和推理数据，使复杂的数据更容易理解和使用，BI（商业智能）工具提供的是一套完整的数据解决方案，对业务数据进行有效的整合、建模和分析，以可视化的方式呈现，快速准确地定位关键数据，辅助决策（图6-1）。

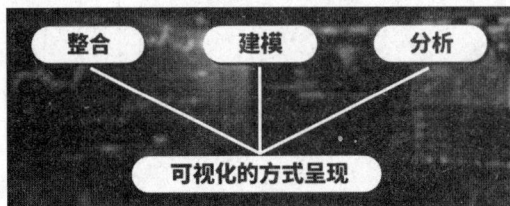

图6-1　可视化呈现方式

资料来源：中联大数据分析平台。

注：本项目所示图片，除注明来源外，其余全部出自中联大数据分析应用平台。

中联大数据嵌入式商业智能软件，支持200种以上可视化类型，包括图表、3D动效、3D模型、GIS地图，满足数据个性化展示的需要，如图6-2所示。

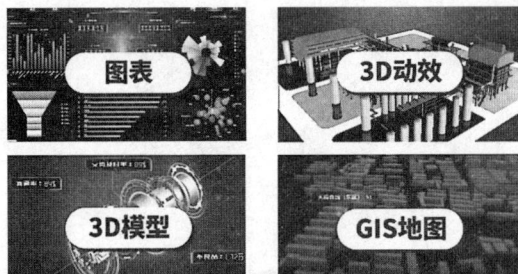

图6-2　可视化类型

其适用于数字孪生、物联网实时数据分析等领域，让数据表达更直观，满足各领域不同的数据表现需求，带来不同的视觉体验，快速构建实时炫酷可视化大屏。

实现从数据获取到数据加工、数据建模和可视化自主分析全流程（图6-3），炫酷的大屏展示效果，海量的可视化类型，丰富的数据图表样式，强大的交互分析能力，满足各类可视化需求。中联大数据嵌入式商业智能软件，让数据分析无处不在。

图6-3 数据分析流程

财务数据是企业经营的重要指标，对于企业的发展和投资者的决策都具有重要意义。然而，财务数据本身通常是冷冰冰的数字和表格，很难让普通人直观地理解。财务数据可视化将财务数据以图表、图形等形式展现出来，使得数据更加直观、易懂，并能够提供更丰富的信息，从而能够帮助管理者更好地了解企业的财务状况和经营成果、能够帮助投资者更准确地评估企业的价值、能够帮助企业与利益相关者进行有效的沟通等。

项目提要

本项目主要介绍基于中联平台的财经数据采集、利用 Wyn 处理财经数据、对所处理的财经数据进行可视化呈现的操作。

项目思维导图

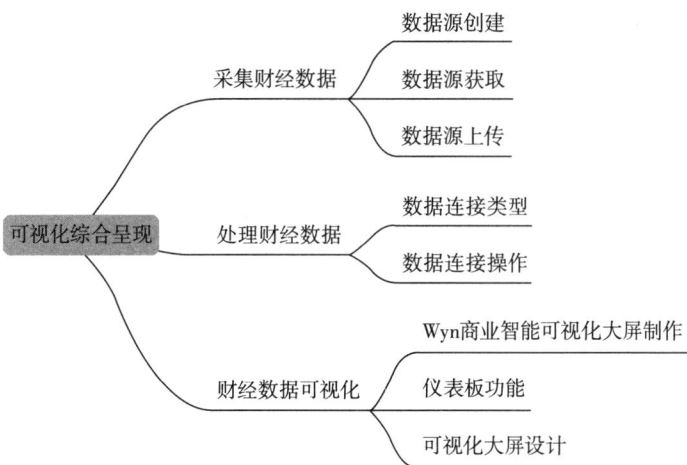

建议学时

12 学时。

任务6-1　采集财经数据

情境导入

视频6-1

中联信合资产有限责任公司员工小李在学习了 Python 之后，认为 Python 在财经领域有着非常重要的作用，能够帮助财经人员快速解决工作中常见的财经问题，功能非常强大。但小李深知技术变革非常快，市场上流行的大数据工具种类繁多，比如中联大数据分析平台、Power BI 及 Tableau 等。

小李听说中联大数据分析平台操作简单，不需要编制代码，支持自主上传多种类型的数据源，并且可以非常快速地生成炫酷的可视化展示大屏，对于进行财务分析工作具有很大的帮助。于是小李便决定结合海天味业的财务报表资料来学习中联大数据分析平台的使用。

任务目标

知识目标：

1. 了解中联 BI 数据分析平台数据采集的基本方法。

2. 掌握中联 BI 数据分析平台数据源获取的方法。

技能目标：

1. 能够利用中联 BI 数据分析平台，完成 Excel 类型数据源上传。

2. 能够利用不同的方法，获取数据源。

素养目标：

1. 培养学生积极主动、勇毅前行的职业品质。

2. 培养严谨认真、实事求是的科学精神。

建议学时

2 学时。

相关知识

一、数据源创建

本项目中所涉及的实训，基于中联大数据分析平台进行操作。相关步骤以本平台为准。运行桌面图标，如图6-4所示。

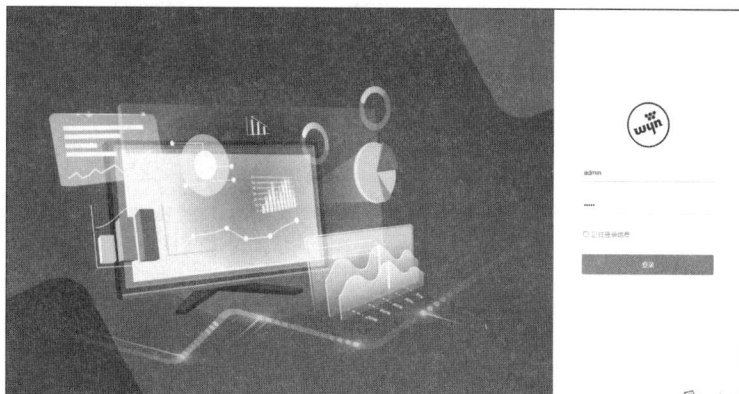

图6-4 登录界面

输入用户名：admin，密码：admin，单击【登录】，在左侧导航栏单击【+】，如图6-5所示。

图6-5 导航栏

单击【数据源】，如图6-6所示，可以选择各种类型的数据源。

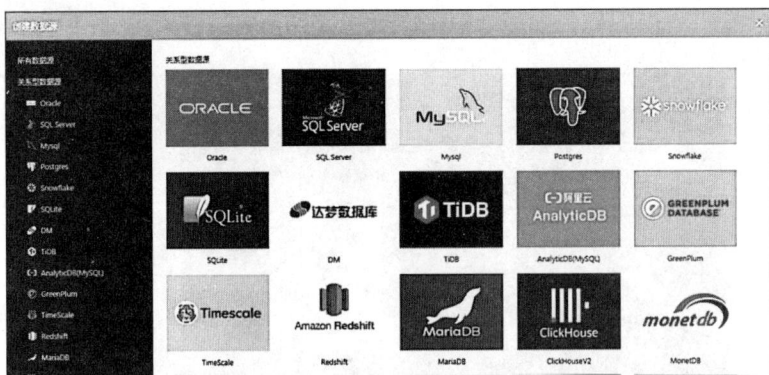

图 6-6　数据源

Wyn Enterprise 大数据平台可以创建数据源，连接多种格式文件和
数据库，包括 Excel、Json、CSV、Xml 等格式文件，也可以连接到 Or-
acle、SQL Server、MySQL 等关系型数据库。以 Excel 文件数据源为例，
如图 6-7 所示。

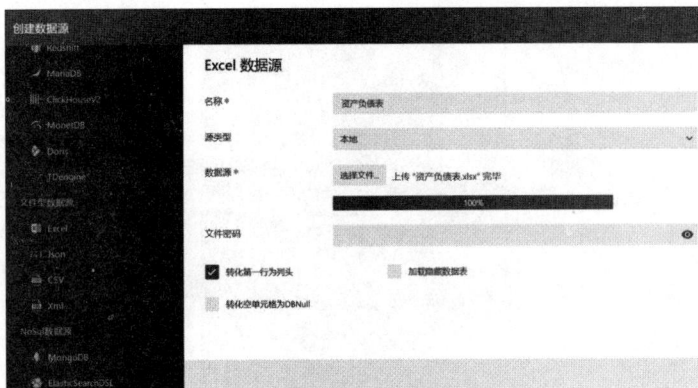

视频6-2

图 6-7　Excel 文件数据源

单击 文件型数据源 Excel 得到如图 6-8 所示界面。

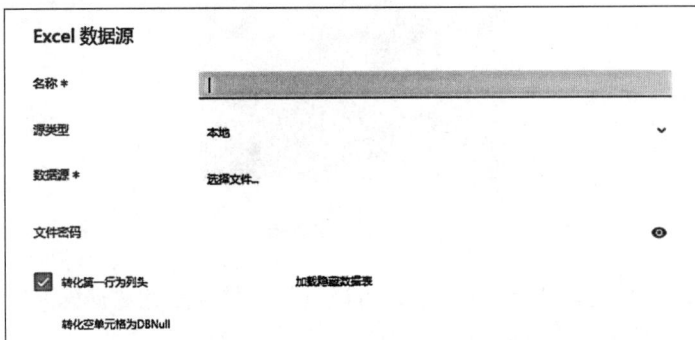

图 6-8　打开 Excel 文件数据源

依次输入 Excel 数据源的名称：资产负债表，源类型：本地，然后选择数据源文件，单击选择文件上传资产负债表。接着单击【下一步】，如图 6-9 所示。

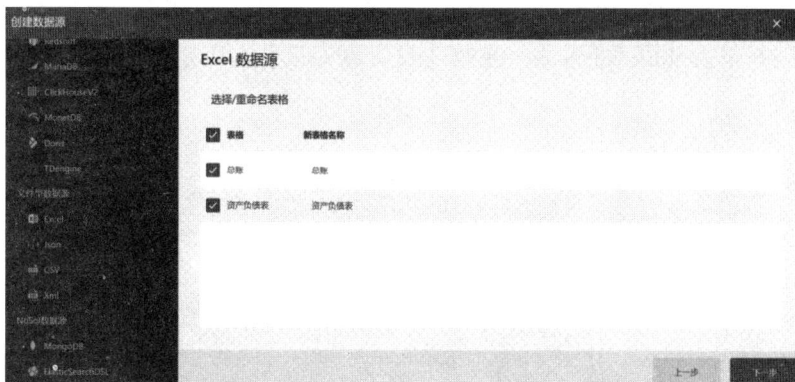

图 6-9 录入 Excel 文件数据源相关项目

单击【下一步】，如图 6-10 所示，单击【创建】，数据源创建成功。

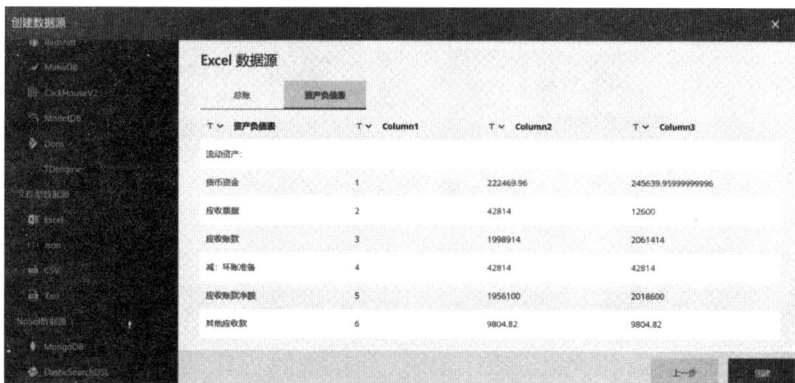

图 6-10 创建 Excel 文件数据源

注： 数据源文件和数据库也支持修改和删除。打开文档列表，在右上角有

☆ 🏷 🗑 ✏ 🗄 🗋 ⫶≡ 这些选项，可以对文档进行修改等。

二、数据源获取

下载海天味业年度报告和有关资产负债表以及利润表至本地，然后上传至中联 Wyn 大数据分析平台。

下载上市公司的年度报告和相应的财务报表，可以有以下方法。

（一）从上市公司官网下载财务报告

步骤 1：打开浏览器，在浏览器搜索框中输入海天味业。

步骤2：选择海天味业官网，如图6-11所示。可以看到我们已经进入海天味业的官方网站，在左侧列有阳光海天、品质海天、海天动态、四季餐桌、娅米城堡、加入我们、联系我们和英文版相关介绍。

视频6-3

步骤3：单击【联系我们】，选择【投资者专区】，单击进入，如图6-12所示。

图6-11　海天味业官网

资料来源：海天味业官方网站（haitian-food.com）。

图6-12　海天味业官方网站投资者专区预览界面

资料来源：投资者专区［EB/OL］. https：//www. haitian-food. com/index. php? ac = article&at = list&tid = 52.

步骤4：单击定期报告栏目中的海天味业2024年第一季度报告，则其预览界面如图6－13所示。

海天

佛山市海天调味食品股份有限公司2024年第一季度报告

证券代码：603288   证券简称：海天味业

佛山市海天调味食品股份有限公司
2024年第一季度报告

本公司董事会及全体董事保证本公告内容不存在任何虚假记载、误导性陈述或者重大遗漏，并对其内容的真实性、准确性和完整性承担法律责任。

重要内容提示

公司董事会、监事会及董事、监事、高级管理人员保证季度报告内容的真实、准确、完整，不存在虚假记载、误导性陈述或重大遗漏，并承担个别和连带的法律责任。

公司负责人、主管会计工作负责人及会计机构负责人（会计主管人员）保证季度报告中财务信息的真实、准确、完整。

第一季度财务报表是否经审计
□是 √否

一、主要财务数据

(一)主要会计数据和财务指标

单位：元 币种：人民币

项目	本报告期	本报告期比上年同期增减变动幅度(%)
营业收入	7,693,850,351.12	10.21
归属于上市公司股东的净利润	1,918,879,886.71	11.85
归属于上市公司股东的扣除非经常性损益的净利润	1,860,291,180.10	13.34
经营活动产生的现金流量净额	-554,431,387.59	不适用
基本每股收益（元/股）	0.35	12.90
稀释每股收益（元/股）	0.35	12.90
加权平均净资产收益率（%）	6.54	增加0.25个百分点

1 / 12

图6－13 2024年第一季度报告预览界面

资料来源：佛山市海天调味食品股份有限公司2024年第一季度报告［EB/OL］．https：//www．haitian－food．com/upfile/2024/06/20240605150244_436.pdf.

步骤5：在右上角有 ⟳ ↓ 🖨 🔖 ▾ 等相关的功能，单击 ↓ 按钮可以看到下载界面，根据需要命名，也可以根据需要保存在相应的路径。单击【下载】，可以看到海天味业 2024 年第一季度报告已经下载到本地。

（二）新浪财经官网下载财务报表

步骤1：打开浏览器，在浏览器搜索框中输入新浪财经，单击【新浪财经_新浪网】，进入新浪财经官方网站，如图 6-14 所示。

图 6-14 新浪财经官方网站

资料来源：新浪财经_新浪网（sina. com. cn）。

步骤2：在搜索框中输入"海天味业"或"603288"（股票代码），就进入海天味业的相关界面，如图 6-15 所示。

可以看到海天味业截止到 2024 年 4 月 19 日 15：00 的股票价格、成交量、成交额和总市值等具体信息。将页面下拉，可以看到在左侧一列有行业对比、投资工具、行情走势、公司资料、发行分配、股本股东、公司公告、财务数据以及重大事项等栏目。

步骤3：公司公告中有最新公告、年报、一季报、半年报和三季报。单击【年报】进入。如图 6-16 所示，可以看到海天味业近几年的年度报告。

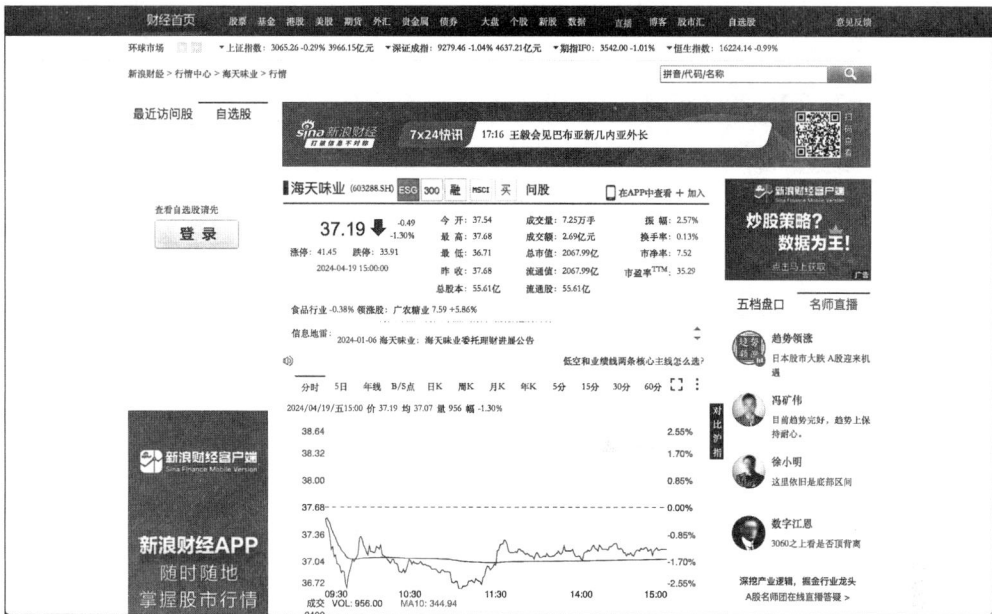

图 6 – 15　海天味业股票行情

资料来源：https：//finance. sina. com. cn/realstock/company/sh603288/nc. shtml。

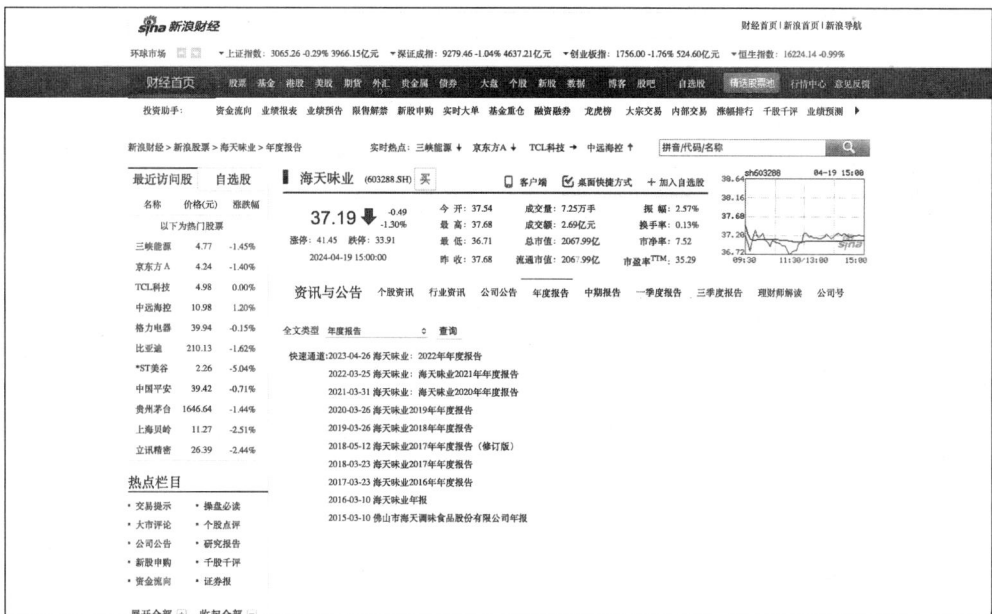

图 6 – 16　海天味业近几年的年度报告

资料来源：https：//vip. stock. finance. sina. com. cn/corp/go. php/vCB ＿ AllBulletin/stockid/ 603288. phtml？ ftype ＝ ndbg。

步骤4：单击海天味业：2022年年度报告，进入如图6-17所示页面。

图6-17　海天味业2022年年度报告

资料来源：https：//vip. stock. finance. sina. com. cn/corp/view/vCB_ AllBulletinDetail. php？stockid = 603288&id = 9087269。

单击标题中的【下载公告】，如图6-18所示。

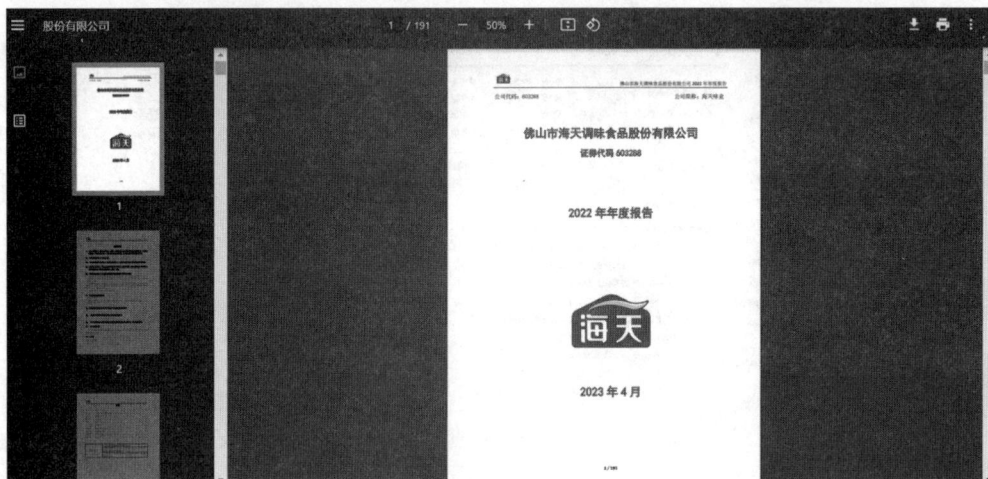

图6-18　海天味业2022年年度报告下载预览界面

资料来源：https：//file. finance. sina. com. cn/211. 154. 219. 97：9494/MRGG/CNSESH_ STOCK/ 2022/2022-3/2022-03-25/7913943. PDF。

步骤 5：可以看到在右上角有 ↻ ⬇ 🖨 🔖▾ 等相关的功能。单击 ⬇ 按钮可以看到下载界面，根据需要命名，也可以根据需要保存在相应的路径，单击【下载】，就可以将海天味业 2022 年年度报告下载到本地。

和方法 1 相同，下载的海天味业 2022 年年度报告多达 191 页，不方便提取财务报表的相关数据，因此，可以采取更为简便的方法，直接下载需要的财务报表资料。

例如：需要下载海天味业 2023 年度的资产负债表、利润表和现金流量表等，操作步骤如下。

步骤 1：在新浪网海天味业的首页，单击选择【财务数据】栏目，如图 6 – 19 所示。

步骤 2：单击【资产负债表】进入，将页面下拉到底，如图 6 – 20 所示，单击【下载全部历史数据到 excel 中】，按照相应的要求保存即可。

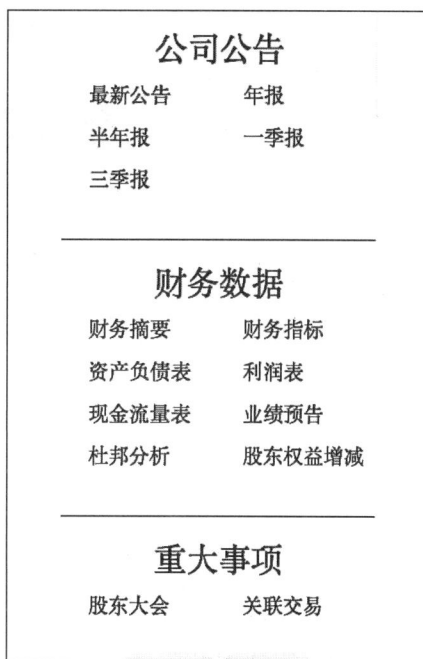

公司公告

最新公告	年报
半年报	一季报
三季报	

财务数据

财务摘要	财务指标
资产负债表	利润表
现金流量表	业绩预告
杜邦分析	股东权益增减

重大事项

| 股东大会 | 关联交易 |

图 6 – 19 新浪网海天味业首页

未分配利润	2 027 864.37	1 944 408.12	1 821 161.88	2 100 141.92
归属于母公司股东权益合计	2 853 061.20	2 748 265.96	2 625 021.06	2 811 324.43
少数股东权益	50 236.36	49 700.24	49 406.63	49 492.50
所有者权益(或股东权益)合计	2 903 297.56	2 797 966.20	2 674 427.69	2 860 816.93
负债和所有者权益(或股东权益)总计	3 842 351.84	3 481 038.60	3 307 098.61	3 455 804.28
下载全部历史数据到excel中				↑返回页顶↑

图 6 – 20 资产负债表页面

同样的方法和步骤可以下载海天味业的利润表、现金流量表等报表。

三、数据源上传

将海天味业 2023 年度资产负债表和利润表的数据上传至中联 Wyn 大数据分析平台。

具体操作步骤如下。

步骤 1：进入 Wyn 大数据分析平台，单击左侧导航栏【＋】创建文档，选择【数据源】，单击进入，如图 6 – 21 所示。

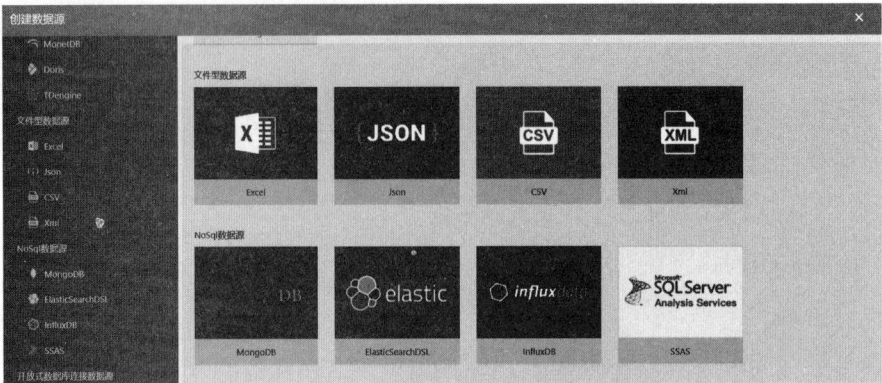

图 6-21　Wyn 大数据分析平台创建数据源界面

步骤 2：单击文件型数据源中的【Excel】按钮，如图 6-22 所示。

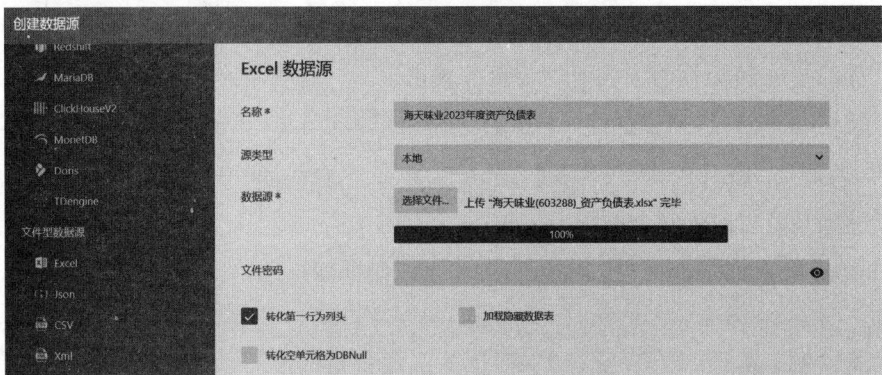

图 6-22　上传海天味业 2023 年度资产负债表

步骤 3：依次输入相应的名称、源类型、数据源的信息，文件密码、加载隐藏数据表和转化空单元格为 DBNull 可以不设置，单击【下一步】，如图 6-23 所示。

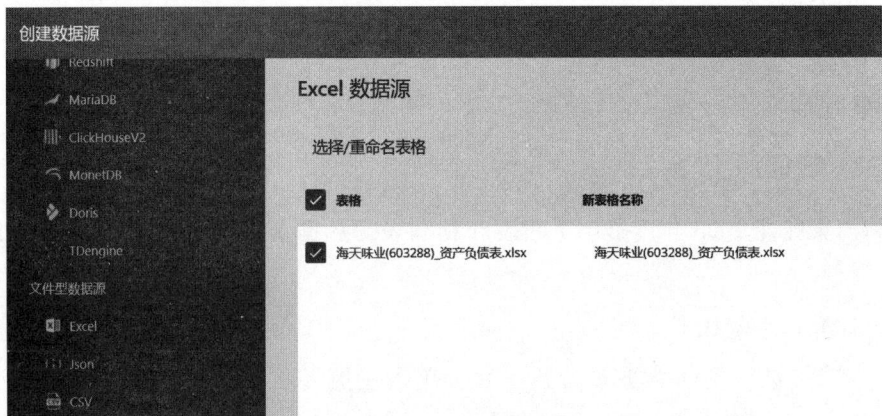

图 6-23　设置 Excel 数据源

步骤4：再单击【下一步】，如图6-24所示。

图6-24 Excel数据源中海天味业资产负债表预览界面

步骤5：单击【创建】即完成。

同样的步骤可以上传海天味业2023年利润表的数据。

单击【文档类型】，选择【数据源】，可以看到海天味业2023年的数据源已经上传完毕，如图6-25所示。

图6-25 上传数据源平台的文档列表

同样，借助 ⋮ 按钮，可以对数据源进行重新配置、追加数据、覆盖数据、复制链接、管理分类、重命名、删除文档和下载的具体操作，如图6-26所示。

图 6 – 26 文档具体操作项目列示

技能训练

中联 Wyn 大数据分析平台练习：

1. 通过海天味业官网下载 2023 年年度报告。

2. 通过新浪财经网下载海天味业 2023 年年度报告、2023 年资产负债表和 2023 年利润表。

3. 上传海天味业 2023 年年度报告、2023 年资产负债表和 2023 年利润表到中联大数据分析平台 Wyn，并重命名。

任务 6-2 处理财经数据

情境导入

中联信合资产有限责任公司员工小李在学习了任务 6-1 中有关中联大数据分析平台数据采集的相关知识以后，已经完成了将海天味业的资产负债表和利润表上传至中联大数据分析平台的任务。为了更好地对海天味业的资产负债表和利润表中相关财务指标进行后续可视化

视频6-5

分析，需要对相关数据源进行一定的数据处理。由于中联大数据分析平台在数据源上传时，自动将数据源中的空值替换成了 0，使用者不需要再进行相关的数据清洗，在操作上更加高效、快捷。但由于资产负债表和利润表是两个相对独立的数据源，因此为了便于进行综合分析，小李在学习了数据处理的相关知识以后，认为可以将

海天味业的资产负债表和利润表两个数据源进行数据连接，于是其便决定通过中联大数据分析平台进行相关操作，如图 6 – 27 所示。

图 6 – 27 大数据分析平台

思考题：如何将任务 6 – 1 中通过中联大数据分析平台上传的海天味业资产负债表和利润表进行数据连接？

任务目标

知识目标：

1. 了解中联 BI 数据分析平台创建数据集的基本方法。

2. 了解中联 BI 数据分析平台可视化呈现的基本方法。

技能目标：

1. 利用中联 BI 数据分析平台，完成数据集创建。

2. 利用中联 BI 数据分析平台，完成可视化大屏设计。

素养目标：

1. 通过本任务学习，让学生在体验中联 BI 数据分析平台可视化综合呈现时，培养其积极主动、勇毅前行的职业品质。

2. 让学生在领悟运用中联 BI 数据分析平台进行财经数据可视化呈现的同时，培养其爱国主义精神和勇于创新的职业态度。

建议学时

4 学时。

相关知识

一、数据连接类型

数据集成是把不同来源、格式、特点性质的数据在逻辑上或物理上有机地集中，从而为企业提供全面的数据共享。数据集成的主要应用场景有数据连接和数据联合。数据连接用于将不同数据内容的表格根据条件连接，例如把某公司资产负债表和利润表连接。数据联合用于将相同或相似数据内容的表格进行合并。

数据连接必须有关联条件，一般是指左表的主键或其他唯一约束字段（即没有重复值）与右表的主键或其他唯一约束字段相等（相同）。

具体的数据连接方式主要有四种：左连接、右连接、内连接、全连接，如图 6 - 28 所示。

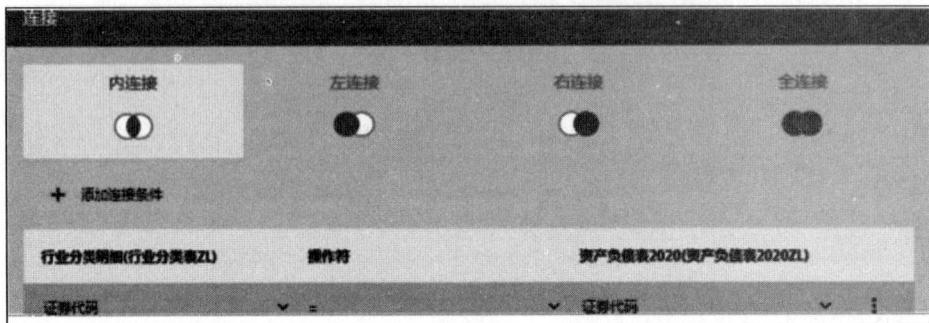

图 6 - 28　数据连接方式

左连接是以左表为基础，根据两表的关联条件将两表连接起来。结果会将左表所有的数据条目列出，而右表只列出满足关联条件的部分。左连接全称为左外连接，是外连接的一种，如图 6 - 29 所示。

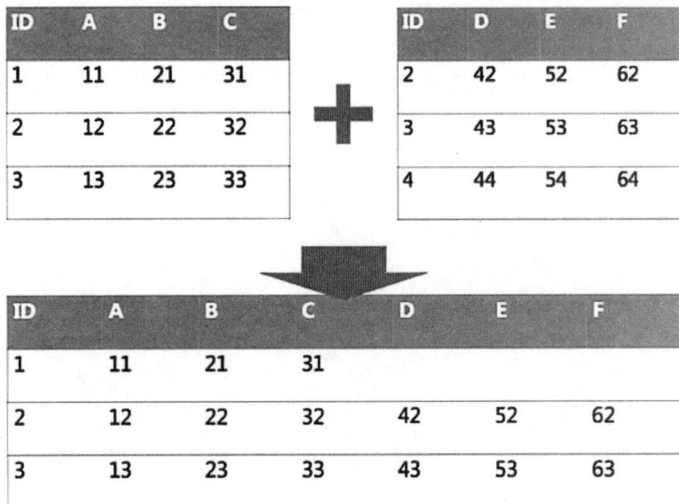

图 6 - 29　左连接

　　右连接是以右表为基础，根据两表的关联条件将两表连接起来。结果会将右表所有的数据条目列出，而左表只列出满足关联条件的部分。右连接全称为右外连接，是外连接的一种，如图 6 – 30 所示。

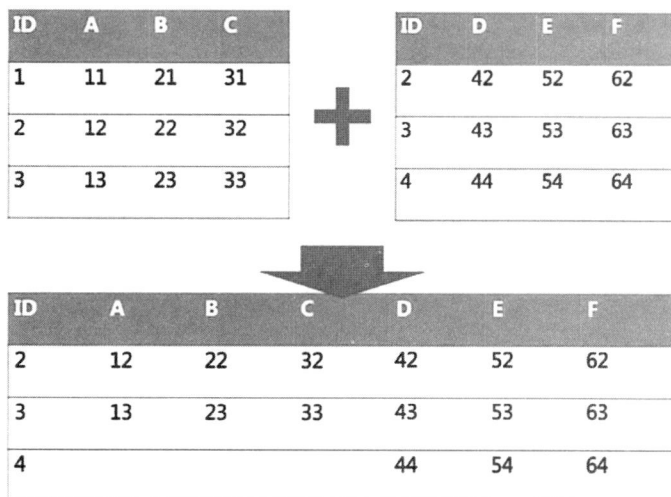

ID	A	B	C	D	E	F
2	12	22	32	42	52	62
3	13	23	33	43	53	63
4				44	54	64

图 6 – 30　右连接

　　内连接只显示满足关联条件的左、右两表的数据记录，不符合条件的数据不使用，如图 6 – 31 所示。

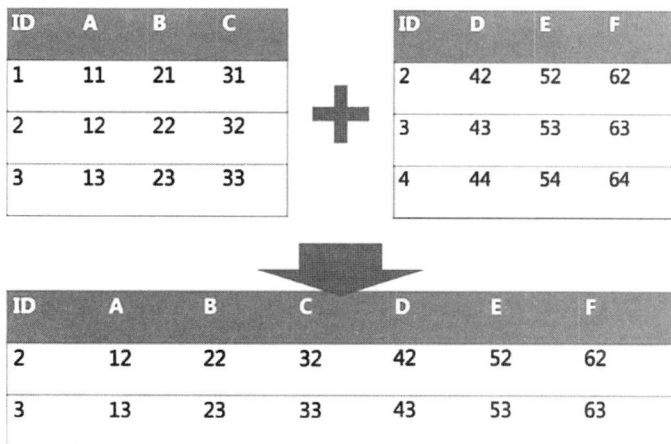

ID	A	B	C	D	E	F
2	12	22	32	42	52	62
3	13	23	33	43	53	63

图 6 – 31　内连接

　　全连接是将满足关联条件的左、右表数据相连，不满足条件的各表数据均保留，无对应数据的表内容为空。全连接如图 6 – 32 所示。

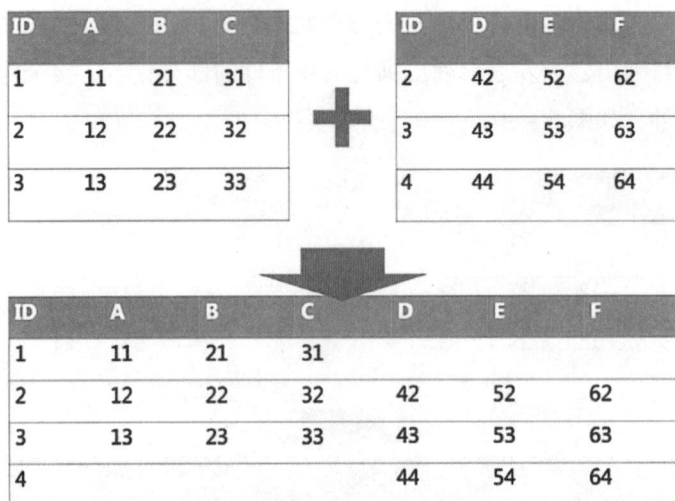

图 6 – 32　全连接

二、数据连接操作

将海天味业 2023 年度的资产负债表和利润表在中联 Wyn 大数据分析平台中进行数据连接，具体步骤如下。

步骤 1：打开中联 Wyn 大数据分析平台，单击左侧【+】创建文档，选择【准备数据】，如图 6 – 33 所示。

视频6-6

图 6 – 33　选择准备数据

步骤2：左侧导航栏里面有【仪表板】下的【准备数据】和【报表】下的【准备数据】，可以根据需要去选择相应的【准备数据】。

（一）数据连接

（1）选择【仪表板】下的【准备数据】，如图6－34所示。

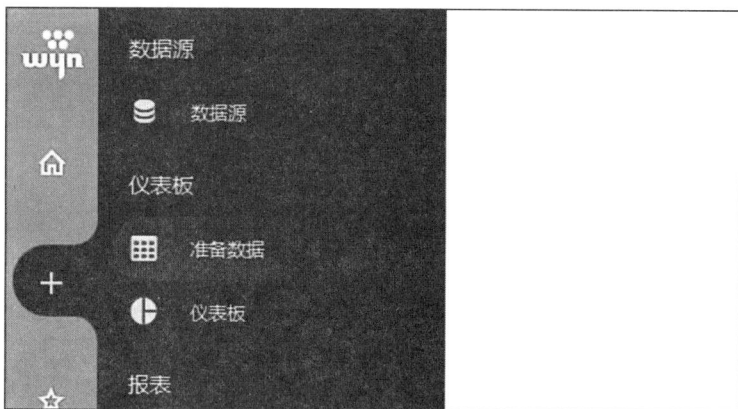

图6－34 选择仪表板下的准备数据

（2）单击【仪表板】下的【准备数据】后，出现"准备数据"展示页面，如图6－35所示。

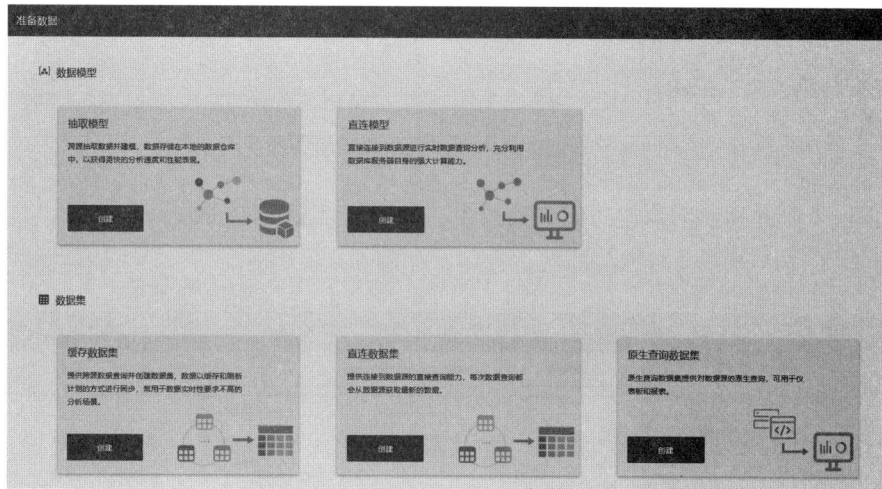

图6－35 准备数据的展示页面

（3）选择【数据集】下【缓存数据集】，单击【创建】，单击【数据源列表】下拉框，根据需要选择海天味业的资产负债表以及海天味业的利润表，如图6－36所示。

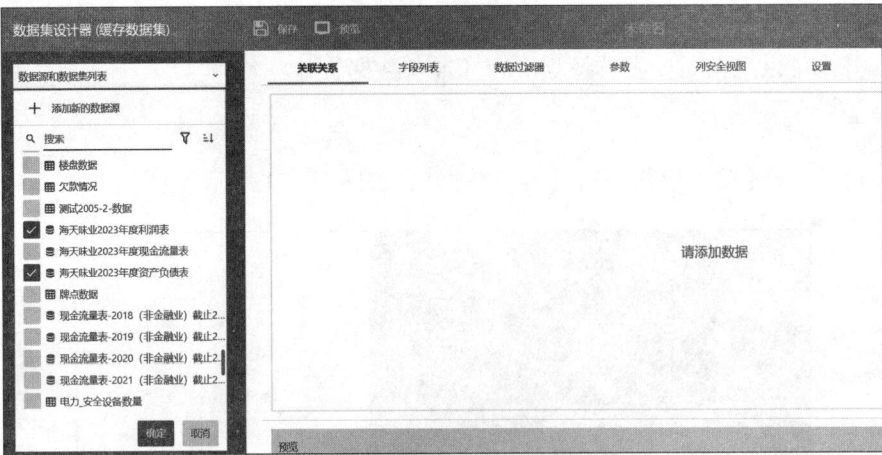

图 6 - 36　创建缓存数据集

（4）单击【确定】按钮，如图 6 - 37 所示。

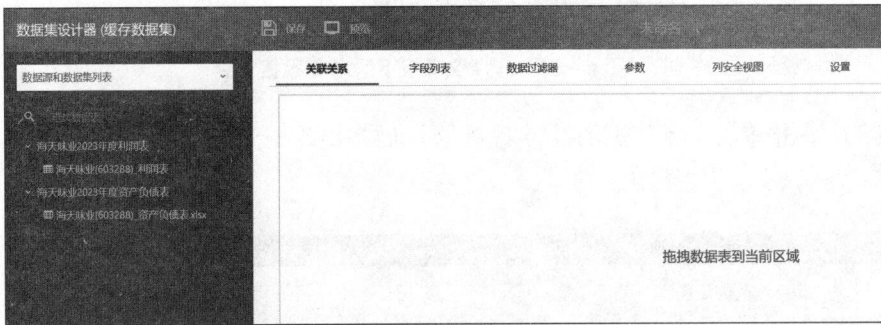

图 6 - 37　选择海天味业资产负债表和利润表

（5）将海天味业的资产负债表拖拽至右侧工作区域，再将海天味业的利润表拖拽至右侧工作区域，进行相关的数据连接，如图 6 - 38 所示。

图 6 - 38　报表拖拽至工作区域

（6）选择相应的连接方式和添加连接条件，单击【保存】，如图 6 - 39 所示。

图 6 - 39　选择连接方式界面

（7）得到数据连接，如图 6 - 40 所示。

图 6 - 40　数据连接

我们也可以根据实际需要，对数据连接进行重命名。

（二）生成相关报表

（1）选择【报表】下的【准备数据】，如图 6 - 41 所示。

图 6 - 41　选择报表下的准备数据

（2）选择【数据集】下的【直连数据集】或者【缓存数据集】，单击【创建】，如图6－42所示。

图6－42　数据集创建的选择界面

（3）选择【数据源和数据集列表】下的数据源，如图6－43所示。

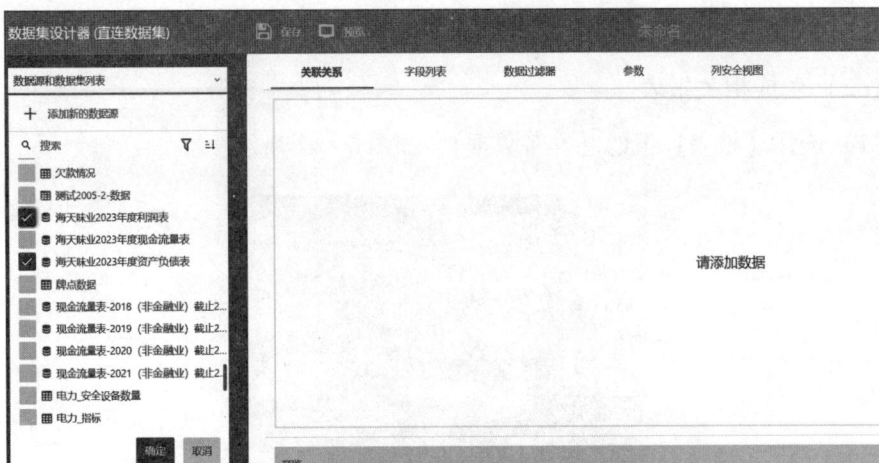

图6－43　数据源列表选择界面

（4）将海天味业的资产负债表拖拽至右侧工作区域，再将海天味业的利润表拖拽至右侧工作区域，选择相应的连接方式和添加连接条件，单击【保存】按钮，如图6－44所示。

图6-44 直连数据集连接界面

（5）查阅和进行相应的修改。单击【我的分析】下的【数据集】，选择右侧文档列表中的具体文档进行查阅，单击右上角【编辑】按钮，进入具体数据集文档的修改界面，单击【字段列表】对数据集文档进行相应的修改，还可在具体记录中进行添加计算字段等相关操作，如图6-45所示。

图6-45 字段列表修改界面

技能训练

对任务6-1通过中联Wyn大数据分析平台上传的海天味业资产负债表和利润表进行数据连接。

任务6-3 财经数据可视化

情境导入

通过学习，中联信合资产有限责任公司员工小李已经将海天味业的资产负债表和利润表上传至了中联Wyn大数据分析平台，并且进行了数据连接，完成了对海天味业的资产负债表和利润表数据进行可视化大屏设计的基础。小李通过学习发现中联Wyn大数据分析平台支持的可视化图形种类非常多，不仅包括静态的可视化图形，还包括丰富多样的动态可视化图形，可以满足使用者的多样化需求，直接通过拖拽的方式进行仪表板设计，以动态的方式进行可视化大屏呈现。

视频6-7

任务目标

知识目标：

掌握中联 BI 数据分析平台可视化呈现的基本方法。

技能目标：

利用中联 BI 数据分析平台，完成可视化大屏设计。

素养目标：

1. 体验 BI 数据分析平台可视化综合呈现，培养学生积极主动、勇毅前行的职业品质。

2. 领悟运用 BI 数据分析平台进行财经数据可视化呈现，培养学生的爱国主义精神和勇于创新的职业态度。

建议学时

6 学时。

相关知识

一、Wyn 商业智能可视化大屏制作

视频6-8

制作一个炫酷可视化大屏需要几步？Wyn 嵌入式商业智能软件只需三步轻松搞定。

步骤 1：在仪表板中创建好大屏布局，其内置多种组件模板，可任意选择，自由拖拽，简单易用，如图 6 – 46 所示。

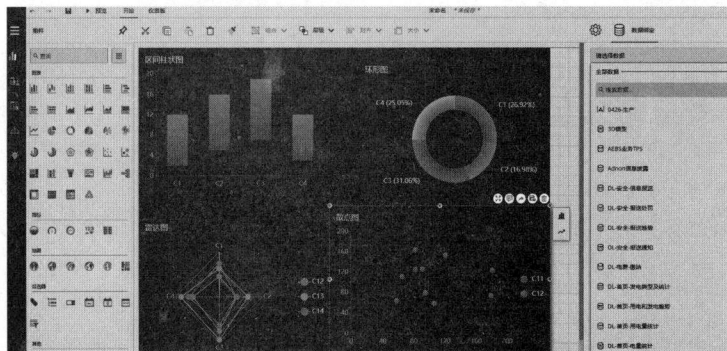

图 6 – 46　创建大屏布局

步骤2：连接业务数据库，对原数据进行建模、整合和二次计算，形成可分析的目标数据，让数据和信息完美展现，如图6-47所示。

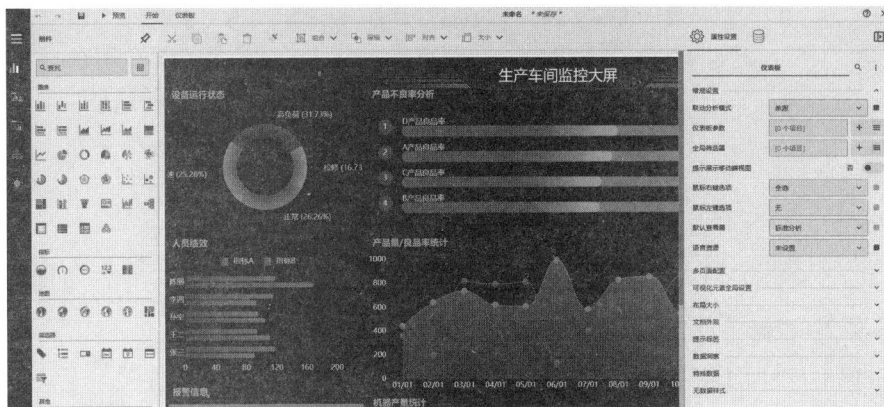

图6-47 数据呈现

步骤3：精细美化，针对仪表板进行个性化设计，如图6-48所示。

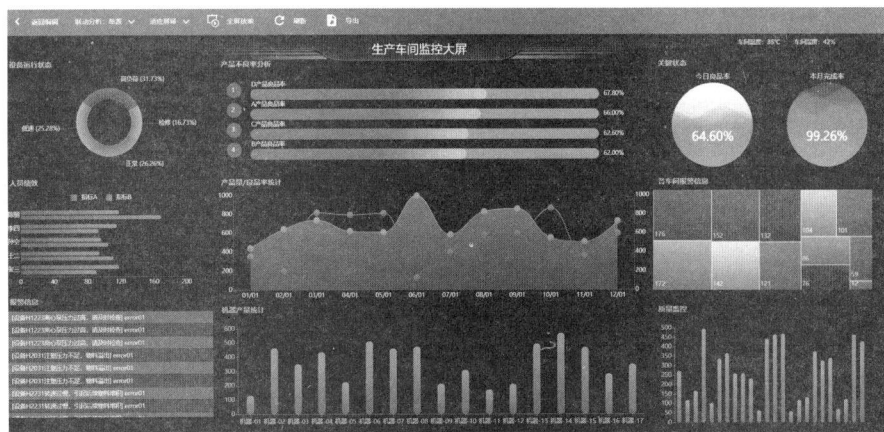

图6-48 个性化设计

练一练：请按照年份从营业收入、营业成本、净利润、资产总计和负债合计等指标对海天味业进行可视化大屏综合呈现。

中联Wyn大数据分析平台创建仪表板基本流程如图6-49所示。

根据中联Wyn大数据分析平台创建仪表板的基本流程图，进行仪表板可视化大屏呈现，具体步骤如下。

步骤1：单击【+】，选择【准备数据】，创建【缓存数据集】。

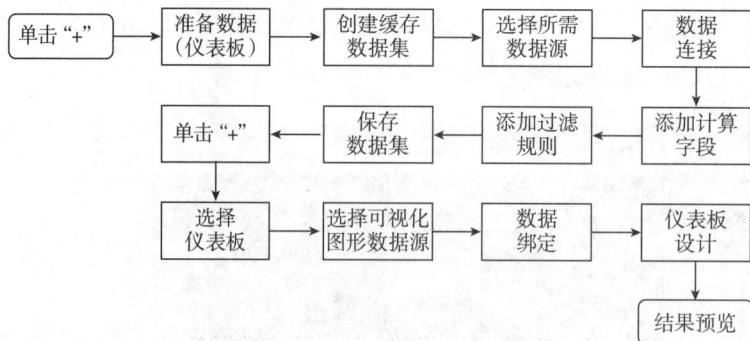

图 6 –49 创建仪表板基本流程

步骤 2：根据需要，选择【数据源】并进行【数据连接】。

步骤 3：添加计算字段，添加过滤规则，【保存】创建的【数据集】。

步骤 4：单击【＋】，选择【仪表板】，根据需要选择要进行展示的【可视化图形】。

步骤 5：进行【数据集】的绑定和【仪表板】的设计。

步骤 6：进行可视化结果的【预览】。

步骤 7：【保存】。

二、仪表板功能

视频6-9

中联 Wyn 大数据分析平台仪表板中有多项功能，如图 6 –50 所示，根据具体实际需要，灵活使用各项功能，可以制作出炫酷可视化大屏。

图 6 –50 Wyn 大数据分析平台仪表板

具体操作步骤如下。

步骤 1：打开中联 Wyn 大数据分析平台，左侧导航栏有六个功能栏目，从上到下依次为【主页】、【创建文档】、【收藏夹】、【门户目录】、【我的分析】和【分类】，如图 6 – 51 所示。仪表板的设计，主要用到"＋"【创建文档】这一功能栏目。

　　步骤 2：进行仪表板的设计。单击【＋】，进行栏目的选择，如图 6 – 52 所示。

图 6 – 51　导航栏

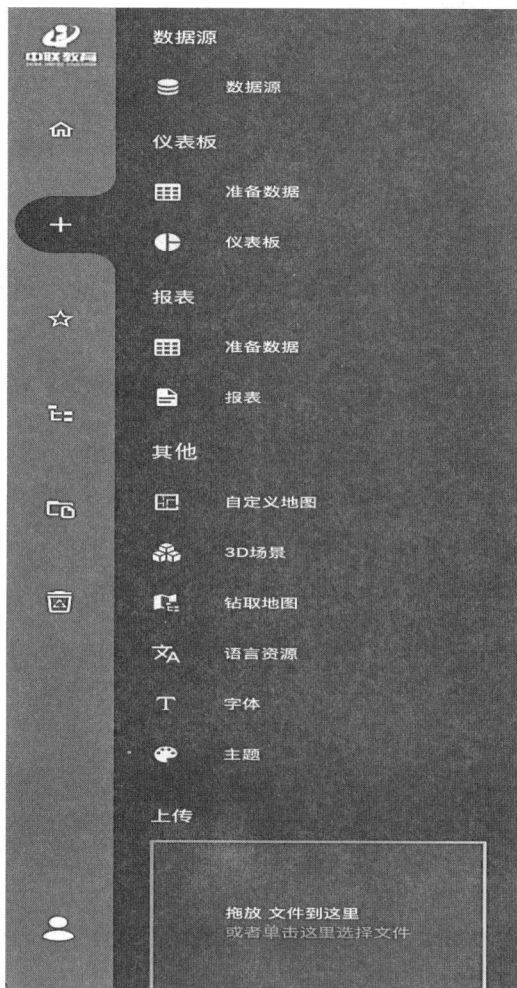

图 6 – 52　选择栏目

　　步骤 3：单击【数据源】，进行数据源的上传和创建数据集，根据需要选择数据源进行数据关联。

　　步骤 4：添加计算字段，添加过滤规则，【保存】创建的数据集。

　　步骤 5：单击【＋】，选择【仪表板】下的【仪表板】，如图 6 – 53 所示。

　　整个对话框由三部分组成，分别是左侧的导航功能区，中间的作业区，右侧的设置区。导航功能区负责根据需要选择进行展示的可视化图形，作业区负责仪表板

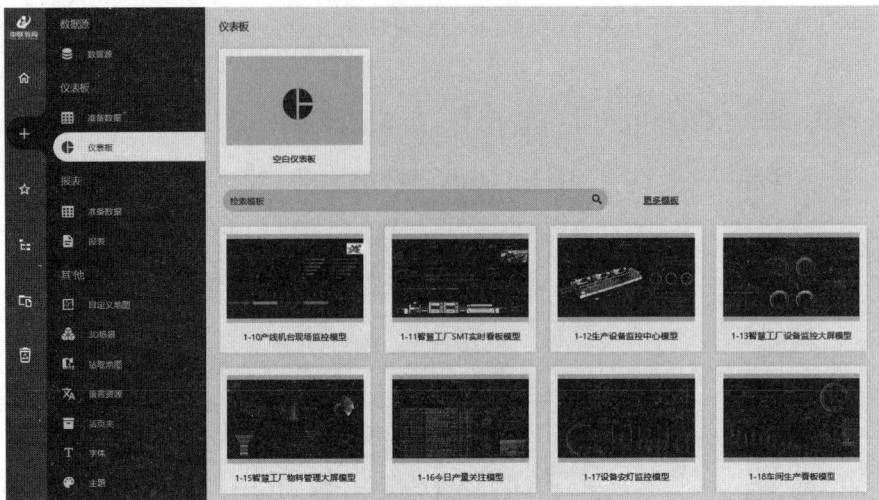

图 6 – 53　仪表板区域

的呈现，设置区负责数据集的绑定和仪表板的设计。

步骤 6：仪表板设计完以后，就可以通过最上面的具体栏目进行可视化结果的预览和保存操作。

以计算某一个行业的资产负债率为例，将仪表板设计和功能运用展示如下。

步骤 1：单击【＋】创建文档，选择仪表板下【准备数据】，单击进入，进行数据集的【创建】，根据需要选择【数据源】，如图 6 – 54 所示。

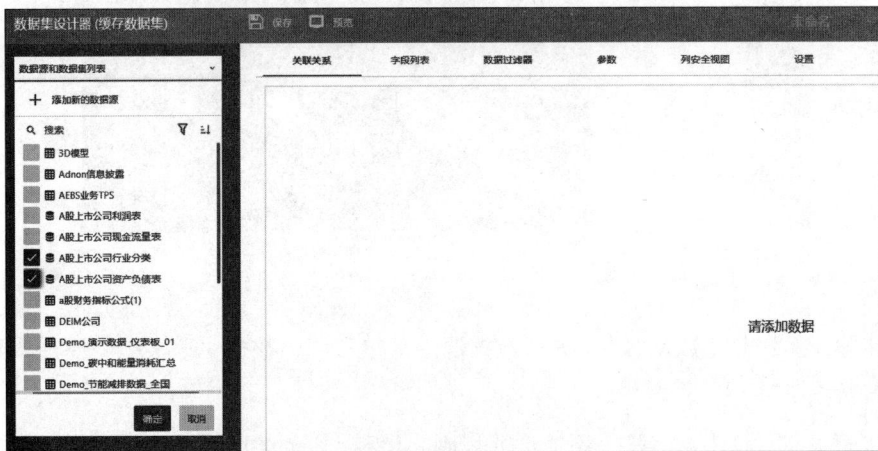

图 6 – 54　选择数据源

步骤 2：选择【行业分类明细】和【资产负债表】财务数据，单击【确定】。

步骤 3：进行【数据连接】。将【行业分类明细】拖拽至右侧工作区域，将资产负债表与行业分类明细进行【数据连接】，单击【保存】。

步骤4：进行相关字段的【添加】，如图6-55所示。

图6-55 添加相关字段

由于资产负债表当中没有资产负债率这一字段，所以要添加计算字段。单击【更多】，选择添加【计算字段】，将字段命名为资产负债率，字段类型选择数字。进行资产负债率公式的设计：

$$资产负债率 = \frac{负债合计}{资产总计} \times 100\%$$

步骤5：资产负债率计算字段添加完毕，单击【保存】，如图6-56所示。

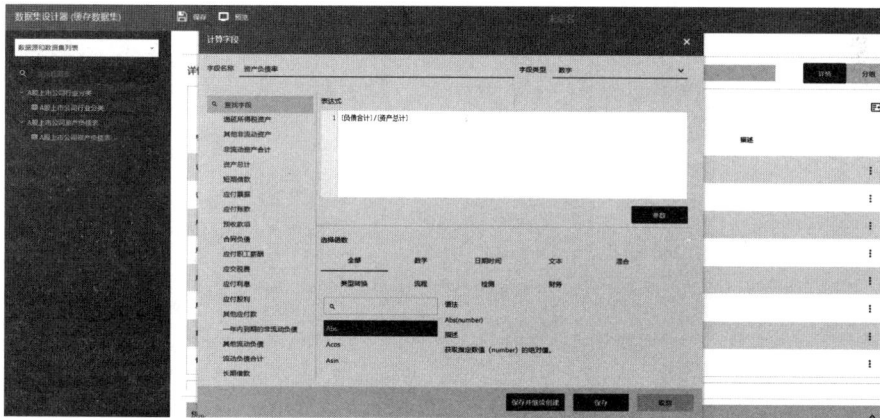

图6-56 资产负债率计算字段添加

如果要继续添加多个字段，单击【保存并继续创建】按钮，重复以上的操作。

步骤6：进行【数据过滤器】的添加，如图6-57所示。

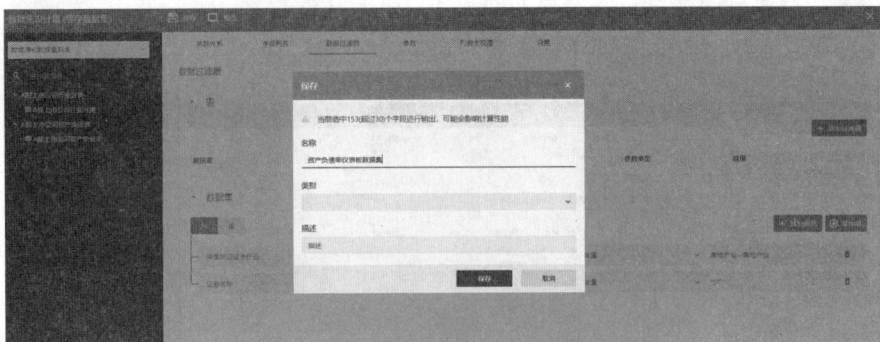

图 6 - 57　添加数据过滤器

进行其他操作以后，仪表板数据集【创建】完毕，可以单击导航栏的引擎选择【数据集】进行查看，也可以单击右上角【编辑】按钮，对该数据集进行修改、复制、重命名、删除和下载等相关的操作。

步骤 7：继续单击【创建文档】，选择【仪表板】，进行仪表板的设计。

（1）左侧导航栏依次有【数据可视化】、【可视化插件】、【容器＆组件】、【筛选器】、【组件库】和【智能分析】六个进行可视化设计的功能栏目。比如单击【数据可视化】就可以看到有柱状图、区间、饼图等多种类型的静态可视化图形，如图 6 - 58 所示。

图 6 - 58　静态可视化图形

也有如 3D 旋转三棱锥等多种类型的动态可视化图形，可以根据需要拖拽进行相关【仪表板】的设计，如图 6-59 所示。

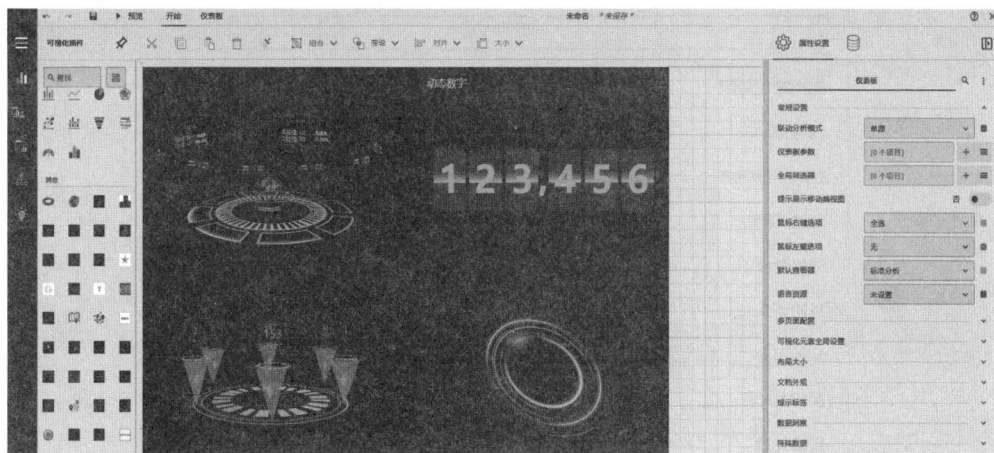

图 6-59　动态可视化图形

（2）以柱状图为例，将柱状图拖拽至右侧工作区域。单击右侧设计区【数据绑定】，进行相关【数据源】的绑定，如图 6-60 所示。

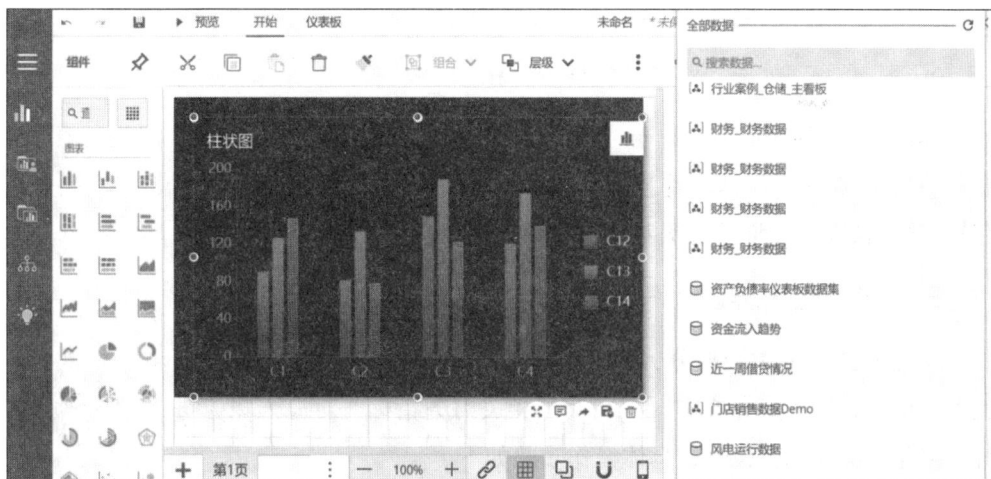

图 6-60　数据源绑定

（3）单击右侧设计区【属性设置】，进行相关【仪表板】格式美化的设计，如图 6-61 所示。

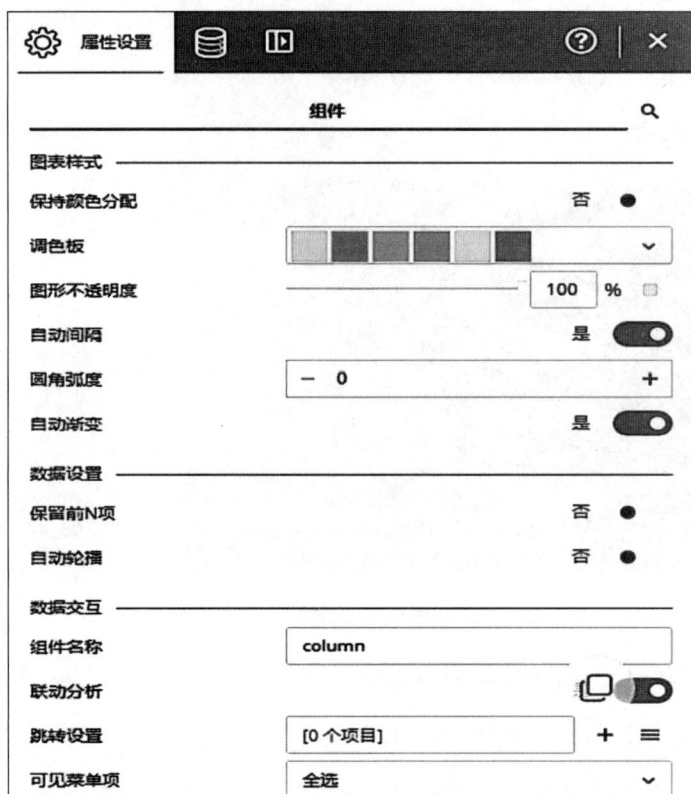

图 6−61　仪表板格式美化设计

步骤 8：设计完成后，单击【全局设置】按钮，对整个可视化大屏进行背景、主题等方面的设置，单击【预览】，可以呈现可视化大屏的效果，最后单击【保存】，输入仪表板名称"海天味业可视化大屏综合呈现"，单击【确定】按钮。

三、可视化大屏设计

通过中联 Wyn 大数据分析平台，针对海天味业的资产总计、营业收入、负债合计、营业成本、净利润等相关财务指标，对海天味业进行可视化大屏的综合设计，具体操作步骤如下。

视频6-10

步骤 1：打开中联 Wyn 大数据分析平台，左侧导航栏选择【＋】，单击创建文档，如图 6−62 所示。（由于之前已经对海天味业的资产负债表、利润表进行了数据上传，并且进行了数据连接。因此本环节直接进行仪表板设计。）

左侧导航栏依次有组件、可视化插件、组件模板库、组件层级和智能分析五个进行可视化设计的栏目。

步骤 2：具体项目仪表板的设计。单击【组件】，可以发现分别有图表、指标、

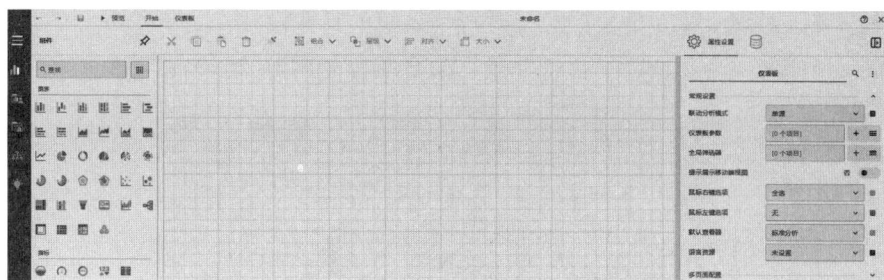

图 6 – 62 创建文档

筛选器和其他四种类型的静态可视化图形供选择。

步骤 3：单击【可视化插件】，有多种类型的动态可视化图形可供选择。依次应用不同的可视化图形，对海天味业的资产总计、营业收入、负债合计、营业成本、净利润、营业利润等相关财务指标进行可视化大屏的设计。

（1）资产总计仪表板的设计。单击【图表】中的【柱状图】（按照需求选择），拖拽到右侧的空白区域，如图 6 – 63 所示。

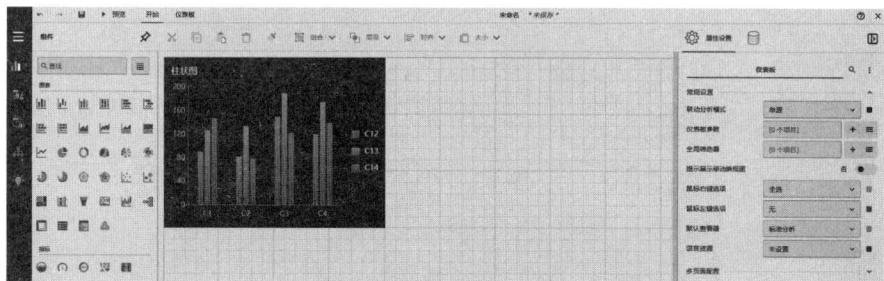

图 6 – 63 拖拽柱状图到右侧空白区域

单击右侧【数据绑定】，在【请选择数据集】下面的选择项目中选择海天味业数据集，如图 6 – 64 所示。

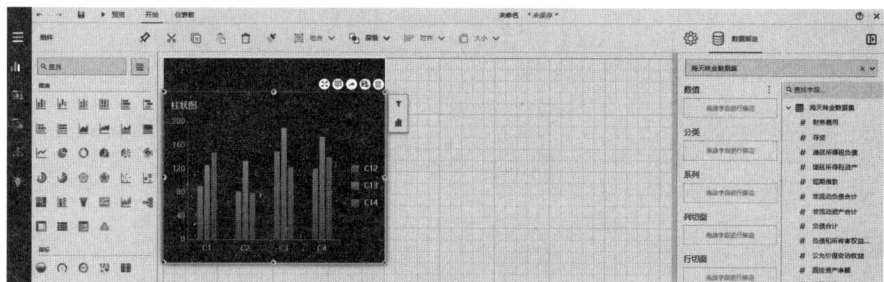

图 6 – 64 动态可视化图形

按照要求对海天味业的资产总计进行仪表板的具体设计：

将年份拖拽至分类框中，将资产总计拖拽至数值框中，如图 6 – 65 所示。

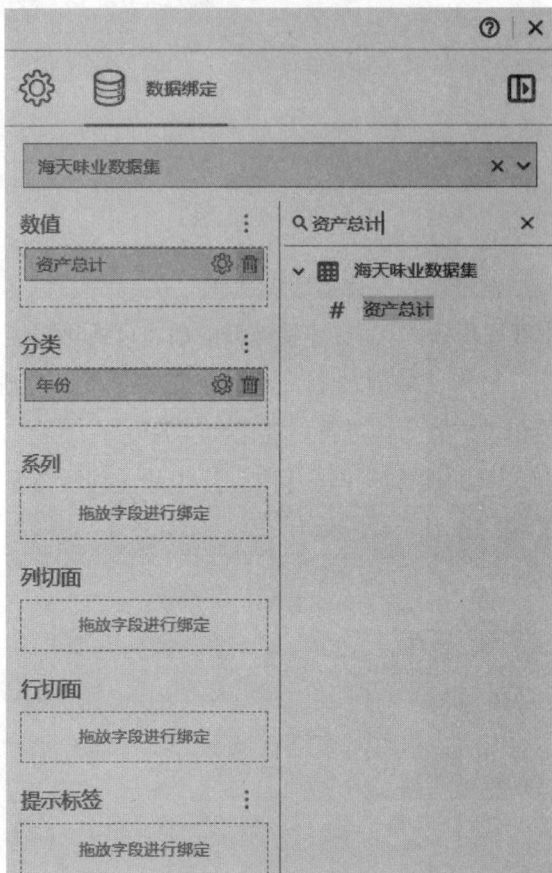

图 6 – 65　拖拽年份和资产总计

单击【属性】按钮，进行不同格式项目的设计。这样海天味业 2019—2023 年所对应的资产总计情况以柱状图的形式展示到仪表板中，如图 6 – 66 所示。

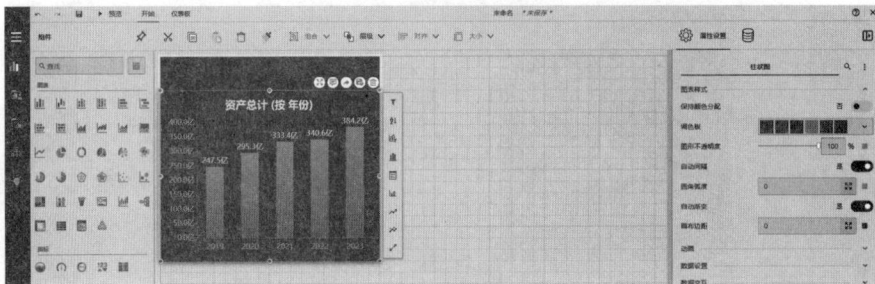

图 6 – 66　2019—2023 年资产总计情况柱状图展示

（2）营业收入仪表板的设计。单击【可视化插件】，将 3D 旋转三棱锥拖拽至右侧仪表板设计区域，单击右侧【数据绑定】，在【请选择数据集】下面的选择项目中选择海天味业数据集，如图 6 - 67 所示。

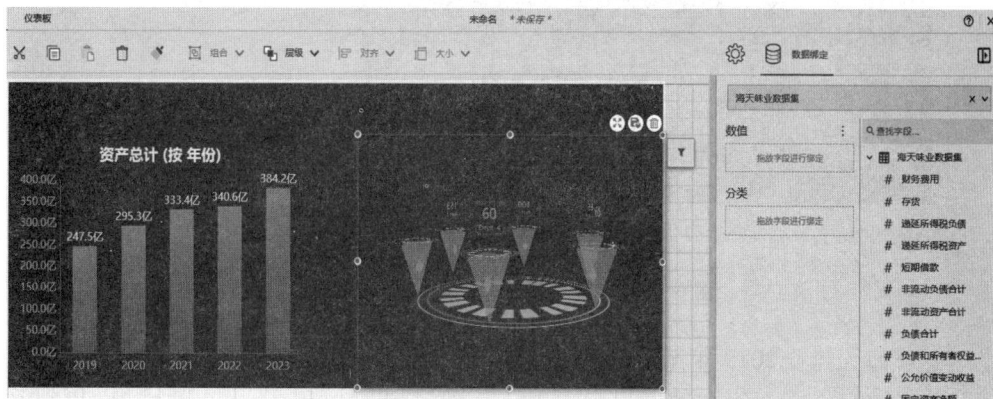

图 6 - 67　3D 旋转三棱锥展示的数据绑定

将年份拖拽至分类框中，将营业收入拖拽至数值框中，如图 6 - 68 所示。

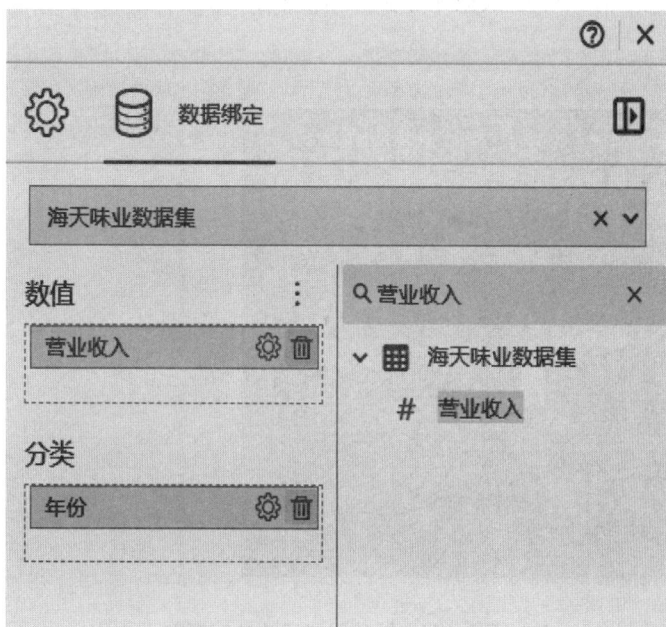

图 6 - 68　拖拽年份和营业收入

单击【属性】按钮，进行不同格式项目的设计，这样与年份有关的营业收入仪表板设计成功，如图 6 - 69 所示。

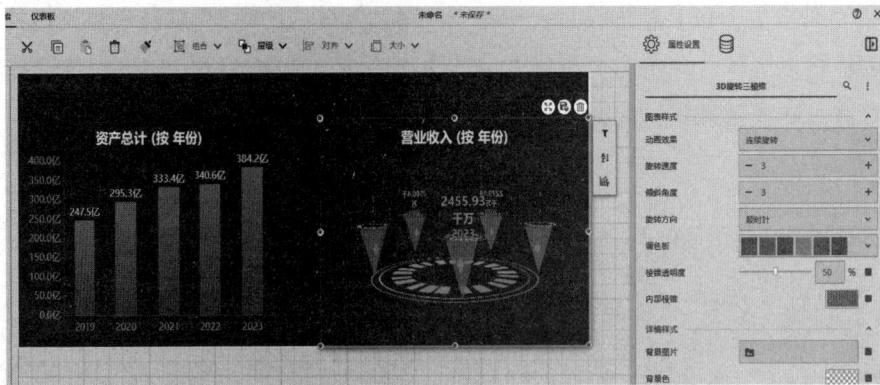

图 6 – 69　3D 旋转三棱锥展示的数据绑定

这样海天味业 2019 年至 2023 年所对应的营业收入情况以动态的形式展示到仪表板中。

（3）负债合计仪表板的设计。单击【数据可视化】中的【柱状图】（按照要求选择），拖拽到右侧的空白区域，单击右侧【数据绑定】，在【请选择数据集】下面的选择项目中选择海天味业数据集，如图 6 – 70 所示。

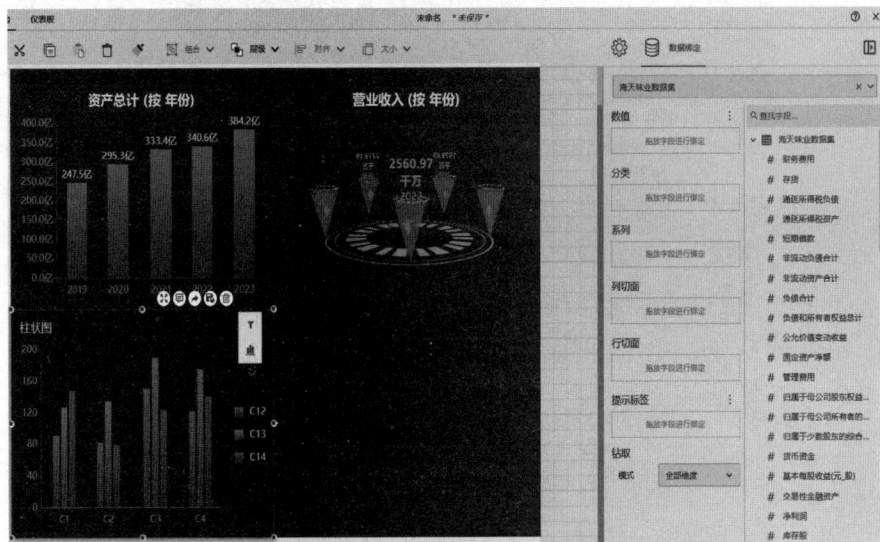

图 6 – 70　柱状图展示的数据绑定

将年份拖拽至分类框中，将负债合计拖拽至数值框中，如图 6 – 71 所示。

单击【属性】按钮，进行不同格式项目的设计，如图 6 – 72 所示。

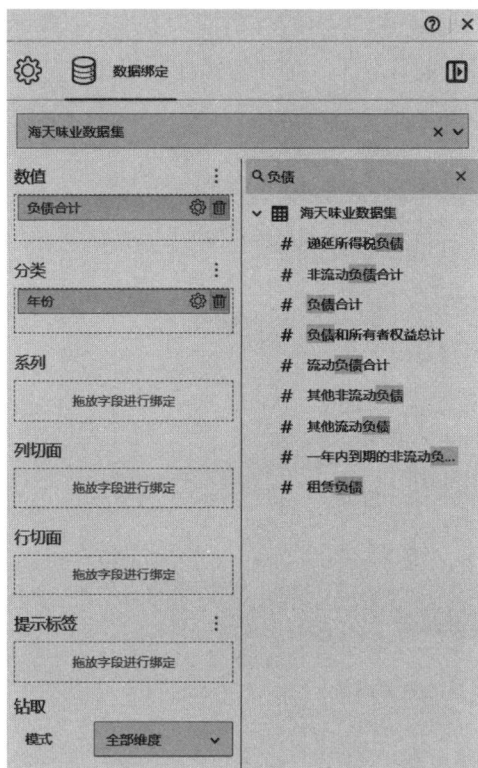

图6-71 拖拽年份和负债合计   图6-72 负债合计的柱状图属性设计

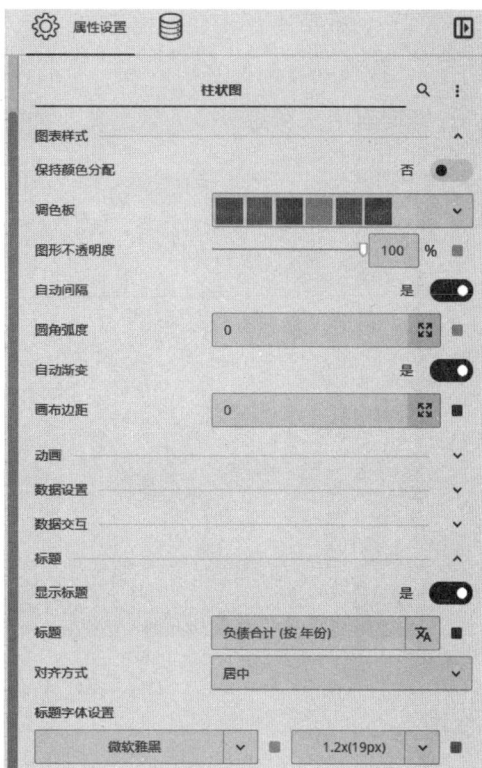

这样海天味业2019—2023年所对应的负债合计情况以柱状图的形式展示到仪表板中，如图6-73所示。

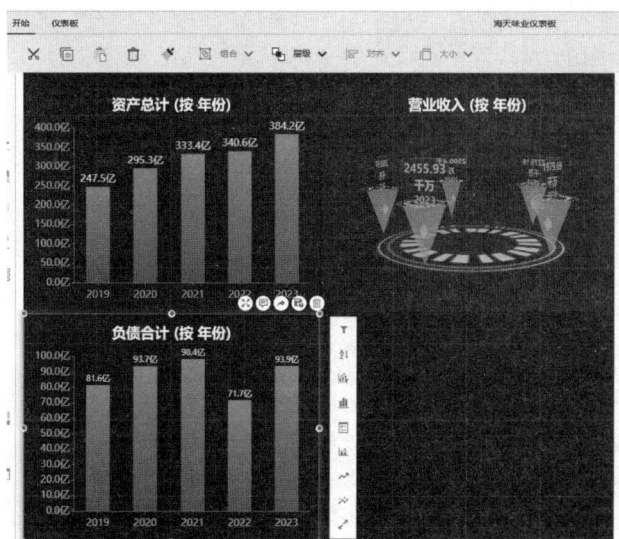

图6-73 2019—2023年负债合计情况柱状图展示

（4）营业成本仪表板的设计。单击【数据可视化】中的【折线图】（按照要求选择），拖拽到右侧的空白区域，单击右侧【数据绑定】，在【请选择数据集】下面的选择项目中选择海天味业数据集，如图6-74所示。

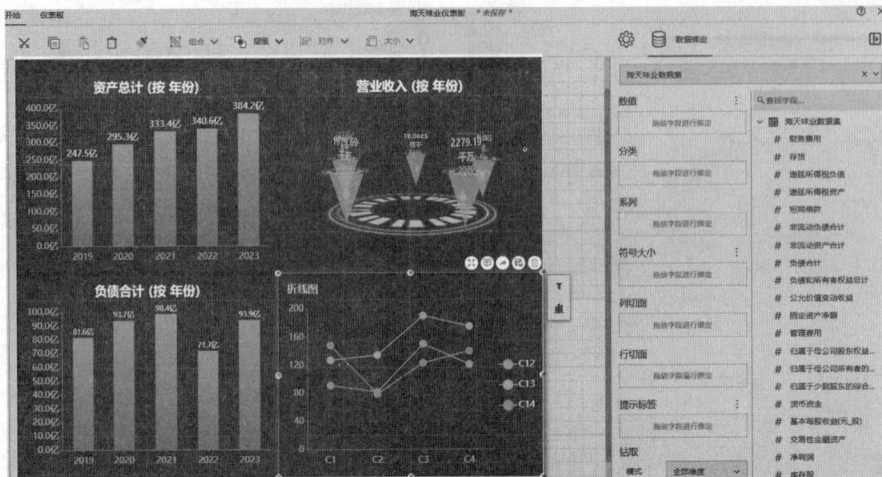

图6-74 折线图展示的数据绑定

将年份拖拽至分类框中，将营业成本拖拽至数值框中，如图6-75所示。

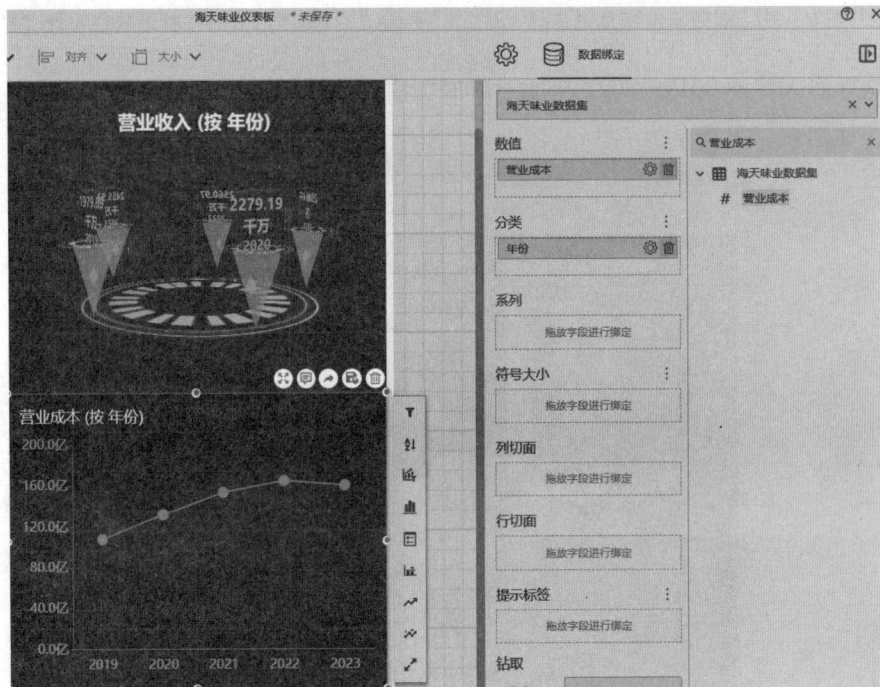

图6-75 拖拽年份和营业成本

单击【属性】按钮，进行不同格式项目的设计，如图6-76、图6-77所示。

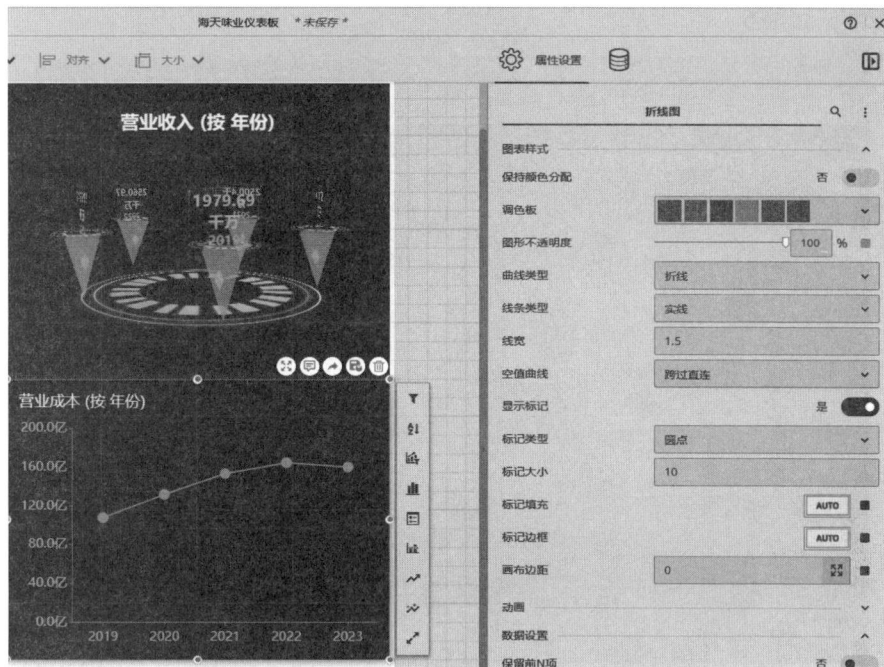

图6-76 营业成本的折线图属性设计（图表样式）

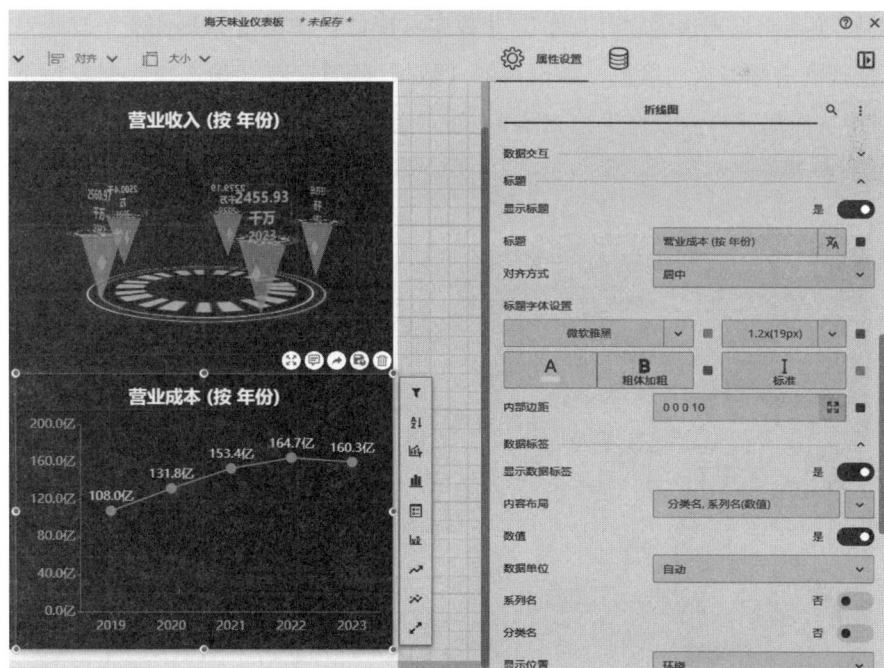

图6-77 营业成本的折线图属性设计（标题和字体）

这样海天味业 2019 年至 2023 年所对应的营业成本情况以折线图的形式展示到仪表板中，如图 6-78 所示。

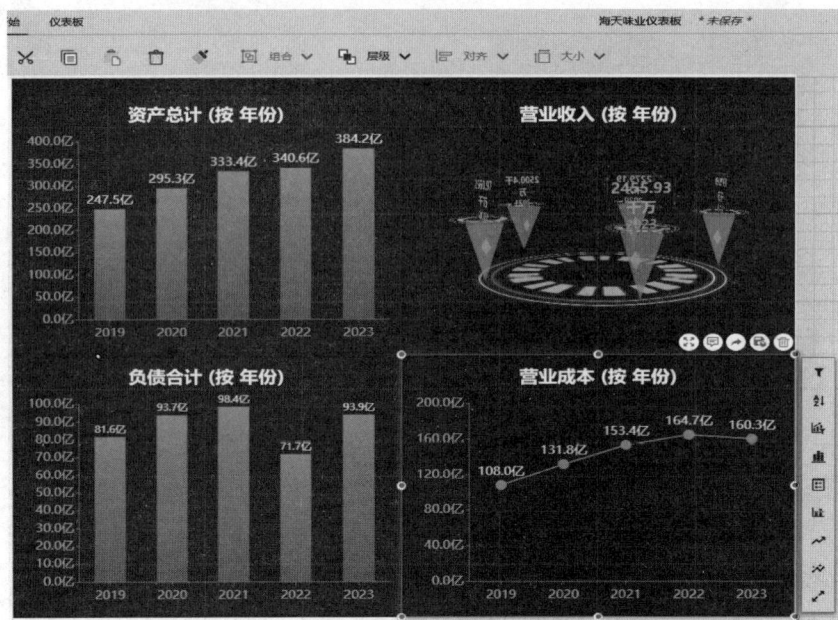

图 6-78　2019 年至 2023 年营业成本情况折线图展示

（5）净利润仪表板的设计。单击【数据可视化】中的【条形图】（按照要求选择），拖拽到右侧的空白区域，单击右侧【数据绑定】，在【请选择数据集】下的选择项目中选择海天味业数据集，如图 6-79 所示。

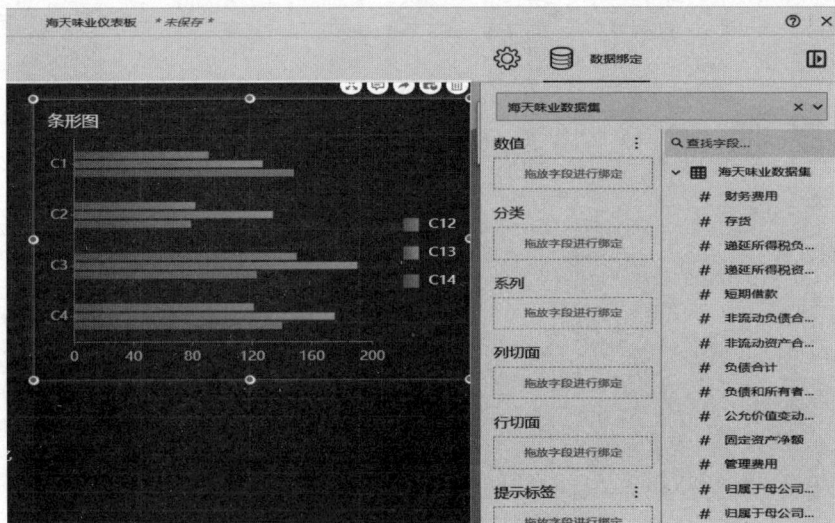

图 6-79　条形图展示的数据绑定

将年份拖拽至分类框中，将净利润拖拽至数值框中，如图6-80所示。

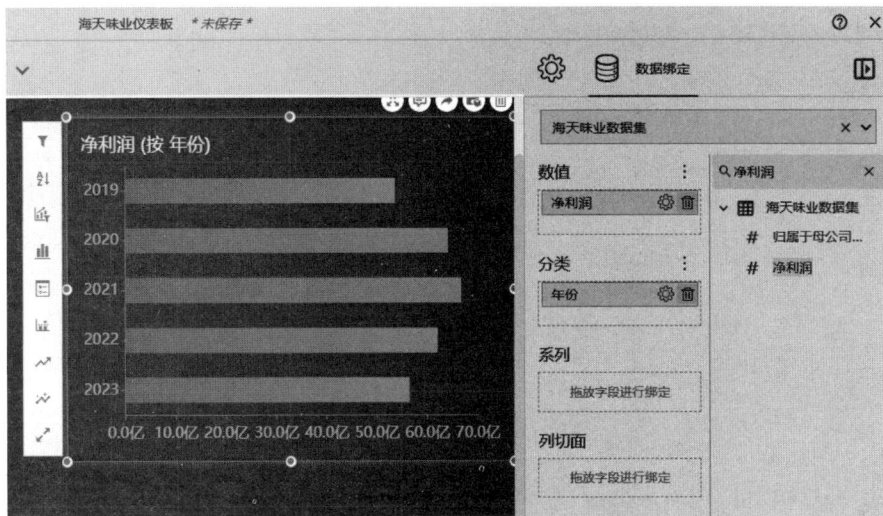

图6-80 拖拽年份和净利润

单击【属性】按钮，进行不同格式项目的设计，如图6-81、图6-82所示。

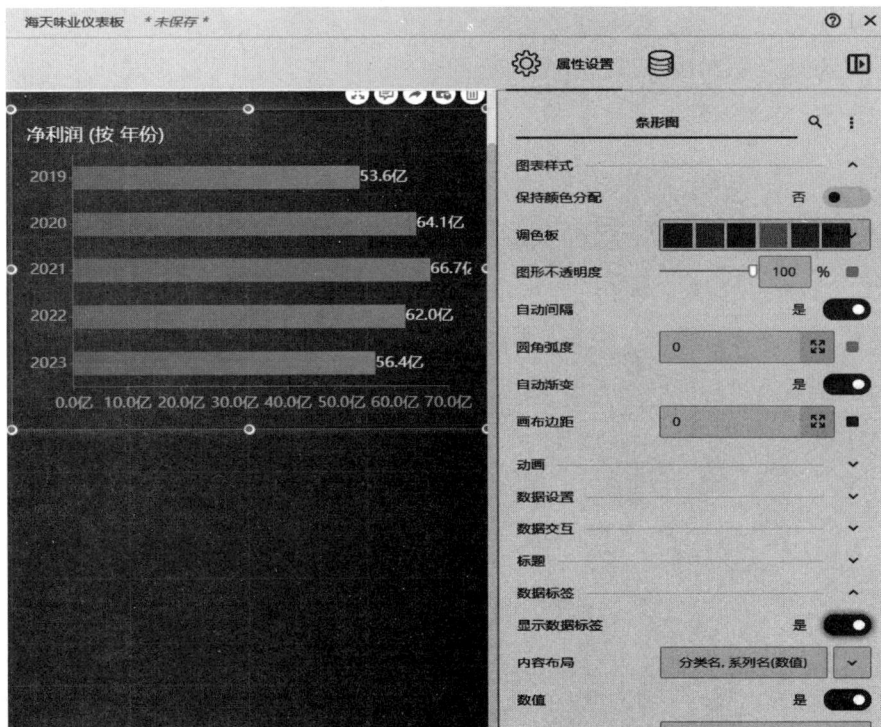

图6-81 净利润的条形图属性设计（图表样式）

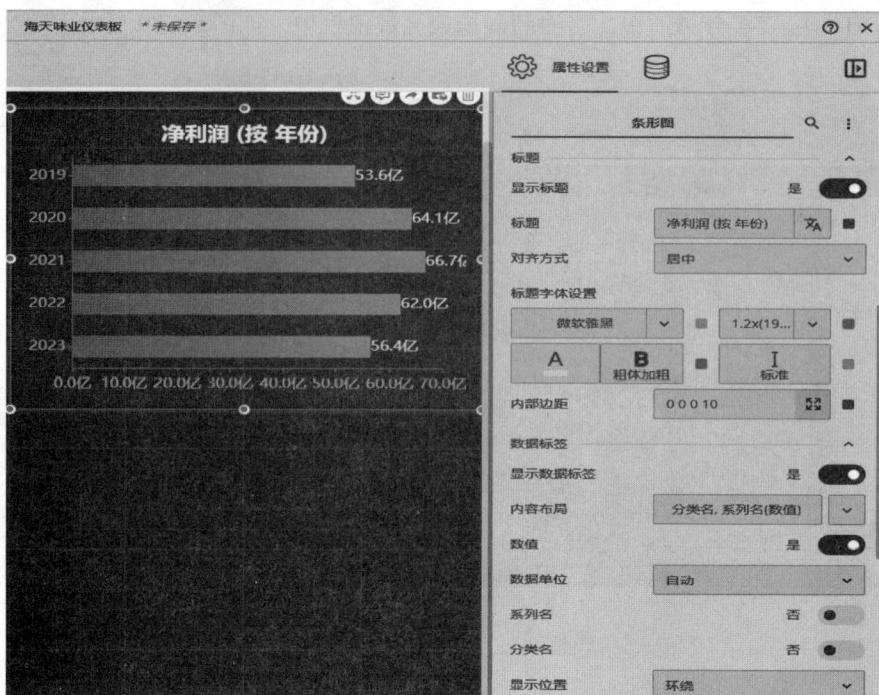

图 6 – 82　净利润的条形图属性设计（标题和字体）

这样海天味业 2019—2023 年所对应的净利润情况以条形图的形式展示到仪表板中，如图 6 – 83 所示。

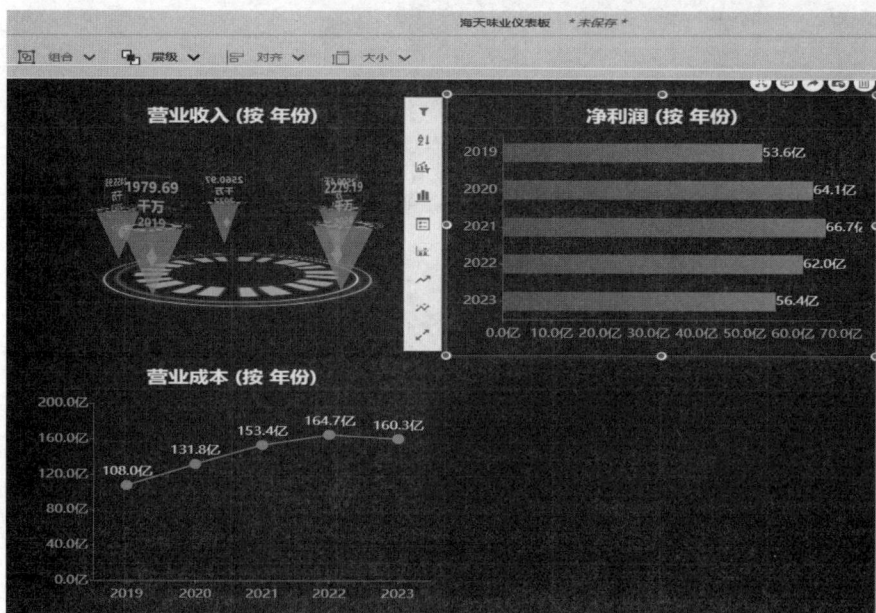

图 6 – 83　2019—2023 年净利润情况条形图展示

（6）营业利润仪表板的设计。单击【数据可视化】中的【条形图】（按照要求选择），拖拽到右侧的空白区域，单击右侧【数据绑定】，在【请选择数据集】下面的选择项目中选择海天味业数据集，如图6-84所示。

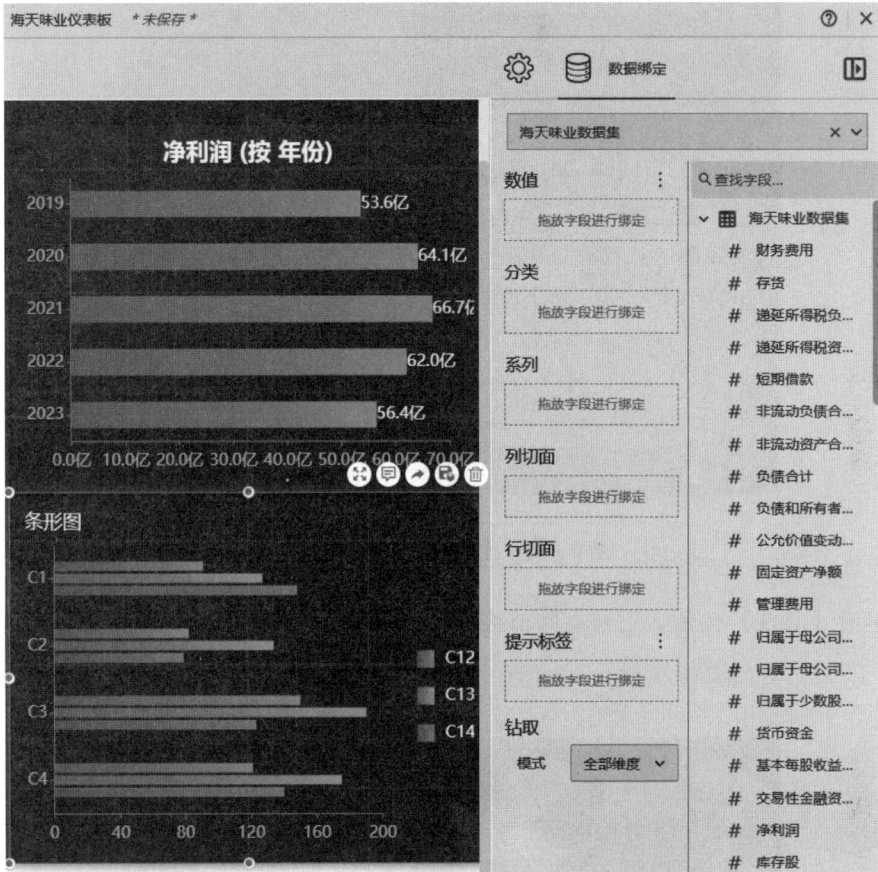

图6-84 营业利润条形图展示的数据绑定

将年份拖拽至分类框中，将营业利润拖拽至数值框中，如图6-85所示。

图 6 - 85　拖拽年份和营业利润

单击【属性】按钮，进行不同格式项目的设计，如图 6 - 86、图 6 - 87 所示。

图 6 - 86　营业利润条形图属性设计（图表样式）

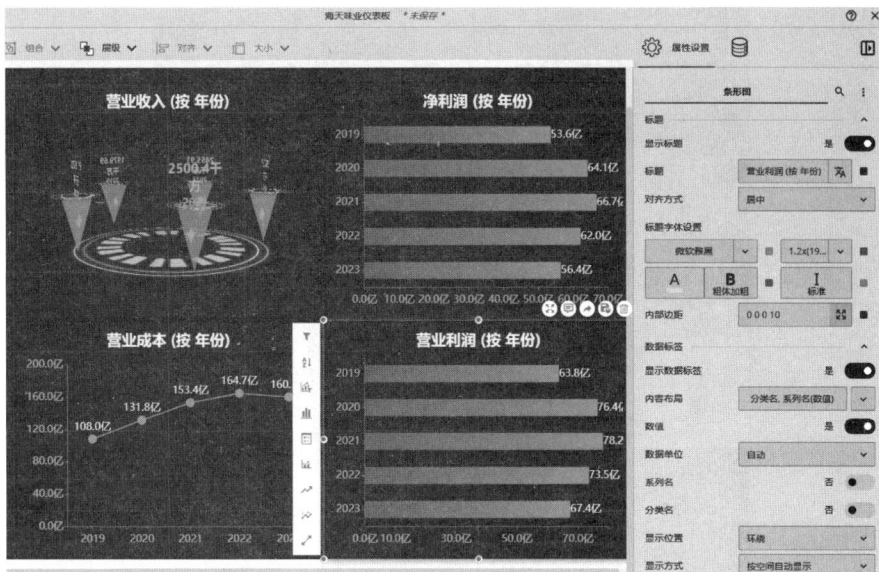

图 6 – 87 营业利润条形图属性设计（标题和字体）

这样海天味业 2019—2023 年所对应的营业利润情况以条形图的形式展示到仪表板中，如图 6 – 88 所示。

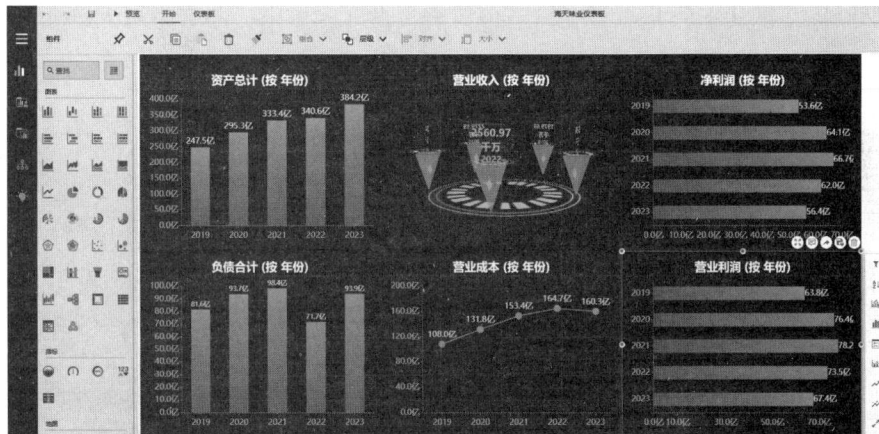

图 6 – 88 2019—2023 年营业利润情况条形图展示

步骤 4：可视化综合大屏的设计。

（1）单击【容器 & 组件】，选择【组件】中的【富文本】，如图 6 – 89 所示。

图 6 – 89　选择富文本

（2）将【富文本】拖拽至上方空白仪表板设计区域内，命名为海天味业可视化综合大屏呈现，然后将文字全选，进行相应的字体设置，如图 6 – 90 所示。

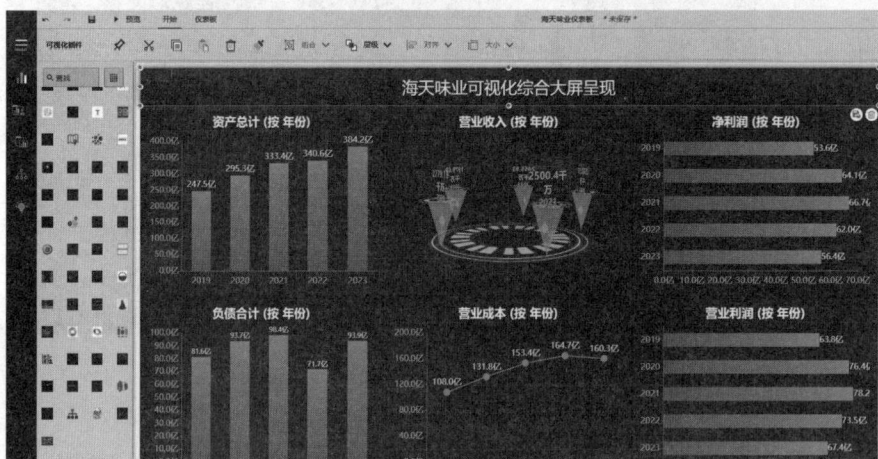

图 6 – 90　富文本添加

（3）单击【全局设置】按钮，对整个可视化大屏进行背景、主题等方面的设置，单击【预览】，可以呈现可视化大屏的效果。

（4）单击【保存】，输入仪表板名称：海天味业可视化综合大屏呈现，单击【确定】，如图 6 - 91 所示。

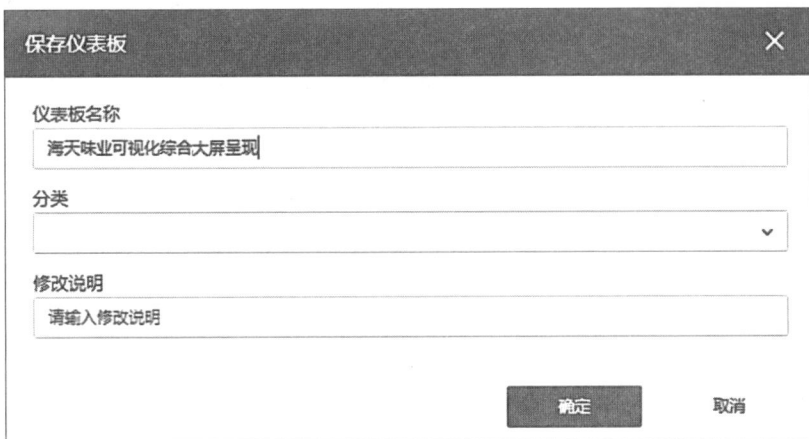

图 6 - 91 设置仪表板名称

海天味业可视化综合大屏呈现制作成功，最终效果如图 6 - 92 所示。

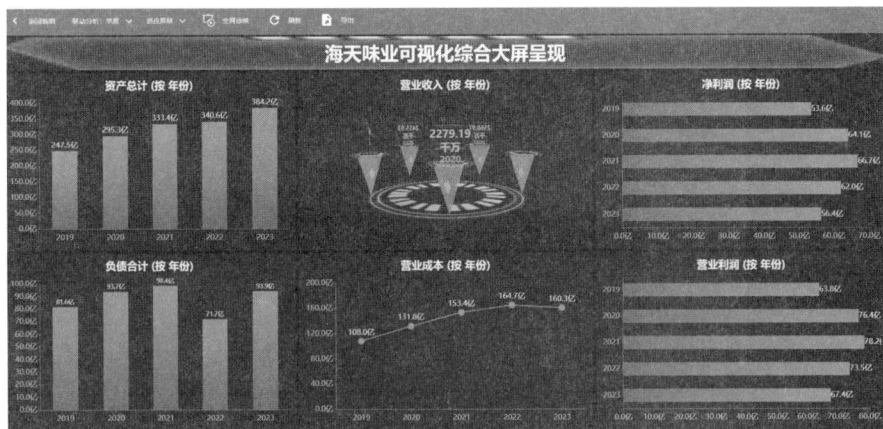

图 6 - 92 海天味业可视化综合大屏呈现

技能训练

根据中联 Wyn 大数据分析平台上传的海天味业的资产负债表和利润表相关数据，对海天味业 2019—2023 年的资产总计（柱状图）、营业收入（3D 旋转三棱锥）、净利润（条形图）、负债合计（柱状图）、营业成本（折线图）、营业利润（条形图）进行可视化综合大屏呈现设计。

即测即练

课后拓展阅读

拓展阅读6-1

参 考 文 献

［1］高翠莲,乔冰琴,王建虹．财务大数据基础［M］．北京:高等教育出版社,2022.

［2］姚培荣,刘晔．财务大数据分析［M］．北京:中国人民大学出版社,2022.

［3］王新庆,张艺博．Python 财务基础［M］．北京:高等教育出版社,2021.

［4］张勇,张文慧．会计大数据基础［M］．苏州:苏州大学出版社,2021.

［5］黑马程序员．Python 快速编程入门［M］．北京:人民邮电出版社,2021.

教师服务

感谢您选用清华大学出版社的教材！为了更好地服务教学，我们为授课教师提供本书的教学辅助资源，以及本学科重点教材信息。请您扫码获取。

>> 教辅获取

本书教辅资源，授课教师扫码获取

>> 样书赠送

财政与金融类重点教材，教师扫码获取样书

清华大学出版社

E-mail: tupfuwu@163.com
电话：010-83470332 / 83470142
地址：北京市海淀区双清路学研大厦 B 座 509

网址：https://www.tup.com.cn/
传真：8610-83470107
邮编：100084